경제적 자유를 희망하는 당신에게…

부자 되시길 기원합니다.

_____님께 dream

블루오션 투자의 미래

# 장외주식에 답이 있다

지정호 지음

트러스트북스

자본주의 사회에서는 누구나 경제적으로 자유롭기를 희망한다. 그러나 그 희망은 결코 우리에게 그냥 다가와 주진 않는다. 특히 현재의 물가상승률과 괴리를 일으킨 지 오래인 금리를 보면 더욱 어렵기만 한 것이 현실이다.

그렇다고 부자들이 가지고 향유하는 경제적 자유를 포기해야 하는가? 절대 그렇지 않다고 생각한다. 우리 주변에는 자수성가한 부자들이 더 많다는 것을 인정하고 싶지 않을지 몰라도 엄연한 사실이다. 대한민국에서도 대부분의 신흥 부자들은 자수성가한 사람들이다. 그렇다면 무엇을 어떻게 해야 미래의 경제적 자유를 즐길 수 있는 부자가 될 수 있을까?

답은 간단하다. 보통 등산을 할 때는 기존 등산로를 이용하는 것이 가장 안정하고 쉽게 정상에 도달할 수 있는 방법이다. 에베레스트를 등반할 때도 기존 루트를 따라 지켜가야 하지만 하나의 도움이 더 필요하다. '세르파'라는 안내인이다. 일반적인 산과 에베레스트의 등반에서 공통점은 산을 걸어야 한다는 것이다. 차이점은 갖춰야 할 장비와 세르파의 유무이다.

부자가 되고 경제적 자유를 누릴 수 있는 방법은 수많은 성공한 사람들의 책과 강의를 통해서 이미 다들 알고 있을 것이다. 그러나 아무나 부자가 되지는 못한다. 수많은 투자 서적과 부자들의 성공담이 있는데 왜 우리 주변에서는 부자가 되었다는 말은 없고 항상 그 부자들의 자산이 늘었다는 보도만 접하는 걸까?

우리나라의 일반적인 산은 누구나 계획하면 어렵지 않게 오를 수 있다. 그러나 에베레스트는 아무나 오를 수 없다. 많은 경험이 필요하고 여러 장비들과 인간의 힘으로 이겨낼 수 없는 고산병도 극복해야 하며 하늘의 뜻인 기상과 세르파의 도움이 절대적으로 필요하다.

부자들에게는 보통 사람들과 다른 무엇인가 있다. 남다른 생각과 남다른 노력을 했다. 그리고 누군가의 조언 혹은 도움을 받았다. 즉 무엇을 한 것 보다는 그 무엇을 어떻게 했느냐는 것이 다르다.

동서고금을 막론하고 부자들은 항상 남들보다 앞서 생각하고 판단했다. 그것은 블루오션이라는 시장이었다. 1980년대 강남 부동산 부자의 탄생이 그러했고, 1990년대 신흥 주식부자의 탄생이 그러했으며 2000년대는 펀드라는 투자 수단이 있었다. 이처럼 부자를 만든 수단은 늘 변화해왔으며 이제 그 수단은 장외주식이라는 시장으로 확대되는 추세이다.

익숙하지 않은 낯선 무언가를 알게 되는 것은 두렵고 어렵다. 그러나 그 두려움이 편안함으로 바뀌는 순간 즐거움이 된다.

많은 사람들에게는 생소한 장외주식시장을 어렵지 않게, 꼭 알아야 할 사항들 위주로 설명하려고 노력했다. 에베레스트를 등반한 사람들은 세르파의 도움을 꼭 받았듯이 장외주식을 하는 사람도 본인이 다 알아서 할 수 있다는, 보통 사람들의 생각이 아닌 부자들처럼 중요한 사항은 도움을 받는 현명한 판단을 하기 바란다.

부디 이 책을 통해서 생소한 부자들의 투자 수단인 장외주식 투자에 대한 기본 사항을 알아가는 짧은 여정이 되길 바라며 아울러 행복한 부자가 되는 꿈을 실현해 나가기를 소망한다.

이 책이 발간되기까지 자료 수집과 분석을 도와준 분석실 임원들과 출판에 노력해준 트러스트북스 박현 대표님과 관계자들에게 깊은 감사를 드린다. 아울러 투자의 길을 묵묵히 갈 수 있도록 23년이라는 시간을 응원해준 사랑하는 아내 김보민과 사업이라는 명목으로 아빠라는 책임에 부족했음에도 각자의 자리에서 훌륭하게 성장해준 두 아들의 다가올 미래에 이 책이 작은 희망이길 바라는 마음이다.

행복한 부자를 설계하는 지정호 dream

# 차례

# 부자들은 어떻게 부자가 되었을까?

누구나 부자를 꿈꾼다.
그러나 아무나 부자가 될 수는 없다.
어떻게 그들은 부자가 되었을까?

무엇이 그들을 부의 세계로 안내했을까?
무엇이 그들을 경제적 자유로 이끌었을까?
무엇이 그들을 더 큰 부를 만들게끔 했을까?

# 1. 부자는 어떤 사람들인가?

2018년 한국 부자는 금융자산 10억 원 이상보유하고

근로소득 외에 소득의 30% 이상을 재산 및 기타소득으로 확보한 자산가

전 세계 억만장자의 86%는 자수성가한 사람이며

국내 10대 부자 중 50%가 자수성가한 사람이다.

흙수저 탓하지 말고 금수저 부러워 할 것 없다.

최대의 절박함과 최선의 절실함이 성공을 만들어 줄 것이다.

# 부자의 기준은 무엇인가?

부(富)란 '특정 경제주체가 가지고 있는 재산 전체'를 의미한다. 경제주체인 국가, 기업, 개인이 가진 재산의 총량은 시간이 지나면서 줄어들기도 하고 늘어나기도 한다. 줄어들면 가난해지고, 늘어나면 부자(富者)가 되는 것이다.

부자가 되려면 돈을 잘 벌고, 잘 아끼며, 잘 불려야 한다. 이 중에서 아끼는 것은 '기술'의 문제이며 잘 벌고 잘 불리려면 부의 흐름과 경제 변화를 통찰할 수 있어야 한다.

돈을 아끼는 기술보다는 잘 벌고 잘 불리는 부의 흐름과 경제 변화의 방향을 알아보려면 부자의 기준이 필요하다. 어느 정도가 있어야 부자라고 인정 받는지를 알아야 한다.

KB금융지주 경영연구소는 우리나라 부자들을 종합적으로 분석한 '2018 한국 부자 보고서'를 발표했다. 이에 따르면 금융자산 10억원 이상의 한국 부자는 2017년 기준 27만8000명으로 전년 24만2000명보다 15.2% 늘었다. 한국의 부자 수와 금융자산은 2013년 16만7000명과 369조원에서 2017년 27만8000명과 646조원으로 해마다 평균적으로 약 10%씩 증가한 것으로 나타났다.

특히 한국의 부자들은 보유자산이 많을수록 빌딩이나 상가 등 부동산 비중이 높았다. 금융자산 포함 100억원 이상 자산가는 총 자산에서 빌딩, 상가가 차지하는 비중이 39.3%에 달했다. 50억~100억원 25.5%, 30억~50억원 17.3%, 30억원 미만 4.9%로 나타났다. 이는 자산이 많을수록 빌딩이나 상가 등의 건물을 많이 보유하고 있다는 뜻이다. 한국 부자들은 건물을 사랑한다는 말이 현실임을 여실히 보여준다.

**〈한국 부자 수 추이 및 증가율〉**    *출처: KB금융그룹, 금융자산 10억 원 이상

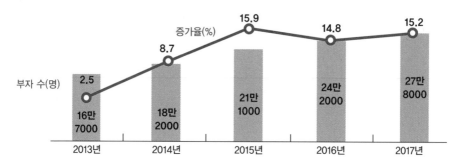

한국 부자의 부동산 비중은 총 자산의 53%로 금융 및 기타자산에 비해 다소 치우친 구조를 보인다. 2012년 이후 부동산 자산 비중은 떨어지고 금융자산 비중은 상승하는 추세가 지속됐지만 2017년 부동산 가치가 크게 상승하면서 부동산 자산 비중도 2년 연속 늘었다.

부동산 자산은 거주용 부동산 비중이 46%이고 빌딩·상가, 투자용 주택·토지 등 투자용 부동산은 54%에 달했다. 한국 부자 수의 수도권 편

중은 여전해 서울이 12만2000명으로 전국 부자 수의 43.7%를 차지하고, 이어 경기 21.3%<sup>(5만9000명)</sup>, 부산 6.6%<sup>(1만9000명)</sup>의 순이었다.

주식을 보유 중인 부자의 주식 총 평가액은 평균 3억6000만원으로, 주식 보유 일반 투자자<sup>(KB금융지주 설문조사)</sup>의 3,400만원 대비 크게 높았다.

이 보고서에서 주목해야 할 것은 역시 "돈이 돈을 번다"는 사실이다. 대한민국 부자들은 연소득의 3분의 1 이상을 부동산이나 이자, 배당 등 자산을 통해 벌어들이고 있었다. 은퇴로 근로소득이 끊겨도 자산소득만으로 충분히 노후가 가능할 정도였다. 부자 가구의 세전 연소득은 평균 2억3000만원이다. 일반 가구<sup>(5010만원)</sup>보다 4.5배 많은 수준이다.

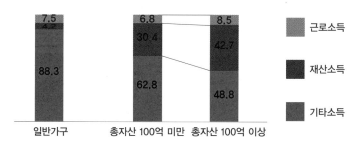

〈가구별 소득구성 비교〉　　　　　　　　　　　　　　(단위: %)

부자 가구가 돈을 버는 방식은 일반 가구와 다소 달랐다. 부자들 가운데서도 자산이 많을수록 부동산이나 이자, 배당소득 등 재산소득인 비근로소득이 더 많았다. 총자산이 100억원 이상인 부자들은 연소득의 42.7%를 이미 보유한 자산을 통해서 벌어들였다. 100억원 이하 가구는 재산소득 비중<sup>(30.4%)</sup>이 근로소득<sup>(62.8%)</sup>의 절반 이하였다. 일반 가구는 재산소득 비중이 4.2%에 불과했다. 연소득의 절대 대부분(88.3%)이 근로소득이었다.

2018년 부자 보고서에서 한국 부자의 기준은 201년 연말 기준 금융자산이 10억원 이상이며 세전 연소득은 평균 2억3000만원, 근로소득의 30% 이상을 대체할 수 있는 이자, 배당 등의 재산소득을 가진 자산가이며 주식은 일반 가구의 10배 이상을 보유하고 있다.

이제 부자가 되기로 한 당신의 목표를 구체적으로 설정해야 한다. 금융자산의 목표는 10억 이상이어야 한다. 다른 자산은 그 이후에 만들어 가면 된다. 부자들은 자기 소득의 30% 이상을 재산 및 기타소득으로 이미 형성하고 있다. 당신도 이들처럼 자신의 비근로소득원을 새롭게 만들어 나가야 한다. 적은 자본으로 시작할 수 있는 주식투자도 게을리하지 말자. 조사된 부자들은 일반 가구의 10배 이상의 주식에 투자하고 있다.

부자가 되고 싶으면 그들이 성공한 방법을 배우고 생각하고 실천하면 언젠가는 그들처럼 될 수 있다. 역사는 반복된다. 성공의 방법도 반복된다. 시도하지 않으니 될 수 없는 것이다. 목표에 도달하기 위해서는 어떤 생각이나 계획보다 중요한 것은 한걸음 움직이는 행동이다.

**핵심정리**
2018년 한국 부자는 금융자산 10억원 이상 보유,
근로소득 외에 소득의 30% 이상을 재산 및 기타소득으로 확보한 자산가.
100억원 이상 자산가의 부동산 비중은 40% 이상,
특히 부자들의 주식 보유액은 일반 가구의 10배 이상임.

# 부모를 잘 타고나야 부자 될 수 있다?

최근 대두된 최저임금 등의 여러 문제로 소상공인들의 생계가 매우 힘들다. 이런 상황이면 사업을 접어야 한다 등의 이야기가 참으로 많이 들린다. 그러나 오래 전부터 이런 소상공인 중에서 성공해서 갑부 소리를 듣는 성공한 사람들의 이야기를 소개하는 프로그램이 있다.

모 방송국의 '서민갑부'는 열심히 노력해서 주변의 인정을 받고 '갑부' 소리를 듣는 평범한 보통사람들의 성공담을 다큐멘터리 형식으로 제작한 프로그램이다.

갑부라는 용어에 너무 큰 기대는 않는 것이 바람직하다. 앞에 '서민' 을 넣은 데에 이 프로그램의 제작의도가 포함된 듯하다. 즉 여기에 방송되는 서민갑부들의 재산은 대략 10억부터 100억대 정도이며, 성공한 이들의 이야기를 본인이 직접 일상을 그대로 그리는 대담 형식이다.

이 프로그램을 본 적 없는 사람들은 서민갑부라도 되었으면 하는 생각과 10억, 100억이라는 그들의 재산에 부러움을 느낄 수 있다. 그러나 방송을 직접 시청하면 그런 생각이 들지 않을 것이다. 대부분 그들의 부모는 사업에 실패하여 가족이 큰 어려움을 겪었고, 자신들도 너무나 많은 실패를 경험했으며 암울하기 그지없던 과거를 거쳐 지금은 서민갑부가 되었다는 내용들이다.

- 담양 돼지갈비집으로 성공한 김갑례 사장의 실패하지 않는 돼지갈비집 경영법과 자신의 노하우를 공개하고 돼지갈비집을 운영하겠다는 예비 창업자들을 직원으로 채용해서 전수하는 갑부

- 겨울이면 영하 20도 아래로 떨어지는 강원도 인제군 용대리 황태 덕장에서 수많은 실패와 성공의 과정에서 얻어진 단기 목표 설정의 김재식, 최양희 부부의 노하우

- 인천 모래내 시장 국수 가게에서 박민수, 권정임 부부가 전하는 1000원짜리 국수 갑부의 박리다매 성공법

- 28억 빚쟁이에서 90억 자산가로 변신한 신(新) 봉이 김선달, 양평의 더덕 사업가 조남상 사장의 위기 관리법

- 3000원 칼갈이로 수십억 자산을 모은 노량진 수산시장 대장장이 전만배 갑부의 자기 관리법

- 가발 하나로 영등포 제일 부자가 된 영등포 가발 전문가 장만우 사장의 한번 고객을 평생 고객으로 만드는 고객 관리법

- 미생들의 꿈, 영업맨에서 70억 자산가가 된 샌드위치 사업가 정주백 갑부의 인생 2막 설계 비법

- 원주 대박 만두 가게로 서민갑부가 된 권태중, 김선녀 갑부의 만두가게의 비밀노하우와 오래가는 대박가게의 비법

• 마장동 축산물시장의 전설, 칼잡이 마장동 고기 갑부 장미란 씨의 재테크 비법

이처럼 우리 주변에서 흔히 볼 수 있는 고깃집, 국수집, 만두가게, 샌드위치 노점, 정육점 등의 가게를 통해 서민갑부의 반열에 오른 사람들의 과거 자살 시도, 밤낮없이 일하느라 자녀를 제대로 돌보지 못해 아이들이 냉방에서 고열로 생사를 넘나들었던 이야기, 빚쟁이들을 피하기 위해서 야반도주해야 했던 과거 등이 적나라하게 소개된다.

그런 반면 이들이 성공한 이유는 의외로 간단하고 단순하다. 소개되는 내용을 보면 너무 식상하다고 느낄 정도이다. 자기만의 비법을 만들라, 실패를 두려워 말라, 노력하고 또 노력하라, 사람을 소중히 여기라, 변하지 말라, 손님을 속이지 말라, 정직하면 인정받는다 등, 소상공인이면 누구나 다 알고 있고 해봤다고 할 수 있는 내용들이다.

그런데 왜 누구는 부자가 되고 누구는 안 되는 걸까? 답은 의외로 간단할 수 있다. 그들보다 노력이 부족했거나 성공의 열망이 부족했거나 그들보다 손님과 고객에 대한 진정성이 부족했을 것이다. 성공하겠다는 간절함, 절실함이 서민갑부를 만들었고 그들은 성공한 사람으로 방송에 나올 수 있었다.

**핵심정리**
흙수저 탓하지 말고 금수저 부러워 할 것 없다.
최악의 상황에서도 다시 일어서는 의지가 있어야 한다.
최대의 절박함과 최선의 절실함이 성공을 가져다줄 것이다.

## 돈을 벌기 위해서 돈이 필요하다?

국내 최대 바이오의약 업체인 셀트리온의 시가총액은 2017년말 기준 13조원대로 코스닥 전체 시총의 6%를 차지, 1위에 자리하고 있다. 2017년 7월 상장한 셀트리온헬스케어도 코스닥에 상장해 2017년말 기준 시가총액 순위 2위에 올랐다. 이런 회사의 대표는 자수성가 부호의 1위인 서정진 회장이다.

현재 우리나라에서 사업을 시작한 사람들에게 묻는 대표적 질문 세 가지가 있다. 첫째는 SKY(서울대·고려대·연세대) 출신인가? 둘째는 나이도 중요한데 45세를 넘진 않았는가? 셋째, 종자돈은 필수인데 자본금은 갖고 시작하는가? 그러나 서정진 회장은 성공 조건에서 학벌은 중요하지 않다고 말한다. 생명공학 전공자도 아닌 사람이 한국은 물론 세계가 알아주는 제약 바이오 기업을 키우지 않았는가. 서 회장은 학벌보다 중요한 것은 사람의 마음을 얻는 것이라고 강조한다. 셀트리온의 사장단 9명 중 6명이 창업 초기 멤버인 것을 봐도 알 수 있다.

1957년 충북 청주에서 태어난 서정진 회장은 인천 제물포고등학교, 건국대학교 산업공학과를 졸업하고, 1983년 삼성전기에 입사했다. 이

곳에서 제일제당 손병두 이사(現 호암재단 이사장)의 눈에 든 그는 1985년 손 이사장이 제일제당에서 한국생산성본부로 적을 옮길 때 함께했다. 또한 한국생산성본부 시절 대우그룹 컨설팅을 하던 중 김우중 대우그룹 회장의 신임을 얻으며 34세의 나이로 대우자동차 임원으로 스카우트되었다. 하지만 샐러리맨으로서 걸출한 능력과 열정을 인정받아 온 그도 IMF 위기는 피할 수 없었다. 1998년 IMF 사태에 따른 대우차의 구조조정으로 하루아침에 백수 신세가 되었다. 그러나 서 회장은 그대로 주저앉지 않았다.

갈 곳 잃은 그를 비롯한 대우차 직장 동료 10여 명은 십시일반 돈을 모아 조그만 사무실을 얻었고, 부인이 준 5천만원으로 1999년 넥솔(現 셀트리온)을 창업했다. 창업할 당시만 해도 넥솔과 서정진 회장은 회사가 지금 같은 바이오 전문 기업이 될 줄은 꿈에도 몰랐다고 한다. 단지 바이오가 뜬다는 얘기만 듣고 관련 사업 조사에 착수했고, 전 세계 40개국 수백명의 전문가를 만나 사업에 관한 자문을 구한 후 2002년 셀트리온을 설립했다.

셀트리온의 주력제품인 바이오시밀러(생물의 세포나 조직 등의 유효물질을 이용하여 제조하는 약)를 처음 선보였을 때 세간의 의구심은 상당히 짙었다. 세계 시장에서 바이오시밀러 개척자로 통하는 서정진 회장은, 외국에서도 2000년대 말까지 관련 임상규정이 제대로 갖춰져 있지 않은 시기에 이 사업을 시작한 것이다.

서정진의 셀트리온은 바이오시밀러에 있어 램시마, 트룩시마, 허쥬

마 등을 대표 3종 제품으로 내놓고 있다. 2002년 창립할 때부터 세계 시장을 겨냥했으며 특히 미국에 비해 주요 바이오 의약품의 특허 만료가 빠른 유럽시장에 초점을 맞췄다. 그러나 셀트리온도 2008년에 터진 미국발 금융위기에 영향을 받지 않을 수 없었다. 사업구조 자체가 미국 기업들과 연대해 글로벌 확장을 꾀하기 때문에 엄청난 자금이 들어가는 글로벌 임상을 유지하기가 어려웠던 것이다.

그러다가 2008년 8월, 서정진 회장은 셀트리온을 기업 공개하고 주식 투자자들의 주목을 받는다. 최대 위기를 겪을 수 있는 시기를 최대 기회의 발판으로 삼은 것이다 증시 상장 이후 셀트리온은 당시 4곳에 불과했던 코스닥 시가총액 1조 클럽 반열에 곧바로 들어선다.

이러한 셀트리온 서정진 회장의 성공 스토리 이면에는 '내 생애 마지막 보름'이라는 자살 시도 일화가 있다. 창업 후 7년간 자금 압박에 시달린 그는 너무 힘든 나머지 자살을 시도한다. 자동차 액셀을 밟은 채 강에 투신하려고 양수리에 갔다. 그런데 마지막 순간 트럭이 갑자기 돌진하는 바람에 하마터면 교통사고로 죽을 뻔한 것이다. '나는 물에 빠져 죽으려고 했지, 트럭에 치여 죽으려고 한 것이 아니지 않나. 아, 오늘은 일진이 안 좋네. 딱 보름만 더 살다가 죽자' 하고 돌아왔단다. 덤으로 얻은 보름이라고 생각하니 주위 사람들에게 고맙고 미안할 뿐이었다고 한다. 그래서 만나는 사람마다 "고맙다, 미안하다" 하면서 보름을 살았더니 거짓말처럼 자살할 이유가 사라졌다고 서 회장은 세계지식포럼 강연 때 토로했다.

또한 그는 벤처기업을 창업할 수 있는 원천기술과 아이디어를 '보물지도'라고 칭한다. "17년 동안 나와 우리 직원들은 아무도 믿지 않던 보물지도를 따라 끝까지 가봤다. 이렇게 하는 것이 얼마나 무서운 경쟁력인지 아는가?" 어느 창업 페스티벌 개막식에서 했던 그의 말이다. 젊은 청년들에게 "자신을 과소평가하지 말라"고 당부하는 서 회장은 그들에게 자기 체험담을 들려줄 때마다 다음과 같이 설명한다.

"청년들이 헤쳐 나가야 할 미래는 '정답이 없는 세상'이다. 정답이 없기 때문에 많은 사람이 '네가 틀렸다' 혹은 '넌 잘못된 길로 가고 있어'라고 한마디씩 할 것이다. 누군가는 당신의 능력을 의심하고 당신의 결정을 비난할 것이다. 그런데 웃기는 게 무엇인지 아는가? 세상의 호들갑에 휘둘리지 않고 묵묵히 밀어붙여서 성공하고 나면 그걸 정답이라고 부른다. 나는 거짓말쟁이, 사기꾼 소리를 들어가면서 10년 가까이 연구개발에 매진했다. 그렇게 노력한 후 2012년 식품의약품안전처에서 램시마 허가를 받아왔는데도 계속 의심하더라. 2015~2016년 미국과 유럽의 인정을 받고 나서야 인정해줬다. 세상은 그런 곳이다. 나를 믿지 못하면 죽도 밥도 안 된다. 절대로 숙이지 말라."

셀트리온 서정진 회장은 자신의 확신과 자신을 믿어준 직원들과 바이오시밀러 강소기업을 탄생시켰다. 아무도 믿어주지 않은 현실에서 미국 투자를 유치하고 승인나지 않은 제품을 승인되리라는 확신으로 생산을 하면서 미래를 준비했고 글로벌 금융위기에서는 기업 공개라는 방식을 통해서 자금유치에 성공하는 뚝심경영의 성공신화를 만들어낸 것이다.

# 나는 부자 될 가능성이 없다?

"나는 정말 부자 될 가능성이 없을까?" 이 질문에 당신은 뭐라고 답할 것인가? 흙수저, 은수저, 금수저 등 각기 처해진 현 상황으로 자신을 비하하는 말들이 유행한 적이 있다. 금수저는 영원한 금수저이고 흙수저는 절대 금수저가 될 가능성이 없는 시대에 살고 있다는 자괴감 어린 표현들이다.

이제 자수성가는 불가능한 현실로 치부하는 세대에 우리는 살고 있는 것일까? 정말 우리 사회에서는 대대로 많이 물려받은 사람만이 부자로 성공할 수 있는 것일까? 그렇지 않다. 이제 한국 사회도 대를 이어받은 부자보다 자수성가하는 비율이 더 빠르게 늘고 있다.

2018년 기준 한국 부호 50인 중에서 재벌가는 이건희, 이재용, 서경배, 정몽구, 최태원, 정의선, 신창재, 이명희, 이부진, 이재현, 이서현, 이호진, 최기원, 정용진, 허영인, 조정호, 정몽준, 이화경, 김남정, 신동빈, 구본식, 구본능, 신동주, 홍석조, 조현준, 김남구, 구본준, 조양래 등 28명이다.

반면 자수성가한 부자는 서정진, 김정주, 권혁빈, 방준혁, 임성기, 박

연차, 김범수, 박현주, 이중근, 김준기, 장평순, 김택진, 신동국, 이준호, 박은관, 이상혁, 김대일, 김병주, 김범석, 이해진, 이상록, 이상일 등 22명이다.

한국 부호 50인 중 자수성가한 부자가 22명으로 44%를 차지함으로서, 흙수저는 금수저가 될 수 없다는 말은 실제로 맞지 않는 선진국형 모습이 나타난다.

특히 2005년과 2018년의 1~10위의 변화를 보면 실로 놀랍다. 2005년 1위 이건희를 필두로 이재용, 정몽구(현대차 그룹 회장), 이명희(신세계 회장), 신동빈, 신동주, 서경배, 강영중(대교그룹 회장), 홍라희, 정재은(신세계 명예회장)으로 10명 모두 재벌가의 사람들이었다.

그러나 2018년은 1위 이건희, 2위 서정진(셀트리온 회장), 3위 이재용, 4위 서경배(아모레퍼시픽 회장), 5위 김정주(NXC 대표), 6위 정몽구, 7위 최태원, 8위 권혁빈(스마일게이트홀딩스 대표), 9위 방준혁(넷마블게임즈 의장), 10위 임성기(한미약품 회장)이다. 서 회장을 포함한 김정주, 권혁빈, 방준혁, 임성기 5명은 자수성가한 부호로 그 비중은 50%에 달한다.

평사원으로 시작해서 최고 명문대학을 나오지도 않았고 전공과는 전혀 다른 바이오 시장에서 부호 2위 자리에 등극한 서정진 셀트리온 회장은 실로 놀라운 사례 그 자체다. 서 회장의 재산은 11조7755억원으로 집계됐다. 2017년 그의 재산은 2조1156억원으로 1년 새 5배 이상 뛰었다. 셀트리온 3형제(셀트리온·셀트리온헬스케어·셀트리온제약)가 주식시장에서 급등세를 보이며 보유 주식 가치가 크게 뛴 결과이다.

2010년 스마트폰 등장 이후 모바일 게임이 대세가 되면서 젊은 게임 부자들의 탄생과 그들의 성공은 더욱 놀라운 일이다. 김정주 NXC 대표(5위), 권혁빈 스마일게이트홀딩스 대표(8위), 방준혁 넷마블게임즈 의장(9위) 등 3명이나 10위 안에 이름을 올렸다. 이들의 재산 또한 기하급수로 늘었다. 세 사람의 재산을 합하면 15조원대에 달한다. 대한민국 자수성가 부호의 시작은 2000년대 초 인터넷의 급속한 발전과 같이 한 IT분야 산업의 확장이다. 국내 IT 슈퍼리치의 선두주자로는 김정주 NXC 대표, 김택진 엔씨소프트 대표, 이해진 네이버 창업자 등이 있다.

2018년 발표된 한국 부호 50인 중 자수성가형 부자는 22명으로 44%를 차지하고, 특히 2005년 부자 10위에서 2018년 부자 10위까지의 순위는 자수성가한 부자의 비율이 '0'에서 '50%'로 급성장한 변화를 보인다. 이 시간 동안 우리나라에는 청년실업과 취업난이라는 암울한 뉴스만 존재하는 듯했지만, 우리가 알지 못하는 사이에 부자들의 지도는 급속하게 변한 것이 사실이다. 무엇이 이런 결과를 만들어 낸 것인가에 주목해야 한다.

산업 환경은 변한다. 그 변화에 어떻게 준비하고 대응하느냐에 따라 변화 없는 삶인지 변화하는 삶인지가 결정될 것이다. 한국의 부가 IT에 기반을 둔 게임, 바이오, 유통 산업의 호황과 궤를 같이한다는 것을 알수 있다. 이들을 통해 인터넷 포털과 PC게임에서 소셜네트워크와 모바일게임으로 산업의 중심이 이동하고 있다.

일례로 세계 최대 전자상거래 플랫폼인 알리바바에는 재고가 없다.

숙박 공유업체 에어비앤비는 호텔이나 숙소를 소유하고 있지 않고, 차량 공유업체인 우버에는 자동차가 없다. 페이스북은 콘텐츠를 생성하지 않으며, 동영상 스트리밍 서비스 회사인 넷플릭스는 영화관을 소유하고 있지 않다. 그런 이들은 어떻게 기업을 만들고 이윤을 창출했을까? 새로운 환경에 적응하고 소셜 미디어와 마케팅 플랫폼을 빠르게 활용했다는 공통점이 있다.

《머니》의 저자 롭 무어에 따르면 전 세계 백만장자, 억만장자들은 성별, 인종, 거주 지역, 자란 환경, 활동 무대, 사업 모델, 성격 등 거의 모든 면이 달랐다. 또한 전 세계 억만장자 중 86%는 부모에게서 특별한 유산을 상속 받지 않은, 자수성가한 사람이다. 이들은 자신이 가진 가치를 부의 형태로 빚어내는 '머니 게임의 법칙'을 알아내고, 실행력 있게 행동했으며 똑같은 형태의 부자는 단 한 사람도 없었다. "돈은 그것을 소중하지 않게 생각하는 사람들로부터 가장 소중하게 생각하는 사람들로 이동하기 때문에, 부는 언제나 지배 법칙들을 알고 있는 사람들에게로 이동할 것이다."

우리가 흔히 알고 있는 성공의 법칙은 '열심히 일하는 것'과 '희생'이다. 그런 사람들은 소중한 사람과 보내는 시간, 잠자고 쉬는 시간보다 더 많은 시간을 일하는 데 사용한다. 은퇴한 후의 안락한 삶을 위해 자신의 현재와 젊음을 희생하는 것이다. 하지만 부자가 되고 싶다면, 행복하게 돈을 벌고 싶다면, 먼저 부자와 돈에 대한 생각부터 바꿔야 한다. 아인슈타인은 이렇게 말했다. "먼저 게임의 규칙을 익혀라. 그리고 다른 누구보다 그 게임을 잘하라."

## 2. 그들은 어떻게 부자가 될 수 있었을까?

사업할 아이템이 없는 것이 아니다.

하고 싶은 일, 즐거운 일을 찾아서 사업아이템으로 발전시켜라

쉽고 빠른 길을 찾는다면 답이 없다.

어렵고 오랜 길, 주변에서 가지 않는 길을 찾아라.

정답이 있다.

성공한 부자는 결코 쉽고 빠르게 성공하지 않았다.

# 돈을 위해서 일하지 않는다!

스마일게이트홀딩스 권혁빈 회장을 아는 사람은 그리 많지 않을 것이다. 그러나 부자가 되고 싶은 당신은 알아야 한다. 2017년 미국 경제지 〈포브스〉가 한국 50대 부자들의 순위를 발표했다. 61억 달러를 보유한 권혁빈 회장은 4위에 이름을 올렸다. 5위 정몽구 현대차그룹 회장(45억 달러), 6위 최태원 SK그룹 회장(36억 달러) 등 재벌 총수보다 많은 수치의 재산이다.

1974년생인 권혁빈 회장은 자수성가한 인물이다. 전라북도 전주 출신으로 서강대 전자공학과(92학번)를 졸업하고 삼성전자가 마련한 소프트웨어 개발자 양성 프로그램에 참여해 삼성 입사 기회를 얻었지만 거절하고 창업에 뛰어들었다.

그는 대학 졸업 이후 곧바로 창업 전선에 뛰어들어 사업을 시작했다. 첫 시작은 당시 붐이었던 e러닝 분야였다. 삼성물산 벤처 투자팀의 투자를 받아 설립한 회사의 이름은 '포씨소프트'였다. 포씨소프트는 교육 콘텐츠 제작 시스템인 '액티브 튜터'를 개발해 시장에 선보였으며, 이 시스템은 일본에도 진출하며 나름의 성과를 올렸다. 하지만 갈수록 경쟁이 치열해지는 e러닝 시장에서 비전을 발견하지 못한 권 회장은 포씨소프트의 사업을 접어야만 했다.

e러닝 시장 다음으로 그가 주목한 시장은 온라인 게임이었다. 당시 닷컴 열풍 이후로 거세게 불어 닥친 온라인 게임의 태풍에 올라타기로 결심한 것이다.

2002년 권혁빈 회장은 현재까지 이어져 오고 있는 게임 기업인 스마일게이트를 창업했다. 본격적으로 게임 사업을 시작한 권 회장은 이후 긴 시간을 게임 개발에 매진한다. 스마일게이트는 최초로 개발에 임했던 피처폰 기반의 모바일 게임을 위시하여 2003년에는 '헤드샷 온라인'을 개발하고 야후와 서비스 계약을 체결하며 국내 온라인 게임 시장에 이름을 알린다.

그러나 본격 1인칭 슈팅 게임이었던 헤드샷 온라인은 당시 동일한 장르의 서든어택, 스페셜포스 등의 게임들에 밀려 제대로 빛을 보지 못했다. 절치부심한 스마일게이트가 창업 4년을 맞은 시점에 내놓은 게임은 역시 1인칭 슈팅게임이었다. '크로스파이어'라는 이름의 이 게임은 오늘날 스마일게이트홀딩스의 산파 역할을 하게 되었다.

권혁빈 회장은 반전 기회를 중국 시장에서 찾았다. 철저한 현지화 전략을 추구하여 2008년 네오위즈게임즈, 중국 인터넷회사 텐센트와 함께 크로스파이어 중국판을 선보였다. 게임 속에 중국인이 좋아하는 붉은색과 황금색을 기본으로 중국 간판, 중국 의상, 용 문양 총을 등장시키는 등 철저한 현지화 전략으로 중국 최고 인기 게임의 반열에 올려놓은 것이다. 현재 크로스파이어는 중국을 포함한 세계 80여 개국에서 연매출 1조원을 올리고 있으며 동시 접속 6백만명 누적 회원 수 6억 5천만 명이 즐기는 글로벌 게임으로 자리 잡았다.

권혁빈 회장이 시장에서 주목 받는 긍정적인 요소 중 하나는 게임 시장에 아낌없는 투자를 지속하고 있다는 점이다. 스마일게이트홀딩스와 권혁빈 회장이 활발히 펼치는 사회 공헌 활동의 대표적인 사례는 스마일게이트홀딩스에서 운영하는 '오렌지팜'이다. 청년 창업 지원 인큐베이션 센터 오렌지팜은 출범 3주년이 넘은 권 회장의 사업으로, 유망 기업들에 대한 프로그램과 시장 진출 지원을 꾸준히 진행하고 있다. 오렌지팜은 국내는 물론 중국 베이징에서도 운영되고 있으며, 지금까지도 많은 창업 꿈나무들을 지원하고 있다.

**핵심정리**

천재는 노력하는 자를 이길 수 없다.

노력하는 자는 즐기는 자를 이길 수 없다.

하고 싶은 일, 즐거운 일을 찾아서 사업아이템으로 발전시킨다.

# 긴 시간이라는 투자를 즐긴다

세계 부호를 거론할 때마다 빠지지 않는 사람 중에 워런 버핏이 있다. 장기투자, 우리가 흔히 이야기하는 가치투자(value investing)의 대표적인 인물이다. 워런 버핏의 투자 이야기는 너무나 많은 책과 방송을 통해 언급된 터라 수많은 사람들이 알고 있다. 버핏은 이미 열한 살 때 처음 주식에 투자했고 열세 살에는 신문 배달 회사를 직접 설립하기도 했다. 지금은 뉴욕 증권거래소에서 주식이 가장 비싼 버크셔해서웨이의 회장이다. 지구상에서 가장 성공한 투자자이며 빌 게이츠 재단을 통해 막대한 금액을 기부하는 기부왕이기도 하다.

2018년 87세인 워런 버핏은 지금도 수많은 주주와 추종자들에게 많은 조언을 남기고 있다. 필자가 생각하는 그의 유명한 조언 몇 가지를 소개한다.

- 투자의 법칙1, 절대 돈을 잃지 않는다. 투자의 법칙2, 절대로 투자의 법칙 1을 잊지 않는다.
- 탐욕스러울 때 두려워하고, 두려울 때 탐욕스러워 하라.

- 주식이 단기간에 50%가 떨어졌을 때 심한 곤란에 빠지게 된다면, 절대로 주식에 투자하면 안 된다.
- 어떤 사람이 지금 그늘에 앉아 있을 수 있는 이유는 그 사람이 아주 오래전에 나무를 심었기 때문이다.
- 성공한 투자에는 시간, 규칙, 참을성이 필요하다. 얼마나 많은 재능이 있고 얼마나 많은 노력을 했는지와 상관없이 때로는 시간이 걸린다. 임신한 여성 9명이 있다고 해서 한 달 만에 아이를 낳을 수는 없다.
- 앞으로 10년간 주식시장이 문을 닫는다 해도 행복할 만한 주식만 사라.

가치투자는 본질적으로 가치보다 낮아 보이는 주식을 투자하는 것이다. 많은 사람들이 가치투자와 장기투자 이 둘을 혼용하고 있지만 사실 장기투자와 가치투자는 같은 말이 아니다. 버핏은 가치투자를 "1달러짜리 지폐를 40센트에 사는 것"이라고 했다. 그러나 실질적으로 그의 투자 기간을 분석하면 절대적인 장기투자의 원칙을 지킨다.

일반적인 사람들에게 "부자 되는 방법에는 쉽고 빠른 길과 어렵고 오랜 길이 있다. 어느 길을 선택할 것인가?"라고 질문하면 대부분은 쉽고 빠른 길을 선택할 것이다. 그러나 대부분의 성공한 부자들은 쉽고 빠른 길을 선택하지 않는다. 그들이 걸어온 길과 성공한 길은 절대로 쉽고 빠른 길이 아닌 어렵고 오래된 길이었기 때문이다.

한국 증권시장에는 2,100여개의 기업이 상장되어 있다. 일반적으로 상장된 회사의 대표라고 하면 다들 성공한 사람으로 여긴다. 그러나 정작 회사가 상장되기까지 걸리는 시간을 아는 사람은 거의 없을 것이다. 기업이 만들어지고 상장되기까지의 평균 시간은 2017년 기준으로 약 17년이 소요된다. 옛말로 강산이 2번 바뀔 시간 동안 기울인 노력과 인고의 산물인 것이다.

수년전 베스트셀러였던 말콤 글래드웰의 저서 《아웃라이어》에는 성공한 사람의 방정식으로 '1만 시간의 법칙'이 소개되었다. 세계적으로 자기 분야에서 최고의 자리를 점한 사람들이 성공하기 위해 하루 3시간씩 집중해서 10년 동안 노력했다는 연구 결과이다. 이 법칙을 모르는 사람은 거의 없을 것이다. 그러나 이를 하루도 거르지 않고 3시간씩 일주일에 21시간을 10년 동안 지속하기란 결코 쉽지 않다. 보통사람이라면 해내기 불가능한 수치이며 인간의 본능과 욕망을 절제하고 자신을 이겨내야만 가능한 일이다. 시간이라는 지루함을 이겨내야 한다.

**핵심정리**
쉽고 빠른 길에는 답이 없다.
어렵고 오랜 길에 정답이 있다.
성공한 사람은 그 시간과 욕망의 유혹과 지겨운 자신과의 싸움에서 이겨낸 승리자이다.

## 쉬운 길을 택하지 않는다

알리바바는 마윈과 17명의 창업자가 50만 위안, 우리 돈으로 약 8,500만 원의 자본금으로 창업한 회사다. 그런 알리바바는 미국 증시에 상장함으로써 2,314억 달러, 약 240조5천억 원의 시가총액을 자랑하는 거대 기업이 되었다.

1964년 항저우 시에서 태어난 마윈은 영어를 배워야 한다고 생각했다. 그래서 매일 자전거를 타고 호텔에 나가서 영어를 배웠다. 항저우 대학을 졸업한 마윈은 동 대학에서 교편을 잡다가 항저우 최초의 번역회사 하이보를 설립한다. 번역회사 일을 하다가 가게 된 미국에서 인터넷의 미래를 본 마윈은 인터넷 홈페이지 제작사인 차이나옐로우페이지를 차린다. 두 사업 모두 큰 성공은 거두지 못했지만 그 경험을 바탕으로 중국 내 제조업자와 외국 구매자를 연결해주는 알리바바닷컴을 창업하면서 성공의 길로 들어서게 된다. 이후 소비자 물품 거래 사이트인 타오바오, 티몰닷컴, 이타오, 물류지원 회사인 알리바바 익스프레스 등을 연속으로 창업하며 이 세상의 모든 물품을 거래하는 회사로 키워낸다.

2014년 9월 뉴욕 증시에 상장한 알리바바는 주가총액이 아마존을 뛰어넘는 거대한 회사로 자리매김한다. 그 덕분에 마윈은 한때 주식보유액이 31조 원이 넘는 아시아 최고의 부자가 되지만, 그가 높이 평가되는 이유는 단순히 그의 사업수단과 부 때문은 아니다. 마윈은 여러 위기를 맞으면서도 서양과는 다른 기업 문화와 기업의 사회적 기여를 역설한다. 그는 물류업에 진출하면서 이렇게 말한다.

"우리는 민간 물류기업이 하고 싶고, 할 수 있고, 할 조건이 되는 일은 하지 않습니다. 알리바바가 이 산업에 진출해서 할 일은 현재 물류기업이 하고 싶지 않고, 하려 하지 않으며, 어쩔 수 없이 하는 일이어야 합니다. 남의 밥그릇은 빼앗지 않는 것은 기업경영의 원칙입니다. 다른 사람이 하고 싶어 하는 일은 그들이 하게 두어야 합니다."

마윈은 언제나 기업의 사회적 가치와 기업 문화를 이야기한다. 알고리즘으로 돌아가는 계산적 사회가 아니라 인문적 품성과 동양적 사고방식의 조화를 천명하기 때문에 오늘도 사람들은 마윈의 이야기에 귀를 기울인다.

"혁명은 매우 고통스러운 것이다. 그러나 변하지 않는다면 우리의 미래는 존재하지 않는다."

"우리는 매번 '선택의 여지가 없는' 일들을 해왔고, 당신도 그래야 할 것이다."

대기업들이 규모의 경제를 앞세워 중소기업의 일을 빼앗는 경우가 비일비재한 오늘날, 마윈의 이 같은 선언은 커다란 시사점을 제공한다. 뒤이어 그는 민간 기업이 투자하지 않는 창고보관 시스템에 투자할 것이며 모든 택배회사와 물류회사에 창고보관 시스템을 개방하고 함께 발전을 도모하자고 말한다. 정보통신 혁명의 시대를 맞아 미래를 통찰하는 탁월한 눈, 무엇보다 사람을 가장 중심에 놓아두고 먼저 생각하는 인간애 그리고 불굴의 자신감과 끈기, 열정이 남다른 인물이다.

지난 날 대한민국의 부호들에 대한 생각으로 지금도 그들의 가업승계와 상속으로 이루어진 부의 대물림만 질시하고 있으면 우리는 발전할 수 없다. 세계적으로 성공한 사람들의 생각을 읽고 변해야 한다.

예전 가수였던 이수만, 양현석, 박진영 등은 지금은 경영인으로 변화하여 상장기업의 대표이사들이 되었다. 과거 PC방의 게임마니아들이 게임 기업의 사장으로 세계 부호들 순위에 자신의 회사와 이름을 올리고, 방탄소년단 등 K팝스타들은 미국의 빌보드 차트를 석권하며 유엔총회에 초대되는 시대에 살고 있다.

오래 전 일화지만 박세리 선수가 첫 우승을 할 때 양말을 벗고 호수로 들어가 샷하는 모습을 전 국민이 보았다. 현저한 차이를 보였던 양말 안과 밖의 피부색, 그 정도의 노력이 결국은 우승의 트로피를 안겨준 것이다. 홈런왕 이승엽 선수의 "혼을 담은 노력은 배신하지 않는다"라는 말을 기억하는가. 손바닥에 물집이 잡히고 그 물집이 다시 터지는 아픔을 이겨내고서야 홈런왕이 된 것이다.

그저 누구를 탓하고 SNS에 댓글이나 다는 행위 등으로 허비할 시간이 없다. 혼을 담은 노력을 해도 힘든 시절이 이미 시작되었기 때문이다. 누구를 탓하고 부모를 탓하고 사화와 국가를 탓하고 나와는 아무

관계도 없는 뉴스와 기사에 댓글 다는 시간이 사치스럽고 낭비인 시대다. 부든 명예든 쉽게 무엇을 얻으려 하지 말라. 부자들이 부자가 되고 성공하고 명예를 가질 수 있기까지의 노력과 인내의 시간은 결코 쉽게 얻은 것이 아니다.

**핵심정리**

쉽게 얻은 것은 쉽게 잃게 된다.

어렵게 얻은 것은 결코 쉽게 잃어버리지 않는다.

성공한 그들보다 몇 배나 노력해야만 당신도 성공할 수 있다.

# 3. 부자들은 돈 버는 구조가 다르다?

상위 10%의 소득원은 3개 이상이다.

당신의 소득원은 하나 혹은 두 개일 뿐이다.

일하지 않고도 소득이 만들어지는 것이 투자이다.

투자를 두려워서 매일 일한다면 당신은 부자가 될 수 없다.

혼자 하는 것보다 조직이 하는 것이 더욱 효율적이다.

# 부자는 소득구조가 다르다

한 번의 기회가 주어진다면 당신은 중소기업 사장과 대기업 회장의 자리 중에서 무엇을 선택할 것인가? 이 질문에 대부분의 사람들은 대기업 회장을 선택한다. 일부는 중소기업 사장을 선택했다가 다시 대기업 회장으로 결정을 번복하기도 한다. 대기업 회장을 선택한 다수의 의사결정자들은 그들의 어마어마한 자산과 높은 사회적 지위, 우뚝 솟은 멋진 빌딩의 전망 좋은 회장실 등을 떠올렸을 것이다.

그럼 중소기업 사장에게는 대기업 회장 같은 자산이나 지위, 건물이나 사장실이 없을까? 결코 그렇지 않다. 몇 천 억의 매출을 달성하는 중소기업 사장들도 많이 만날 수 있다. 즉 자산의 크기가 판단의 기준이 되어서는 안 된다.

이런 경우에는 중소기업 사장과 대기업 회장이 가진 소득구조의 차이를 인식하고 결정해야 한다. 중소기업 사장의 소득구조는 자기 기업의 수익 하나가 일반적인 형태인 반면, 대기업 회장은 여러 계열사에서 발생하는 다수의 소득구조를 갖고 있다. 하나의 소득구조만 보유한 중소기업 사장은 상대적으로 불안정하고, 다수의 소득구조를 가지고 있는 대기업 회장의 소득은 안정적이라 할 수 있다.

부자들의 소득구조는 어떤 형태일까? 불안정한 하나의 소득구조인가 혹은 안정적인 다수의 소득구조인가? 물론 다수의 소득구조를 가지고 있을 것이다. 소득수준을 이야기할 때 상위 10% 부자, 중산층, 그 이하 이런 말을 자주 사용한다. 경제적 자유를 누리고 싶은 다수의 사람들은 상위 10%가 되고자 한다. 목표를 정하면 항상 그것을 이룰 방법을 찾아야 그 목표를 달성할 수 있듯이 상위 10%가 되고 싶으면 그 10%가 가진 비밀을 알아야 한다. 그 비밀은 바로 우리와는 다른 그들의 소득구조에 있다.

우선 상위 10%가 아닌 중산층과 그 이하의 소득구조를 살펴봐야 한다. 중산층과 그 이하의 소득구조는 어떠한가? 외벌이 혹은 맞벌이, 직장인 혹은 자영업자로 표현할 수 있는 계층이다. 이들 중에서 부자라는 소리를 듣는 사람들이 있는가? 아마 없을 것이다. 왜 그럴까? 답은 간단하다. 하나 혹은 두 개의 단순 소득구조로는 상위 10% 부자가 될 정도의 저축 혹은 투자할 만한 자금을 모을 수 없기 때문이다.

그렇다면 상위 10% 부자들은 어떤 소득구조를 가지고 있을까? 분석 결과에 의하면 상위 10%의 자산가들의 소득구조는 3가지 이상이다. 직장인 중에서도 억대 연봉이 넘는 극소수 그룹과 자영업자 중에서도 동종 혹은 이종의 업소를 3개 이상 보유한 사람 그리고 대부분이 기업인과 기업형태의 자영업자들이다. 조금 더 범위를 좁혀서 상위 5% 이상 자산가들의 소득구조는 다시 5개 이상으로 늘어난다.

그럼 상위 1%의 소득구조는 몇 개일까? 7개 이상이라고 한다. 상위 1%에 속한 자산가들의 95%는 일명 "회장님"으로 불리는 기업 대표들이다. 그들이 보유한 기업의 수는 4개 이상이며 부동산 임대소득자인 동시에 별도의 금융소득을 가질 정도의 금융자산을 운영한다. 또한 조사 대상의 85%는 자신의 성공담을 책으로 발간하거나 강연 활동을 통해서 1회 강연으로 웬만한 직장인의 연봉이나 월급 이상을 받는 등, 7개 이상의 소득원이 체계적으로 소득을 창출하는 구조로 되어 있다.

　상위 10%의 부자 자산가들은 현재의 자산구조를 만들기 위해 과거에도 그래왔고 오늘도 미래의 소득구조를 더욱 공고히 만들고 성장시킨다. 그들은 새로운 소득구조를 늘리기 위해서 사업을 확장하거나 자신의 몸값을 올리거나 혹은 새로운 투자수단을 찾아서 투자를 진행한다.

**핵심정리**

보통사람의 소득구조는 외벌이 혹은 맞벌이로 2개 이내이다.
상위 10% 소득구조는 3개, 상위 5% 소득구조는 5개 이상, 상위 1% 소득구조는 7개 이상이다.
부자가 되려면 돈이 만들어지는 구조를 따라가야 한다.

# 돈이 돈을 벌게 하라!

"돈이 돈을 벌게 하라." 투자를 단편적으로 표현한 이 문장은 부자들이 돈 버는 방식을 이야기할 때 자주 등장한다. 그러나 일반인이 이를 체험하거나 사례로 이해하기는 그리 쉽지 않다. 일본 IT업계의 정상이면서 세계 부호 순위에 늘 거론되는 손정의(孫正義) 소프트뱅크 회장의 투자를 통해서 살펴보자.

핀란드의 게임 기업 슈퍼셀을 아는 사람은 그리 많지 않다. 전략게임인 '클래시오브클랜'과 '클래시로얄'로 세계 게임시장의 판도를 바꾼 기업이다. 손정의 회장은 2013년 슈퍼셀의 지분 51%을 인수하는 조건으로 1조 6천억원을 투자한다. 당시 슈퍼셀은 클래시오브클랜으로 매출 5천억원을 달성했지만 실제로 모바일 게임시장이 확대될 것인지는 의문이 많았다. 손 회장은 투자 이후 대대적인 홍보와 슈퍼셀의 후속 게임에 집중 투자를 진행하면서 1조 4천억원을 추가 투자해서 지분을 72%까지 확보한다.

2016년 슈퍼셀은 후속 전략게임인 클래시로얄을 오픈한다. 기간 중 슈퍼셀의 매출은 5천억에서 2조원으로 3년 만에 4배로 성장하고, 손정의 회장은 중국의 텐센트에 슈퍼셀을 9조원에 지분을 인계한다. 투자 기간 3년 동안 회사 매출은 4배가 늘었으며 투자 가치 또한 3조에서 9조로 3배의 성과를 만들어 낸 것이다.

손정의 회장의 투자를 언급하면 중국 알리바바의 마윈 회장을 빼놓을 수 없다. 손 회장이 야후 창업자 제리 양을 통해 영어강사 출신인 마윈을 처음 만난 때는 알리바바의 창업 이듬해인 2000년이었다. 경험도 없이 외국제품을 중국에 들여와 판매하는 전자상거래 회사를 운영하겠다는 사업 계획을 들은 손 회장이 마윈을 만난 지 단 5분 만에 200억을 투자한 일화는 소설 같은 사실이다.

알리바바는 손정의 회장의 시드머니 200억으로 중국을 넘어 세계 최대 인터넷 기업으로 성장하고 2016년 뉴욕증시에 상장까지 한다. 손 회장은 투자 이후 16년 만에 투자수익 3,000배라는 60조의 수익을 거두지만 지금도 알리바바의 최대 주주로 남아 있다.

중국 최대 PC 메신저, 모바일 메신저를 보유한 SNS 최강자이자 중국 온라인 게임 최강자로 최근에는 인터넷 플랫폼 기업으로 부상한 텐센트에 투자하여 17년 동안 무려 5,000배의 수익을 달성한 나스퍼스(Naspers)의 사례도 실로 놀랍다.

남아프리카공화국의 미디어 기업인 나스퍼스는 2001년 3,300만 달러(약 356억6000만원)에 텐센트 주식을 무려 46.5% 투자했다. 이후 유상증자 등 주식 발행이 이어지면서 비중은 크게 줄었지만 지분 33.2%를 보유한, 명실상부한 텐센트의 최대주주이다. 최근 홍콩증권거래소 상장사인 텐센트의 지분 2%를 1주당 405홍콩달러(약 5만6000원)에 매각을 선언하면서 지분 보유량은 31.2%로 줄었으나 이로 인해서 나스퍼스는 텐센트 주가 최고치를 기준으로 지분가치는 1,700억 달러(약 183조7200억원)에 달했다. 이는 초기 투자금의 5,152배에 달하는 엄청난 수익이며 나스퍼스는 2001년 텐센트 투자 이후 단 한 번도 지분을 매각한 적이 없다.

슈퍼셀과 알리바바에 투자한 손정의 회장과 텐센트에 투자한 나스퍼스는 "돈이 돈을 벌게 한다"는 명제를 실제로 검증한 사례이다. 그러나 우리는 여기서 남들이 중요한 두 가지 사실을 파악해야 한다.

첫째는 위의 사례들에서 투자 대상이었던 슈퍼셀과 알리바바, 텐센트는 이렇다 할 성과나 검증이 아직 없던 상태였다는 점이다. 일반 투자자들은 이런 상황을 일명 "묻지마 투자"라고 한다. 투자는 어떤 확신에 대한 믿음으로 던지는 행위이다. 투자(投資)의 '투'는 '던질 투(投)'로, 얻기 위해서 던지는 것이 아니라 잃어버리는 셈치고 던지는 것이다. 얻기 위해서 투자하여 작은 수익에 연연하다 보면 큰 수익까지 갈 수 없다.

둘째는 그들의 투자 기간이다. 슈퍼셀에 투자 후 3년 동안 3배의 수익, 알리바바에 투자 후 16년 동안 3,000배 수익, 텐센트에 투자 후 17년 동안 5,152배의 수익이라는 놀라운 결과가 만들어졌다. 투자 이후 16년이라는 시간 동안 자금 회수와 수익 실현에 많은 유혹이 있었을 것이다. 그러나 이를 이겨낸 결과가 이런 대단한 수익률을 만들어냈다. 과연 우리 주변에 이런 투자를 지속하고 있는 사람이 있는가? 나는 그렇게 하고 있는가? 돌이켜 봐야 한다.

금융감독원 분석에서 저축률이 가장 높은 상품은 3년 만기 저축예금으로 가입률이 72%이다. 그러나 이 상품의 만기 해지율은 21%에 불과하다. 3년을 가입하기로 했는데 그 3년을 지키고 유지한 고객은 겨우 21%밖에 없다는 것이다. 저축하는 사람이 부자가 되지 못하는 또 다른 이유가 여기에 있다. 저축 기간 혹은 투자 기간의 단절은 결국 부의 축적을 막는 거대한 장애물이다.

**핵심정리**

돈이 돈을 벌게 하라.

그러기 위해서는 돈을 믿고 던진 후에는 잊으라.

더 높은 수익을 위해서 시간을 믿고 장기투자하라!

# 조직이 자산을 늘린다

"부자 되고 싶다." "돈 벌고 싶다." 모두 동일한 말이다. 이 답변에 이은 질문 하나를 더하자. "개인이 돈 버는 속도가 빠를까 아니면 조직이 돈 버는 속도가 빠를까?" 거의 대부분은 "조직이 빠르다"고 말한다. 그렇게 말하는 사람들에게 "그럼 당신은 그렇게 돈을 벌어 주는 조직을 가지고 있습니까?"라고 질문하면 역시 대부분은 "아니요" 라고 답을 한다.

선거철만 되면 알지도 못하는 번호로 온갖 국회의원, 도지사, 시장, 의회의원 후보자들의 문자들이 수없이 온다. 댓글 조작 사건으로 이슈가 되었던 드루킹 등은 매크로라는 시스템을 이용해서 실제 유권자들의 댓글을 작성한 것처럼 조작해 여론의 방향을 혼란시켰다는 혐의로 조사를 받았다. 선거에서 이기기 위해서는 표가 필요하고 그 표를 얻기 위해서 조직을 이용하는 행위이다. 직접 움직이는 조직, 간접으로 움직이는 조직, 실체를 알 수 없는 조직 등 자신을 도와주고 선거를 승리로 만들기 위해서 온갖 수단의 조직을 운영하고 육성하며 활용한다.

최근 이슈인 파워블로그, 인터넷 방송 등으로 자신을 홍보하고 소득 창출의 수단으로 활용하는 사례가 급증하고 있다. 유튜브에 동영상을 올리는 것만으로도 억대 연봉의 소득을 올리는 시대이다. 자신이 가진 장점을 인터넷이라는 무한공간에서 활용하여 자신을 홍보하고 그것을 이용해 사업을 진행한다. 이 또한 혼자가 아닌 조직을 만드는 행위이다. 사람들이 자신을 찾게 하고 찾아온 사람들을 조직화해서 사업으로 확장시키는 것이다.

최근 트위터는 도널드 트럼프 대통령으로 인해서 한층 더 유명세를 타고 있다. 트럼프 대통령은 자신을 비판하는 국내외 언론과 싸우기 위해서 전세계가 공유하고 소통하는 트위터라는 SNS 조직을 이용한다. 최근 트럼프 대통령의 트위터는 백악관 대변인이라고 할 정도로 트럼프 대통령 본인의 정치적 생각이나 의도를 전 세계인을 상대로 직접 올리면서 자신을 대변하고 국내외 언론에 대한 오해와 비판을 자체적으로 상대하고 있다. 트위터라는 조직을 적극 활용하는 것이다.

2018년 초부터 싸이의 '강남스타일'을 넘어서 방탄소년단의 빌보드 차트 순위로 대한민국과 전 세계가 달아올랐다. 급기야 미국 매체 CNBC는 "2017년, K-pop은 어떻게 미국에서 돌파구를 마련했나"라는 제목의 기사를 통해 방탄소년단과 다른 K-pop 그룹들의 차이점을 분석하면서 방탄소년단의 인기 요인과 영향력은 방탄소년단의 거대 팬덤 아미(ARMY)와 춤과 노래, 뮤직비디오 덕이라고 분석했다. 춤과 노래, 뮤직비디오는 방탄소년단과 기획사의 노력이다. 주목할 것은 아미의 역할이다. 방탄소년단은 데뷔 전부터 개인 블로그를 통해서 자신들의 우호 추종세력을 만들고 준비 과정을 노출하면서 지속적으로 팬덤 조직을 키웠다. 그러다 데뷔하고 부터는 통합된 팬클럽 아미를 통해서 더욱 거대한 방탄소년단의 추종세력 즉 강력한 추종조직을 만든 것이다.

프랜차이즈 가맹점들을 살펴보자. 개별 가맹점주들은 힘들다고 아우성이지만 사업주들은 거대 기업 혹은 중소기업화 되어 안정적이다. 개별 가맹점주는 혼자이지만 프랜차이즈 본사 사업주는 개별 가맹점주로 이뤄진 조직을 가진 사업주이므로 보다 안전하고 수익도 많다. 기업도 동일하다. 중소기업은 매출과 영업 등이 버거워 대부분 힘들어 하지만 여러 계열사를 보유한 대기업들은 상호 일감 밀어주기나 계열사 간의 담합 등을 통해 나름 안정적인 매출과 영업을 유지한다. 중소기업은 개별이지만 대기업은 자회사라는 조직을 가지고 있는 형태이기 때문이다.

지금 우리에게 필요한 것은 우리 자산을 늘려줄 조직을 만드는 것이다. 당신이 직장인이라면 업무와 승진에 도움이 될 사람과 관계를 개선시킬 사람으로 만들어진 조직을 만들 수 있다. 사업으로 발전시킬 만한 일이라면 같이 사업을 진행할 비전이 있는 사람과 그것을 공유할 조직을 만들 수도 있다. 직장 일 때문에 사람을 만날 시간을 따로 내기 어렵다면 SNS 같은 온라인 소셜네트워크를 사용해 당신의 우호조직을 만들라. 사업을 하고 있다면 협력적이거나 경쟁적인 사업체와 관계를 개선시킬 조직을 다시 만들 필요가 있다. 미래의 사업에 대한 연구와 대비를 위한 조직을 키우는 것도 좋은 방법이다.

# 2부

# 당신은
# 부자 될
# 자질이 있는가?

누구나 투자해서 성공하면 모두가 부자가 될 것이다.
그러나 대부분의 투자자는 실패한다.
그 이유는 당신이 알고 있는 상식이 틀렸기 때문이다.

## 4. 금리는 아는가?

금리의 역사가 당신을 부자로 만들어 줄 것이다,

당신의 시간은 신이 만드는 것이 아니라 당신이 만들어 가는 것이다.

혼자 아무리 노력해도 안 된다.

당신의 상식은 틀렸다.

성공한 사람의 방법을 따라가라.

성공한 사람들은 모두가 안 된다는 것을 되게 해서 성공했다.

# 금리란 무엇인가?

금리란 자금이 거래되는 금융시장에서 자금수요자가 자금공급자에게 자금을 빌린 데 대한 대가로 지급하는 이자금액 또는 이자율을 뜻한다. 오늘날에는 이자율의 의미로 더 널리 쓰이고 있다. 금리 부담이 작다(혹은 크다)라고 할 경우 금리는 이자를 의미하고, 금리가 높다(낮다)고 할 때의 금리는 이자율을 의미한다.

그런데 실생활에서 이 금리를 이해하면서 저축이나 투자를 하는 사람이 얼마나 될까? 이 질문에 대다수는 다 알고 한다고 대답할 것이다. 그러나 정말 알고 하는 걸까 아니면 알고는 있지만 실천하지 않는, 그냥 지식으로만 아는 걸까? 나는 후자라고 판단한다.

대부분의 사람들은 언론 보도나 뉴스에서 접하는 기준금리, 예금금리의 수치만 알고 있을 것이다. 그러나 진정 자기 자산을 불리고자 하는 사람은 이를 이용할 방법과 계획을 수립하고 실천한다. 그런 사람이야말로 정말 '알고 하는' 지혜를 가진 사람이다.

우리는 왜 이런 현실에 처해 있을까? 가진 돈만으로 부자가 될 수 없다면 열심히 모아서 부자가 되든가 아니면 투자를 해서 더 큰 수익을 창출해 부를 일구어야 하는데 왜 금리에 대해서는 무관심한 걸까?

답은 간단하다. 현실의 금리가 너무나 낮아서이다. 터무니없이 낮은 금리, 이자율이라서 실제 체감하거나 비교할 만한 가치가 없는 상황이기 때문에 굳이 금리에 연연할 필요가 없고 그러니 자연히 관심이 없다. 그렇다면 금리가 10~20% 정도 높아지면 사람들은 금리에 관심을 가질까? 나는 그런 시대가 온다 해도 대부분 사람은 금리에 관심이 없으리라 생각한다.

간혹 등장하는 "김밥 할머니 10억 기부" 같은 뉴스를 보면 사람들은 '어떻게 저런 일을 해서 저 돈을 모았을까?' 궁금해 한다. 뉴스를 접한 대부분의 사람들은 '저분은 저렇게 큰돈을 갖고 있는데, 나와 관련된 사람 중에는 왜 저런 케이스가 없을까?' 하는 생각을 할지도 모른다. 그러나 이런 생각을 하는 사람들은 분명히 30~40년 후에 본인 스스로 동일한 의구심을 당하게 될 것이다.

금리를 논하면서 잊지 말아야 할 것은 단리와 복리의 개념이다. 단리와 복리는 이자를 계산하는 방법으로, 단리는 원금에 대해서만 약정된 이자율과 기간을 곱해서 이자를 계산하는 방법인 반면 복리는 일정 기간마다 이자를 원금에 합쳐 그 합계금액에 대한 이자를 다시 계산하는 방법이다. 즉, 단리 계산은 원금에 대해서만 이자가 붙고 복리 계산은 '원금 +이자'에 이자가 붙으므로 단리보다 훨씬 많은 이자가 붙는다. 단리와 복리 계산을 일반화된 수식으로 표현하면 다음과 같다.

단리: S = A(1+rn)

복리: S = A(1+r)n

(S: 원리금 합계, A: 원금, r: 이자율, n: 기간)

1,000만원, 연리 10%짜리 3년 만기 정기예금의 경우 단리로 계산하면 만기 시 1,300만원을 받게 된다. $10,000,000 \times (1+0.1 \times 3) = 13,000,000$인 것이다. 반면 복리 계산법을 따르면 같은 조건에서 만기 시 1,331만원을 받는다. $10,000,000 \times (1+0.1)3 = 13,310,000$으로 단리에 비해서 31만원이라는 추가 수익이 발생한다.

금리가 낮아질수록 부자들은 더 높은 금리를 찾아서 설명회를 참석하거나 상담을 하고 금리 이상의 투자처를 찾는다. 그러나 보통사람들은 그 금리에 순응하고 주거래 은행과 계속 거래한다. 부자들은 저축과 투자의 기간이 단기와 장기로 구분해서 관리한다. 즉 단기적으로 운영할 자본과 장기로 운영할 자본을 나눠서 저축 혹은 투자를 진행하는 것이다. 장기저축과 투자는 복리의 효과를 얻으려는 결과이다.

앞서 언급한 김밥 할머니의 10억은 같은 금리지만 시간이 절단되는 단리 저축이 아닌 시간에 시간을 더하는 복리 저축으로 만들어진 결과물이다.

**핵심정리**
부자는 금리와 이자율에 민감하다.
보통사람은 금리와 이자율에 둔감하다.
금리와 이자율을 알지 못하면 절대 부자가 될 수 없다.

# 금리의 역사를 아는가?

인간은 기억이라는 지능을 가진 생명체이지만 그와 동일하게 망각이라는 상대적인 기능도 가지고 있다. 기억과 망각은 비논리적으로 움직인다. 대부분 기억은 스스로 기억하고 싶은 것 위주로 오래 유지되고 망각은 잊어버리지 말아야 할 것들을 일찍 잊게 되는 오류가 많다. 금리의 역사에 기억과 망각을 언급하는 이유가 있다. 기억해야 할 것과 망각해야 할 오류로 인한 보통사람들의 한계를 먼저 이야기하려는 것이다.

자본주의 사회에서는 절대적으로 자본 즉 돈이 있어야 생활이 가능하다. 그 돈을 보유하기 위해서 학교를 다니고 직장을 구한다고 해도 과언이 아니다. 그 자본, 돈은 계속 존재하는 것이 아니라 사용하면 없어진다. 그러나 돈을 벌 수 있는 시기는 한정되어 있으므로 나머지 경제생활에 필요한 여유자금을 만들기 위해 저축이나 투자를 하게 되고 이 경우 금리, 이자율, 투자수익률은 주요 변수이므로 금리와 관계된 것을 잊어서는 안 된다.

과거 1970년대 고금리를 경험한 60대 후반의 은퇴세대는 지금의 저

금리가 다시 오를 수 있다고 생각할까? 1990년대 이후에 태어난 20대 후반의 사회초년생들은 지금의 낮은 금리가 언젠가는 고금리로 오를 거라 생각하고 있을까? 이는 금리 역사에서 중요한 문제이다.

　대한민국의 시대별 금리의 변화는 다음 도표와 같다. 1970년대 저축 이자율은 25% 내외였다. 물가상승률은 2~3%대였으며, 저축만으로도 현재 올릴 수 있는 투자수익을 상회하는 시대였다. 1980년대 저축 이자율은 15% 내외, 물가상승률은 3~4%대로 역시 현재의 투자수익을 상회했다. 은행 금리가 10% 이하로 떨어진 시점은 1997년 IMF 이후부터다. 2008년 글로벌 금융위기 이후 5% 금리는 무너지고 현재의 1-2%대 금리가 형성되었다.

〈시대별 금리 변화표〉

| 년도 | 1970년 | 1980년 | IMF 이후 | 2010년대 | 현재 |
|------|--------|--------|---------|---------|------|
| 금리 | 25%± | 15%± | 10% | 3%± | 1.5%± |

　금리 변화표는 금리의 변화만을 의미하지 않는다. 금리 변화와 더불어 경제 변화까지 나타낸다. 대한민국이 저개발 국가이던 1970년대 금리는 높았고 개발도상국을 거쳐서 선진국 수준으로 발전할수록 금리는 지속적으로 낮아지는 것을 알 수 있다. 모든 선진국의 금리의 흐름이 동일하게 진행되었다.

　아직도 미국, 유럽 등의 자본이 우리나라에 들어오는 이유는 그들 국가보다 한국이 안정적이면서 수익을 낼 수 있는 가능성 때문이다. 반면 우리나라의 자본이 베트남, 인도네시아 등 동남아 개발도상국으로 나가는 이유는 우리나라보다 더 높은 성장률을 나타내는 곳에서 수익을 만들기 위해서다.

한국의 금리가 현재 1-3% 범위를 벗어나 현저히 높은 5% 이상이 될 가능성은 한국에서 전쟁이 발생하는 등의 극단적인 상황이 발생하지 않는 한 불가능하다. 우리나라가 발전할수록 금리는 현재와 비슷한 수준이거나 그 이하로 낮아질 가능성이 더 크다. 선진국의 금리 변화가 그것을 대변한다.

일반적으로 저축을 하는 사람들은 만기에 저축원금에 더하여 이자금액이 붙었기 때문에 돈이 불어난 것 같은 착시현상에 빠져 저축액이 늘었다고 만족한다. 숫자는 불어났겠지만 그 기간 동안 물가상승률에 의한 실질적인 화폐가치까지는 계산하지 않아 실질적으로는 자산이 감소했는데도 원금을 손해 보지 않았고 이자가 붙었다는 이유만으로 자산이 증가했다고 만족해하는 비논리에 사로잡히는 것이다.

물가상승률을 상회하지 못하는 금리에 저축하는 것은 실질적인 자산의 증가가 아닌 자산의 감소를 의미하며, 국가가 발전하고 경제가 성장할수록 금리는 일반적으로 낮아진다.

**핵심정리**
금리는 경제발전과 함께 변한다.
경제가 발전할수록 일반적으로 금리는 낮아진다.
물가상승률을 상회하지 못하는 금리에 저축하는 것은 실질적인 자산 감소를 의미한다.

# 왜 금리를 이용하지 못하는가?

"역사는 반복된다"는 말이 있다. 역사가 반복된다는 가정은 개인의 시행착오가 반복된다는 의미로 볼 수 있다. 만약 타임머신처럼 미래를 미리 확인할 방법이 있다면 역사는 절대 반복되지 않을 것이다. 역사는 반복된다는 말은 보통 좋은 내용보다는 좋지 않은 일의 반복을 의미하기 때문이다.

1970년대는 금리를 이용해 저축하면 불과 3년 만에 자산을 두 배로 늘릴 기회가 있는 시기였다. 그러나 이때 이를 제대로 이용한 사람은 극소수에 불과했고 대부분의 사람들은 고금리가 지속되리라는 판단으로 종자돈을 더 좋은 금리에 운용하기보다는 소비에 사용하기 급급한 실수를 저질렀다. 그러나 이후 금리는 계속 하락했으며 급기야 IMF사태를 겪었다. 그런데도 다시 고금리의 시대가 오리라는 막연한 심리에 목말라 하는 사람들이 얼마나 많은가.

**〈연복리 단리 기간별/이자율별 금액비교 (원금 1억원)〉**

| 이자율 | 2.0% | | 4.0% | | 6.0% | |
|---|---|---|---|---|---|---|
| 기간 | 단리 | 연복리 | 단리 | 연복리 | 단리 | 연복리 |
| 5년후 | 11,000만 | 11,041만 | 12,000만 | 12,167만 | 13,000만 | 13,382만 |
| 10년후 | 12,000만 | 12,190만 | 14,000만 | 14,802만 | 16,000만 | 17,908만 |
| 20년후 | 14,000만 | 14,859만 | 18,000만 | 21,911만 | 22,000만 | 32,071만 |
| 30년후 | 16,000만 | 18,114만 | 22,000만 | 32,434만 | 28,000만 | 57,435만 |
| 40년후 | 18,000만 | 22,080만 | 26,000만 | 48,010만 | 34,000만 | 102,857만 |
| 50년후 | 20,000만 | 26,916만 | 30,000만 | 71,067만 | 40,000만 | 184,202만 |

금리의 역사를 통해서 금리가 더 높은 수준으로 오를 가능성이 없음을 강조했다. 그렇다면 현재의 금리를 이용하는 방법은 무엇일까? 위의 도표는 금리별 단리와 복리의 차이 그리고 기간별 수익의 차이를 예시한다. 원금 1억을 2% 이자율과 6% 이자율에서 5년 후의 단리와 복리의 차이는 1억 1천 만원과 1억 3,382만원이다. 그리 큰 차이는 아니라고 볼 수도 있겠으나 시간을 늘려서 50년 후를 비교하면 2억원과 18억4,202만원이라는 실로 놀라운 금액의 차이를 보인다.

금리를 이용하기 위해서는 조금이라도 높은 금리를 찾는 것이 첫 번째이고 그 다음은 단리보다는 복리를 적용하는 것과 긴 시간을 운영하는 것이다.

여기에서 또 다른 의구심이 생긴다. 예시한 4%, 6%의 금리를 찾을 수가 없다. 은행은 모두 단리이고 복리도 찾을 수 없다. 저축상품은 1

년, 2년, 3년 길어야 5년인데 어떻게 50년을 저축하라는 것인가? 이처럼 대부분이 현실과 맞지 않는다는 이유로 가능하지 않다는 결론을 내기 쉽다. 그럼 하지 않을 것인가? 그래서는 안 된다. 해야 한다. 현재의 금리를 극복할 방법을 찾아야 한다. 그것은 앞으로 이야기할 투자밖에 없다. 투자는 이자율과 복리의 문제를 극복할 수 있으며 시간의 문제 역시 극복 가능한 것이 투자수익이다.

참고로 필자가 첫 투자를 시작하던 1986년 삼성전자는 주당 3만원~4만원 정도 가격이었다. 32년이 흐른 2018년 삼성전자가 액면분할을 위한 기준가는 주당 255만원이었다. 3만원이던 삼성전자를 32년간 보유했다고 가정하면 투자자의 수익은 원금의 82배가 된다. 1986년에 삼성전자 주식 1,000주인 3,000만원을 투자했다면 25억5천만원이 된다는 것이다.

이렇게 금리를 추월하는 투자를 하지 못하는 이유는 원금손실에 대한 위험을 감당하지 못하기 때문이다. 그러나 원금손실이 두려워서 현재의 저금리 상황에서 저축만 한다면 원하는 경제적 자유를 누릴 가능성은 사라진다.

**핵심정리**
금리를 이용하기 위해서는 높은 이자율과 복리
그리고 장기간 저축해야 가능하다.
현실적으로 어려운 금리를 이용하는 대안은 투자수익이다.
삼성전자 주식을 32년 보유한 투자자는 원금의 82배의 수익이 가능했다.

# 5. 어떻게 내 돈을 2배로 불릴 것인가?

목표와 계획 없이 당신의 부는 증가하지 않는다.

얼마를 가질 것인가의 목표와

언제까지 달성할 것인가의 계획이 있어야 가능하다.

그 목표와 계획을 만들 수 있어야

당신이 원하는 부의 목표를 달성할 수 있다.

# 72법칙을 아는가?

누구나 자신이 가진 자금을 빨리 늘리고 싶을 것이다. 그러나 실제로 자금을 늘릴 계산을 하면서 저축과 투자를 하는 사람은 그리 많지 않다. 막연히 저축하다 보면 되겠지 혹은 투자 대박나면 되겠지 생각하거나 현재의 금리에서 더 이상의 비전은 없으니 그저 막연히 저축할 뿐이다.

그러나 어떤 일이든 계획 없는 목표는 달성할 수 없고, 목표가 없는 계획은 그 자체가 무의미하다. 즉 부자가 되고자 하는 사람이 제대로 된 목표가 없고 부자가 되려면 자금이 얼마여야 하는지, 그 자금을 만들기 위해서 시간은 얼마나 걸리는지 등을 계산하지 않는 무계획은 당연히 실현 가능성이 희박하다.

그래서는 절대로 부자가 될 수 없다. 앞 장에서 언급했지만 우리 주변의 부자들에게는 항상 목표가 있다. 그들은 현재 자신의 자산이 부족하다고 느끼고 항상 더 큰 레버리지를 찾아서 투자를 진행한다. 그렇기 때문에 부자들의 자산은 매년 보통사람들의 수치를 넘는 증가세를 보이고 있다.

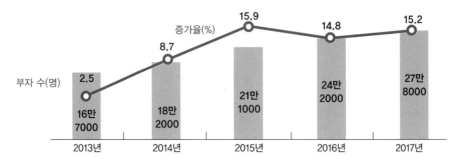

〈한국 부자 수 추이 및 증가율〉 *출처: KB금융그룹, 금융자산 10억 원 이상

72법칙은 내 자금을 어느 이자율과 어느 기간 동안 저축과 투자를 진행해야 2배로 불어나는지에 관한, 이자율과 시간의 계산식이다. 72법칙을 알면 복잡한 금융계산기나 전문가의 도움을 빌리지 않아도 본인의 자금을 얼마의 이자율에 저축이나 투자를 해야 하는지 혹은 현재 이자율로는 얼마 동안 저축이나 투자해야 자금이 현재의 2배가 되는지를 계산하는 단순한 산술이다.

72÷이자율=두 배되는 기간, 혹은 72÷두 배되는 기간=이자율

위 계산식을 이용하면 지금 저축하는 이자율, 투자수익률에서 두 배되는 기간을 산출 가능하며 아울러 현재 자금이 얼마 후에 2배가 되었으면 하는 계획의 기간으로 나누면 저축 혹은 투자처를 찾는 기준이 되는 이자율(수익률) 계산이 가능하다.

**핵심정리**

72법칙은 내 자본이 2배 되는 기간을 산출하는 식이다.

즉 72÷이자율=두 배 되는 기간,

혹은 72÷두 배 되는 기간=이자율을 찾는 산식이다.

# 이자율, 수익률과 기간의 상관관계

72법칙은 현재의 자금이 2배 되는 기간과 이자율 혹은 수익률을 산출하는 중요한 계산식이다. 이런 단순한 산식을 제안하는 이유는 보통 사람인 우리가 쉽게 범하는 오류를 극복하기 위해서이다.

대부분의 부자들에게는 담당 세무사가 있다. 또한 일정 비용을 지불하면서 전문 카운슬러들의 투자 상담과 제안을 수시로 받으며 유용한 정보와 도움을 얻는다. 복잡한 계산에 대한 결정은 스스로 내리지만, 그 과정에서 존재하는 어려운 계산은 다른 사람들의 도움을 받는 것이다. 그러나 우리 주변의 보통사람들은 이를 혼자 해야 하기에 힘에 부치고, 혹 알고 있다고 해도 너무 복잡한 사실을 외면하거나 실천하지 못하는 것이 현실이다.

따라서 72법칙이라는 아주 단순한 산술이라도 실천하면서 얼마의 기간을 저축 혹은 투자해야 하는지, 얼마의 이자율과 투자수익률을 찾아야 하는지를 판단할 수 있는 기준을 제공하고 싶어서 이를 제시하였다. 이제 산식에서 중요한 이자율, 수익률, 기간의 상관관계를 알아보자.

72÷이자율=두 배 되는 기간에서는 이자율<sup>(투자수익률)</sup>이 증가하면 두

배 되는 기간이 단축된다. 즉 높은 이자/투자수익률에 자금을 맡길수록 내 자금이 두 배가 되는 기간은 줄어든다. 그러나 이자율<sup>(투자수익률)</sup>이 낮아지면 두 배 되는 기간은 증가되며 낮은 이자/투자수익률에 자금을 맡길수록 내 자금이 두 배되는 기간은 늘어난다.

반면 72÷두 배 되는 기간=이자율/투자수익률에서는 두 배 되는 기간이 작아지면 이자율과 투자수익률이 늘어나는 산식이다. 즉 짧은 기간 내에 자금이 2배가 되려면 이자율과 투자수익률은 증가하게 되는 것이다. 반면 두 배 되는 기간이 길어질수록 이자율과 투자수익률은 낮아진다.

모든 것은 철저한 계획과 목표에 의해서 달성이 가능하다. 현재의 자금을 두 배씩 늘려나가는 이자율, 투자수익률을 알고 기간의 중요성을 인식하여 그 이자율과 투자수익률을 찾아내고, 아울러 두 배 되는 기간을 인고하며 기다리는 사람만이 목표한 바를 이룰 수 있다.

---

**핵심정리**

72÷이자율=두 배 되는 기간은

이자율(투자수익률)이 증가하면 두 배 되는 기간이 단축되는 산식이다.

72÷두 배 되는 기간=이자율(투자수익률)은

두 배 되는 기간이 줄어들면 이자율과 투자수익률이 증가되는 산식이다.

# 당신의 돈이 2배 되는 시간을 계산할 수 있는가?

부자가 되고 싶은 당신은 자산이 2배 이상 늘어나는 상상을 자주 할 것이다. 그러나 그저 상상으로 끝나면 아무 소용이 없다. 현실적으로 가능하고 이루어져야 당신이 원하는 경제적 자유를 누릴 수 있다. 이제 당신의 자금이 2배 되는 이자율과 투자수익률 그리고 기간을 실제로 살펴보자.

먼저 72÷이자율=두 배 되는 기간을 계산해 보자. 일례로 이자율 2%에 저축한다면 72÷2=36년이라는 시간 후에 현재의 자금이 2배가 된다. 4% 금리에 투자한다면 18년 후$(72÷4=18)$에 2배가 될 것이고 12% 금리에 투자한다면 6년 후$(72÷12=6)$, 24% 금리에 투자한다면 3년 후$(72÷24=3)$에 현재의 자금이 2배가 될 것이다.

현실적으로 향후 금리가 2% 이상이 되리라고 예상하는 사람이 있다면 그 생각을 바꾸라고 제안하고 싶다. 기존의 선진국들이 그래왔듯이 신흥개발국에서 선진국으로 진입하는 모든 국가들의 금리는 0~3%대를 유지하고 있기 때문이다. 대한민국보다 경제 수준이 우수한 국가의 금리가 3% 이상으로 올라갈 가능성은 매우 희박하다.

이번에는 72÷두 배되는 기간=이자율/투자수익률을 계산해 보자. 현재 자금이 2배 되는 기간을 36년 후라면 72÷36=2%라는 이자율<sup>(투자수익률)</sup>에 하면 된다. 18년 후에 2배가 되려면 4% 이자율<sup>(투자수익률)(72÷18=4)</sup>에 2배가 될 것이고, 6년 후에 2배가 되려면 12%<sup>(72÷6=12)</sup>, 3년 후에 2배가 되려면 24% 이자율<sup>(72÷3=24)</sup>에 저축 혹은 투자수익률에 투자하면 된다.

현재 자신의 자금이 36년 혹은 18년, 12년 후에 2배가 되는 것에 만족하는 사람은 없을 것이다. 우리는 결정해야 한다. 현재 자산을 두 배로 늘리고 그 이후 다시 두 배로 늘리기 위해서 높은 이자율과 투자수익률을 찾을 것인가? 아니면 현재의 상황에 순응하고 12년, 18년, 36년 후의 시간을 기다릴 것인가?

특히 1990년대 이후 세대들이 사회생활을 시작하는 2020년 전후에 자신의 자산을 늘리는 수단으로 무엇을 선택할 것인지는 너무나 중요한 문제이다. 그들은 부모인 1960~1970년대 세대들과 많은 대화를 하면서 아직도 저축이 옳은 길이며 투자는 위험해서 안 된다는 잘못된 생각의 지배를 받고 있다. 1990년대 이후 출생 세대들이 가장 큰 영향을 받는 그들 부모의 금융상식과 생각을 고스란히 따라 본인의 자산을 늘리겠다고 생각한다면 실로 암울한 미래를 맞게 될 것이다.

**핵심정리**

72÷이자율=두 배 되는 기간

이자율 2%에 저축한다면 72÷2=36년 후에 현재의 자금이 2배가 되며

12%에 투자한다면 6년 후(72÷12=6),

24%에 투자한다면 3년 후(72÷24=3) 현재의 자금이 2배가 될 것이다.

반면 72 ÷ 두 배 되는 기간 = 이자율/투자수익률은

현재의 자금이 2배 되는 기간을 36년 후라면 72÷36=2% 이자율에 6년 후 2배가

되려면 12% 이자율, 투자수익률(72÷6=12),

3년 후 2배가 되려면 24% 이자율, 투자수익률(72÷3=24)에 투자하면 된다.

# 6. 무엇을 어디에서 어떻게 할 것인가?

저축, 투기, 투자를 구분해서 설명할 수 있는가?

레드오션시장과 블루오션시장 중에서 어느 시장에 투자할 것인가?

기대수익과 목표수익의 개념을 이해하고 무엇을 할 것인가?

인생 100세 시대의 재무설계를 이해하는가?

하고자 하는 일에 기준을 정하는 것,

기준이 없으면 방향과 목표를 설정할 수 없고방향과 목표를 향해서 나아갈 수 없다.

# 저축은 무엇인가?

"저축할 것인가, 투자할 것인가?" 이 질문의 대답에 따라 세 부류로 나눌 수 있다. 선뜻 답하지 못하는 사람, 저축하겠다는 사람, 투자하겠다는 사람. 답을 쉽게 하지 못하는 사람은 아직 어떤 결정을 내리지 않은 일부이며, 대부분은 안정적으로 저축하겠다는 사람과 손실이 발생하더라도 투자하겠다는 사람으로 구분되는데 보통 저축하겠다는 사람이 많다.

저축(貯蓄, saving)은 소득을 소비로 사용하지 않은 것을 절약(thrift) 또는 저축이라 하고, 안전하게 이자를 받는 방식이다. 사회의 전생산물 중 사람들이 자본 축적에 사용할 목적으로 절약하여 소비되지 않은 생산물에 해당한다.

고전학파는 사람들이 수입의 일부를 절약하면 소비되지 않은 생산물은 다른 사람들이 즉시 자본 축적에 사용한다고 생각했다. 그리고 절약이라는 것은 현재 그것을 소비하여 얻을 수 있는 쾌락을 억제 혹은 연기하는 제욕(制欲)(abstinence)이나 미래에 이자 형식으로 더 큰 수입을 얻기 위해 현재는 소비하지 않는 대인(待忍, waiting)을 의미한다고 생각, 수

입을 절약하는 사람은 이러한 미덕 행위에 대해 이자라는 보수를 받는다고 주장했다.

그러나 저축의 일부는 본인이 직접 또는 은행에 예금함으로써 간접으로 주식 또는 사채 등 이자부의 자산에 투자되지만, 다른 일부는 현금 그대로 보유될 수도 있다. 즉 이자는 저축에 대한 보수가 아니고 화폐를 타인에게 대여한 것에 대한 보수인 것이다. 저축의 크기는 소득 수준, 물가 수준, 이자율, 개인의 주관적 평가 등에 따라 다르지만 이 중 특히 중요한 것은 소득 수준이다. 소득에 대한 저축의 비율을 '저축성향(propensity to saving)'이라고 하며 소득증가에 대한 저축증가의 비율은 '한계저축성향(marginal propensity to saving)'이라고 한다.

저축의 공급을 설명하는 두 가지 분류법이 있다. 먼저 자발적 저축(voluntary saving)은 위에서 말한 저축처럼 경제 주체가 스스로 행하는 저축이다. 반면 강제저축(forced saving)은 물가 상승이 화폐 수입의 상승보다 빨라, 마치 수입의 일부를 저축한 것처럼 이전만큼 소비할 수 없게 된 상태를 말하며 신용창조나 정부의 적자재정에 의한 인플레이션이 야기되었을 발생한다.

왜 우리 주변에는 아직도 투자보다는 저축하겠다는 사람이 많은 걸까? 그들은 '저축은 안전하고 원금 손실이 없으며 이자가 꼬박꼬박 붙기 때문'이라고 말한다. 그러나 저축에서 가장 먼저 고려해야 할 것은 원금 손실이나 투자 리스크가 아니다. 바로 인플레이션이다. 아무리 많이 저축한다 해도 그 수익률이 인플레이션을 초과하지 못한다면 수익을 올리는 것이 아니라 저축액의 증가만 있을 뿐 실질적인 자본 가치를 떨어뜨리는 것이다. 금고 속에 돈을 쌓아 두는 개념과 그리 다를 바가 없다.

> **핵심정리**
> 저축의 이자율은 물가상승률을 초과해야 한다.
> 물가상승률을 초과하지 못하는 이자율의 저축은 의미가 없다.
> 원금손실이 없다는 것은 착시현상이며 실제로는 물가상승률에 의한 손실이 진행 중이다.

# 투자와 투기란 무엇인가?

공장, 기계, 건물이나 원료, 제품의 재고 등 생산 활동과 관련되는 자본재의 총량을 유지 또는 증가시키는 활동을 투자(投資)라고 한다. 이에 반해 투기(投機)는 생산 활동과는 관계없이 오직 이익 추구 목적으로 실물 자산이나 금융 자산을 구입하는 행위를 일컫는다. 이익을 추구한다는 점은 동일하지만 그 방법에는 차이가 분명하다. 투자는 생산 활동을 통한 이익을 추구하지만 투기는 생산 활동과 관계없는 이익을 추구한다.

투자와 투기의 학문적 해석은 배제하고 단지 투자와 투기의 성격이 같다는 의미를 정립할 필요가 있다. 둘 다 궁극적으로는 이익을 추구하는 목적이 있으나 일반적으로 투자는 합법적인 수단, 투기는 다소 비합법적인 수단으로 해석하고 있다.

경제 행위에서 일반적인 매매는 실제 필요성에 의해 이루어지는 반면, 투기는 가격의 오르내림의 차이에서 오는 이득을 챙기는 것을 목적으로 한다. 부동산을 구입하면서 그곳에 공장을 지어 상품을 생산할 목적인 경우는 투자가 될 수 있지만, 부동산 가격의 인상만을 노려 일정 기간 후 이익을 남기고 다시 팔려는 목적을 가졌다면 부동산 투기 행위라고 볼 수 있다.

주식투자에서도 보통 주식에 '투자'했다고 표현하지만, 직접 생산목적은 아니고 이득을 취하려는 투자일 뿐이다. 반면 작전주식에 투자할 때는 작전주식에 '투기'했다는 표현을 사용한다.

투자에 입문하거나 진행하고자 한다면 투자와 투기의 개념을 정립할 필요가 있다. 두 단어 모두 동일하게 '던질 투(投)'를 사용한다. 자본에 던지는 것과 기회에 던지는 것으로 해석이 가능하다. 실제 대부분의 투자자들은 투자수익을 목적으로 하기 때문에 한자 상으로 보면 투기의 의미로 투자하는 것이다. 그러나 이는 어디까지나 한자의 의미이며 한 가지를 더 생각해야 한다. '던질 투(投)'의 의미를 해석해 보자. 던지는 행위는 얻기 위해서보다는 잃는다는 의미가 더 강하다. 즉 투자와 투기에서 수익을 목적으로 던지는 것은 수익의 기회가 없어질 수도 있다는 것을 의미한다. 그래서 투자를 이야기하면서 항상 먼저 손실에 대한 위험을 경고하는 것이다.

투자를 진행하고자 하면서 자본 손실을 두려워하는 것은 어불성설이다. 원금 손실이 가능하다는 원칙을 스스로 인식하고 수용할 마음으로 자신의 자본을 던지는 것이 투자다. 이처럼 원금 손실이라는 리스크를 안고 투자를 진행한다 하더라도 투자자는 더 힘든 싸움에 신경을 써야 한다. 물가상승률을 상회하는 수익의 결과를 가져와야 한다는 투자수익에 대한 압박감을 감수해야 하는 것이다.

**핵심정리**

일반 투자자의 투자는 투기의 성격이 강하다.

투자는 수익의 기회를 얻기 위해 자신의 자본을 던지는 것이다.

원금 손실의 리스크를 감당하지 못하는 사람은 투자 세계를 떠나야 한다.

투자에는 수익의 기회만큼 원금손실의 기회도 공존한다.

# 레드오션이란 무엇인가?

레드오션을 묻는 질문에 대부분의 사람들은 "포화된 시장"이라고 답한다. 더 자세히 구분하면 새로운 구매자를 유치하려는 노력은 거의 하지 않고, 경쟁 기업의 기존 고객을 빼앗아 오기에 골몰하는 시장이며 정체된 기존 상태에서 점유율을 높이고자 서로 경쟁하는 시장이다. 아울러 새로운 부가가치 창출과 비용 절감을 모두 달성할 수 없으므로 둘 중 하나를 선택하는 전략을 세우는 시장을 말한다.

결과적으로 과다한 경쟁으로 인해서 노력 대비 성과가 없는 시장, 성과를 내기 위해 필요 이상의 노력을 투입해야 하고 경쟁에서 살아남기 위해 더 많은 희생을 강요당하는 시장을 말한다.

경제학적으로 시장 포화율이 75% 혹은 80% 이상이 넘을 경우 레드오션 시장이 되었다고 평가한다. "당신이 사업을 한다면 레드오션 시장에서 할 것인가, 블루오션 시장에서 할 것인가?" 이 질문에 십중팔구는 블루오션을 선택할 것이다. 그러나 그렇게 대답하는 대부분의 사람은 정작 레드오션 시장에서 사업하거나 일하면서 소득을 찾고 있다. 왜 이런 현상이 발생하는 것일까?

최근 뜨거운 이슈인 최저임금제로 소상공인들은 자신의 소득이 아르바이트생 생활비도 안된다며 아우성이다. 블루오션 시장을 찾는 사람들이 왜 과다한 경쟁과 분리되는 소득인 레드오션 시장에서 승산이 없는 게임을 하고 있을까? 그 이유는 참으로 단순하다. 다들 자신이 할 수 있는 일, 하기 쉬운 일을 선택하기 때문이다. 누구나 할 수 있는 일은 누구나 할 수 있기 때문에 당연히 많은 사람이 몰리기 마련이다. 불 보듯 뻔한 결론이 있는 게임을 스스로 자초하는 셈이다.

투자의 귀재 워런 버핏은 왜 금융의 중심인 뉴욕 월스트리트에 있지 않고 한적한 오마하에 있을까? 투자 판단을 제대로 하기 위해서는 과도한 경쟁과 정보에서 오히려 떨어져 있어야 하기 때문은 아닐까? 그의 명언 중에 "회사가 가장 어려운 시기야말로 그 회사를 사야 하는 가장 좋은 때이다"라는 말이 있다. 보통사람은 회사가 가장 좋을 때 투자를 한다. 그런데 투자의 귀재는 왜 회사가 어려운 시기를 선택할까? 회사가 가장 좋을 때는 이미 투자자들의 과다한 경쟁으로 인해 레드오션이 형성된 시기이며 회사가 어려울 때는 투자자들이 떠나 경쟁이 없는 블루오션이 형성되기 때문이다.

누구나 쉽게 접근하는 프랜차이즈 사업을 하고 남들과 비슷한 노력을 하면서 성공하기를 바라서는 안 된다. 부자가 되기 위해서도 마찬가지이다. 같은 금액을 저축하고 남과 비슷비슷한 투자만 하면서 막연히 자산이 불어나기를 희망하는 것은 헛된 희망사항에 불과할 뿐이다. 저축과 투자도 사업 시장과 다르지 않다. 누구나 하고 있고 할 수 있는 레드오션 시장의 저축과 투자로는 답이 없다.

# 블루오션이란 무엇인가?

블루오션은 이미 과포화되어 치열하게 출혈 경쟁을 벌이는 레드오션 시장과는 달리, 경쟁이 없거나 덜하여 가치 혁신을 통해 부가가치 창출과 비용 절감을 동시에 추구할 수 있는 새로운 시장을 말한다. 경제학적으로 아직 형성되지 않은 혹은 이제 형성되는 시장으로 수치로 설명하면 0%에서 30% 미만의 점유율을 형성하는 시장을 가리킨다.

또한 현존하지 않아 알려지지 않은 시장 공간으로, 이런 시장에 대해 알려진 바가 없고 시장에서의 성공법도 모르기 때문에 경쟁이 없거나 미약한 상태이며 구매를 자극하는 새로운 제품 가치를 창출함으로써 이 시장에 들어온 적이 없는 고객들을 끌어들여서 새로운 부가가치 창출과 비용 절감을 모두 달성할 수 있는 시장을 총칭하기도 한다.

기업은 블루오션에 진출하기 위해 차별화와 저비용을 동시에 추구하는 '가치 혁신'을 토대로 구매자와 기업에 대한 가치를 크게 늘리려고 노력하고 개인 사업자 역시 틈새시장 전략을 통해서 새로운 시장을 만들고 자신의 사업 영역을 넓히려고 노력하는 시장이다.

그러나 대부분의 기업과 개인은 블루오션 시장에 대한 과도한 불안감과 가능성에 대한 불확실성으로 접근조차 하지 않으려 한다. 그러나 블루오션은 저성장과 과다한 경쟁에서 절대적으로 살아남을 수 있는 시장이다. 신발이 필요하지 않은 아프리카 원주민을 상대로 신발을 판매하려는 수출 계획을 구상한 사례, 영하의 날씨로 모든 것이 냉동 상태로 존재하는 알라스카의 에스키모에게 적정 온도가 유지되는 냉장고를 판매하려는 계획 등은 전혀 이루어지지 않을 것 같은 시장에 대한 시도였으며 실제로 성공한 블루오션 마케팅의 결과이다.

김치냉장고의 실패와 성공은 블루오션 시장에 대한 접근 전략의 좋은 사례이다. 1990년대 시작된 김치냉장고의 개발은 냉장고도 제대로 보급되지 않았던 시장에서 너무 성급한 도전이었다. 그러나 2000년대 이후 냉장고의 보급이 일반화되고 사계절 김치 맛을 일정하게 유지하기를 원하는 소비자 층이 형성되면서 김치냉장고 시장은 활황을 맞게 되었다. 공기청정기와 건조기 시장도 비슷하다. 전에는 공기청정기와 건조기는 마치 부자들의 전유물처럼 여겨졌으나 중국발 미세먼지가 갈수록 심각한 수준으로 악화되면서 공기청정기는 생활필수품 그 이상의 시장이 형성되었으며, 세탁기만으로는 미흡했던 부분을 건조기가 해결하면서 새로운 가전제품 시장이 만들어진 것이다.

블루오션은 산업과 기술, 영업 그리고 투자시장에서도 동일하게 움직이고 있다. 저축이 답이었던 1980년대에 부동산에 투자해 부자의 꿈을 실현한 부류가 그렇고 IMF 시대에 부도난 기업을 인수하거나 헐값이 된 주식을 사들인 주식 부자들이 그렇다. 거대 자본들이 캐피탈을 통해서 수익을 만들어 내는 것도 과거 사채시장의 새로운 블루오션 변화이다. 이전에는 개인 부동산으로 돈을 벌었다면 현재는 거대 자본의 리츠 형태의 부동산 개발이 부동산 시장의 새로운 블루오션 시장이다.

현실적으로 개인이 투자의 블루오션 시장을 진입하기란 어렵다. 그러나 그 어려움 속에서도 틈새가 열려 있는 시장은 분명히 있다. 그 시장에 관심을 가지고 두려움을 극복하면 투자의 블루오션 시장에서 성공할 기회를 잡을 것이다.

**핵심정리**

모든 시장의 블루오션이 성공의 열쇠이다.

블루오션 시장은 검증되지 않은 불확실성의 영역이다.

그러나 그 시장에 대한 관심과 두려움을 극복하면 거대한 성공의 기회를 잡을 것이다.

# 목표수익과 기대수익, 어떤 수익을 추구할 것인가?

어떤 개념을 정리함에 있어서 통념적으로 적용해야 할 개념이 있고 어느 특정 조직에 적용시켜야 할 개념이 있다. 목표수익과 기대수익은 보는 관점에 따라 다르지만 여기에서는 우리의 투자 결과가 만들어지는 시점에서의 명확한 개념을 정리해야 한다. 목표수익은 처음 투자를 시작할 때 가능하다고 판단한 수익을 의미하고, 기대수익은 투자의 수익실현 시점에서 심리적으로 기대하는 추가 수익의 범위를 의미하는 것으로 그 개념을 정리한다.

이렇게 개념 정리를 하는 이유는 인간의 욕심, 욕망 때문에 발생되는 오류를 정리하기 위해서이다. 처음 투자를 할 때는 일정 시점이 지난 후에 얼마 정도의 수익률을 가정하고 진행을 결정할 것이다. 기다리던 시점이 지나고 원하던 수익이 가능해졌다면 목표수익이 되었으므로 매도를 진행하여 수익을 실현해야 되는 것이 원칙이다.

그러나 이 시점에서 투자자는 목표한 수익을 넘어서 과도한 욕심과 더 큰 기대수익을 위해 더 기다리거나 매도를 망설일 것이다. 이러한 괴리에 놓이게 된다면 목표수익을 놓치는 결과도 초래하겠지만 자칫 이후에 발생할 하락으로 인한 손실을 감당해야만 한다.

투자는 원금 손실의 위험을 감수하고 진행해야 하므로 목표수익이 가능한 시점이 도달하면 수익을 실현하는 것이 기본이다. 인간의 욕심 때문에 목표 시점에서 또 다른 기대수익을 기다리느라 목표를 재수정할 수도 있다. 그러나 이 경우 손실의 폭은 두 배로 증가된다는 사실을 알아야 한다.

한 투자자가 A와 B 회사의 주식에 투자했다고 가정하자. 두 주식 모두 10만원일 때 투자했으며 현재 A 회사의 주가는 5만원, B회사의 주가는 15만원이다. 그런데 지금 급히 5만원이 필요한데 현금이 없어서 둘 중 하나를 팔아야 한다면 어느 회사의 주식을 팔겠는가? 대부분은 B 회사를 선택한다. 이는 잘못된 선택이다. 멀쩡한 차를 버리고 고장 난 차를 타고 여행하려는 것과 같다. 손실이 난 A에 대한 복구, 원금 회복의 심리가 작용해서 잘나가는 B회사 주식을 매도하는 오류를 범하는 것이다.

3년 전 회사에서 우리 사주를 받았다. 당시 가격은 한 주당 1만원, 이후 회사가 위기에 처하면서 주가는 주당 5천원으로 떨어졌다. 전문가들은 신규 프로젝트가 성공하면 주가는 다시 1만 원까지 오르겠지만, 실패하면 회사는 폐업하고 주식은 휴지 조각이 될 거라고 전망한다. 그렇다면 주식을 지금 5천원에 팔겠는가 아니면 기다리겠는가? 대부분은 1만원이라는 이전 가격 때문에 현재 5천원에 쉽게 매도하지 못한다.

1년 전에 2억원을 주고 산 집을 이제 팔려고 한다. 시세를 알아보니 대략 3억원을 받을 수 있다고 한다. 그런데 2억 5천만에 사겠다는 사람이 나타났다. 이 사람에게 집을 팔면 5천만원을 버는 걸까 아니면 5천만원을 손해보는 걸까? 이 경우도 대부분은 2억 5천만원에 팔게 되면 5천만원 손해라고 여긴다. 그러나 총자산 개념으로 보면 기존보다 5천만원의 자산이 증가한 것이다. 이런 것을 손실회피비용이라고 한다.

이처럼 투자수익에 대한 목표수익과 기대수익의 차이를 판단하기란 매우 어려운 문제이다. 그러나 두 수익의 최종결과는 수익을 실현한 뒤에 수익률이 계산되는 것이지 아직 진행 중인 상황에서는 수익이 났다고 할 수 없다. 50% 수익을 목표수익으로 투자해서 50% 수익 시점에서 매도를 진행하면 50% 수익실현이 된 것이지만 50% 수익 시점에서 더 큰 수익을 기대하다가 주변 환경이 바뀌어 오히려 원가보다 30% 손실 시점이 되어서 손절매한다면 결국 최종은 30% 손실을 감수한 결과인 것이다.

투자수익에서 목표수익은 실현을 최종 목표로 한다. 기대수익은 단지 진행형이므로 제2의 목표수익이 가능해질 때까지 또 다시 위험을 감수해야 한다.

> **핵심정리**
> 투자수익은 기대수익과 목표수익으로 구분된다.
> 기대수익은 제2의 목표수익이 실현될 때까지 추가 위험을 고려해야 한다.
> 수익실현은 진행형이 아닌 결과형이다.

## 재무설계의 투자비율을 이해하는가?

의학 발달과 생활수준의 향상으로 인간의 평균수명은 계속 늘어나고 있으며 최근 100세 인생을 이야기하는 언론 보도도 많다. 통계청 자료에 따르면 대한민국의 평균 수명은 2007년에는 여자 82.5세, 남자 75.9세, 평균 79.2세에서 2016년에는 여자 85.4세, 남자 79.3세, 평균 82.4세였다. 10년 전보다 평균 수명이 3세가 늘었다. 이처럼 수명은 늘어나고 고령화가 급속도로 진행되면서 소득이 많은 시기에 은퇴 이후를 대비하지 않으면 노년기에 경제적 어려움을 겪을 수밖에 없다. 그렇기 때문에 전 생애에 걸쳐서 소득과 소비를 고려한 재무적인 목표와 설계가 갈수록 중요해지고 있다.

자본주의 사회에서 사람들은 돈을 벌고 쓰면서 경제활동을 한다. 모두 풍족한 생활을 원한다. 적정 소득만 유지된다면 이를 바탕으로 하고 싶은 일들과 여가생활을 즐길 수 있다. 그러나 살면서 돈을 벌고 쓰는 과정은 매우 불규칙하게 이루어진다. 안정적인 미래를 준비하고 목표와 계획을 실현하려면 돈을 어떻게 벌어서 어떻게 쓸 것인지를 미리 예측, 조정해 대비하는 일이 급선무이다.

이런 관점에서 볼 때 많은 사람들은 재테크와 재무설계의 차이를 구분하지 못하고 혼용하거나 같은 것으로 생각한다. 하지만 실제로 재테크와 재무설계는 많이 다르다. 재테크는 재산을 불리는 것이다. 높은 수익을 거두는 금융 상품이나 부동산 상품을 활용해 돈을 불리는 기술로 단기적인 재산 활용을 의미한다.

반면 재무설계는 소득 범위를 고려하여 소비와 저축을 합리적으로 설계하고, 은퇴 후의 노후 생활까지 고려하여 전반적인 인생의 재무 관리 계획을 짜는 것이다. 자신의 재무 관련 상황을 파악하여 관련 목표를 세우고, 이에 맞추어 구체적인 자금 준비 등을 계획하고 실천하는 것을 의미한다. 재무설계는 재테크에 비해 장기적이고 계획적이라는 특징을 가지고 있다.

재무설계는 인간의 생애주기에 맞춰서 설계되어야 한다. 유년기, 청소년기, 청년기, 장년기, 노년기의 순으로 이어지는 생애 단계를 경제 활동 시기와 관련해 구분한 일명 '라이프사이클(life cycle)'은 재무설계의 기준이 되는 자료이다.

인생의 과정에서 생산 활동을 통해 소득을 얻을 수 있는 시기는 한정되어 있지만, 소비 생활은 평생 동안 이루어진다. 일반적으로 태어나서 20대 중반까지는 부모의 도움을 받아 성장하고 교육을 받는 시기로, 소비에 비해 소득이 적다. 은퇴한 60대 이후의 노년기에도 소득이 줄어든다. 반면 직업 생활을 하는 30~50대의 장년기는 소득이 높아 저축이 늘어나는 경우가 많다.

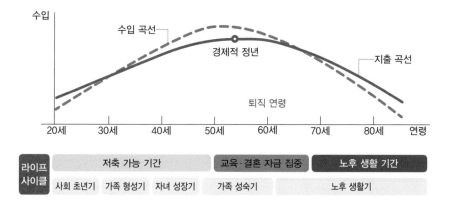

라이프사이클에서 보는 바와 같이 소득은 직업 생활을 하는 30~50대 장년기에 집중 발생하는 반면 소비는 가족을 형성하는 30세부터 노후 생활 기간까지 지속적으로 발생한다. 특히 주택자금, 교육자금, 자녀결혼자금, 노후자금 등 일명 4대 목적자금은 장년기와 노년기에 지속적, 주기적으로 발생한다. 이런 단·중기적 목적자금을 모으는 것이 재테크라면 재무설계는 단·중기적 목적자금과 연계된 생활자금과 각각의 목적자금의 전체적인 계획과 목표를 이루게 하는 계획을 설계하는 것이다.

재무설계를 할 시간이 없다, 그런 거 할 돈도 없다 등의 말을 많이 하지만, 그럴 시간과 돈이 없는 사람일수록 더욱 재무설계에 관심을 가져야 한다. 특히 우리나라는 자녀에 대한 집착 혹은 기대 혹은 의무감이 모든 소득생활의 목적인 것처럼 생활하는 장년 세대가 대부분이다.

보통 소득이 발생하는 시기는 대략 30세부터 은퇴하는 60세 전후이다. 그러나 평균수명의 연장으로 소득 없이 살아야 하는 시기는 60세부터 90세 전후이다. 즉 30년을 벌어서 은퇴 후 30년을 대비해야 한다는 것이다. 그러나 보통사람들의 소득생활기인 30세부터 60세까지는 생활비, 주택마련비, 자녀교육비 등으로 대부분이 소비된다. 그렇게 소득생활기를 마치고 은퇴하면 어떤 소득으로 은퇴 후 30년을 생활할 것인가? 이 질문에 "나는 이렇게 저렇게 준비되어 있다"라고 자신 있게 답할 수 있는 사람은 그리 많지 않을 것이다.

금리가 낮아지고 고용은 확대되지 못하며 실업률이 증가하고 평균수명이 늘어날수록 재무설계는 선택이 아닌 필수이다. 외롭지 않고 경제적으로 자유로운 노후를 위해서 건강과 더불어 꼭 필요한, 가장 중요한 요소인 것이다.

**핵심정리**

저금리 시대에는 재테크가 아닌 재무설계에 집중하라.

재무설계 핵심은 노후자금의 준비이다.

재무설계 시 지켜야 할 투자 비율은 '100−나이=투자비율'이다.

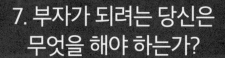

# 7. 부자가 되려는 당신은
# 무엇을 해야 하는가?

에베레스트 정상에 오를 것인가, 베이스켐프까지만 갈 것인가?

정상이나 베이스켐프를 가기 위해 어떤 방법을 사용할 것인가?

혼자서는 정상에 오를 수 없다.

팀이 있어야 하고, 조력자인 세르파의 도움이 절실하다.

혼자인 정상은 아무런 의미가 없다.

# 목표를 정하라

연말 연초가 되면 개인이든 기업이든 새해 계획과 목표를 세운다. 개인의 목표는 자신의 머릿속이나 다이어리 등에 기록할 것이고 조직이나 기업의 목표는 세부 계획이 만들어지고 구체화되어서 구성원들이 볼 수 있거나 열람이 가능한 문서 형식으로 배부되는 모습이 일반적이다.

조직이나 기업은 1개월이 지나고 3개월, 6개월 그리고 연말에 해당 계획에 대한 평가를 내리고 성과 여부를 측정할 것이다. 그리고 그 결과에 따라서 성과에 대한 보상과 책임이 부여된다. 그렇다면 개인은 어떻게 하는가? 대부분은 자기 혼자 내린 계획이므로 누구에게 보고할 의무도 과정에 대한 평가도 최종 결과에 대한 책임도 없다.

조직이나 기업이 목표와 계획에 대한 과정과 결과가 명확하고 달성도가 높지만 개인의 경우는 그러기 어려운 이유는 너무나 당연하다. 조직이나 기업은 계획과 목표를 공론화하고 각 장이나 대표에게 과정과 성과를 지속적으로 보고하며 누군가는 결과를 책임져야 하는 시스템이기 때문이다. 그런 체계 하에서 목표와 계획은 달성하거나 그럴 가능성이 높은 상태가 된다.

조직이나 기업처럼 목표 달성도를 높이려면 개인 스스로 조직체처럼 자신이 통제 가능한 목표를 설정하고 이를 달성하기 위한 구체적이고 명확한 계획을 세워서 자기통제 시스템에서 중간 평가를 통해서 향후 지속적인 달성가능성을 위한 보완과 점검이 필수이다.

"부자가 되고 싶은가?" 이 질문에 많은 사람들은 "Yes"라고 답한다. 그러나 얼마만큼의 부를 원하는지 자신이 생각하는 목표에 대해 물으면 곧바로 대답하지 못한다. 내 경험상 30% 정도가 대략적으로 부의 목표를 말한다. 그럼 부의 목표를 설정한 30%의 부자 될 가능성이 있는 사람들에게 두 번째 질문을 한다. "목표하는 그 금액을 언제까지 달성할 것인가?" 이 질문에는 거의 모든 사람들이 답을 하지 못한다. 언제까지 달성할 것이라고 답변하는 극소수에게 다시 그 중간 목표의 달성 시점을 물으면 대답하지 못한다.

지금 이 책을 읽는 당신도 스스로에게 질문하기 바란다. 당신은 지금 30세이고 60세에 부의 최종 목표가 100억이라고 가정하자. 이제 목표는 설정되었다. 그렇다면 100억을 달성하기 위해서는 먼저 50억을 만들어야 하니 중간 목표는 50억이 될 것이다. 그 50억을 달성하는 시점은 언제로 할 것인가? 50억의 중간 목표인 25억을 달성하는 시점은 몇 살로 정할 것이고, 다시 25억의 중간목표인 12.5억은 언제 달성할 것인지 계획해보기 바란다.

대부분의 사람들은 이때 단순히 산술 계산할 것이다. 60세에 100억을 달성하기 위해서 50세까지 50억을 달성하고 40세에는 25억을 만들고 35세에는 12.5억을 달성하자는 식이다. 그리고 고민할 것이다. 과연 5년 후까지 12.5억을 만들 수 있을까? 당연히 힘들 것이라고 스스로 판단할 것이고 그럼 이후 모든 계획은 달성이 불가하다고 생각, 목표는 그저 희망사항에 불과한 허황된 바람이라 여기고 자기 발로 삶의 굴레에 들어가고 말 것이다.

부자들은 부자가 아닌 사람보다 훨씬 더 명확한 목표와 달성 가능한 계획을 세우고 세밀하게 추진한다. 이 책을 읽는 당신은 자수성가를 생각하는 사람일 것이다. 앞서 언급한 자수성가형 부자들 중 우연하게 성공한 사람은 한 사람도 없다. 그 누구보다 위험을 감수하고 실패의 치열함 속에서 성공에 대한 명확한 목표와 계획을 세워 삶의 전쟁터를 매일 달려서 고지를 점령하는 전쟁의 승자들이다.

> **핵심정리**
> 목표가 없으면 계획을 세울 수 없다.
> 계획이 없는 목표는 단언컨대 이루어지지 않는다.
> 부의 목표를 설정하라.
> 목표를 달성할 계획을 구체화하고 시간적으로 분리해서 성과를 측정하라.

# 어떻게 할 것인지를 정하라

"무엇을 하면 성공할 수 있습니까?"라는 질문을 자주 접한다. 웬만한 것은 모두 과포화된 시장이며 잘되는 상권은 권리금이 너무 올라서 접근할 수 없고 투자할 만한 곳은 모두 너무 올라서 접근할 수 없다는 등, 할 수 없다는 표현뿐이다. 그러나 서민갑부들은 블루오션 시장이 아닌, 누구나 접근할 만한 시장에서 자신의 모든 것을 걸고 성공한 사람들이다. 자수성가한 대한민국 50대 부호 중 22명 또한 대기업이 문어발식으로 선점한 시장 속에서도 자신만의 특화된 전략으로 성공했다.

"무엇을 할 것인가?"보다는 "무엇을 어떻게 할 것인가?"에 답이 있다. 1000원짜리 국수를 팔아서 갑부가 된 사람이 있고 만두나 샌드위치를 팔아서 갑부가 된 사람도 있다. 누구나 할 수 있는 일이다. 다만 어떻게 했느냐에 따라 성공의 결과가 달라진 것이다.

22명의 부호 중 유독 IT와 게임 분야에 부호가 많다. 좋은 스펙으로 대기업에 취업해 안정적인 길을 갈 수 있는데도 위험을 감수하고 사업을 시작해서 전공 분야에서 자신만의 길을 만들거나 본인이 즐기는 일을 사업화해서 성공한 사람들이다.

2018년 100대 부호에 집계된 여성 부호 12명 가운데 유일한 자수성가형 부자인 한현옥 클리오 대표이사는 사업과는 거리가 먼 사회학을 전공하고 한국과학기술원, 법률사무소, 현대리서치연구소 등에서 일하다 1993년 색조 화장품 전문업체인 클리오를 창업했다.

국내에 색조전문 화장품이 생소하던 시절, 마케팅 저력을 보유한 한현옥 대표는 탁월한 감각으로 색조전문 화장품 브랜드인 클리오를 직원 1명과 창업했다. 한국과학기술 연구원과 현대리서치연구소에서 근무한 뒤 유통업체인 한국필랩전자로 옮겼는데 이 회사가 갑자기 문을 닫게 되면서 화장품 사업이 없어질 위기에 처하자 한 대표가 사업에 뛰어든 것이다.

클리오는 이탈리아나 파리의 중소 화장품업체에 OEM(주문자 상표 부착) 생산 주문 방식으로 시장에 파장을 일으켰다. '김하늘 립스틱', '이효리 아이라이너', '공효진 파운데이션' 등 인기 연예인을 기용한 마케팅으로 대박을 치고 성장을 거듭했다. 배우 공효진이 출연한 드라마 '프로듀사'가 중국에서 인기를 끌면서 중국 판매도 급증했다. 한 대표는 풍부한 리서치 경험을 바탕으로 시장과 소비자를 분석해 기업을 성공시켰다. 클리오는 2016년 11월 코스닥에 상장했으며 현재 그녀의 주식자산은 4천억원으로 추정된다.

자수성가한 부호들은 처음부터 사업으로 시작한 사람과 직장생활을 하다가 사업을 시작한 사람으로 나뉜다. 직장을 소득의 수단으로 생각하는 사람은 직장인으로 남겠지만 직장생활을 사업의 수단으로 생각하는 사람은 그곳에서 사업 아이템을 찾기 위해 노력할 것이고 그런 기회가 왔을 때 과감하게 사업가로 전환할 수 있다.

미래에셋대우 박현주 회장 역시 동원증권(현 한국투자증권)의 평사원으로 시작해 고속 승진 이후 퇴사하여 미래에셋캐피탈을 설립하면서 사업가로 변신, 미래에셋대우 회장의 위치까지 올라온 것이다.

"수처작주 입처개진(隨處作主 立處皆眞), 가는 곳마다 주인이 되고 머무는 곳마다 진실하라"라는 말이 있다. 직장생활을 하면서도 회사가 자신의 것인 듯 열정과 최선을 다하는 사람은 직장의 임원이나 대표가 될 수 있다. 그러나 회사를 운영하더라도 개인의 사리사욕과 소득의 수단으로만 여긴다면 그 회사는 머지않아 폐업의 길을 걷게 될 것이다.

**핵심정리**

무엇을 할 것인지보다는 그 무엇을 어떻게 할 것인지가 중요하다.

어떻게 할 것인가는 주인이 결정하는 것이다.

경제적 자유가 달성되기 위해서 무엇이든 당신 삶의 주인이듯 하라.

# 소득의 시스템을 늘리라

앞에서 부자들의 소득 시스템을 언급했다. 부자가 되려는 당신도 소득 시스템을 어떻게 만들 것인지 노력해야 한다.

A라는 사람이 연봉 1억을 받는다면 저축이나 투자를 어느 정도 할 수 있을까? 연봉이 1억2천만원일 때 세금 등을 제외하면 대략 7,500만원 내외이다. 여기에서 생활비와 품위유지비 등을 5,000만원 정도로 계산하면 남은 여유자금은 2,500만원이다. 이 정도의 금액이 1억 연봉자의 투자의 여력이라고 평가하면 무리가 없을 것이다.

1년에 2,500만원씩 단순 저축하면 10년 후 2억5천만원이다. 1억 연봉자의 경제 활동 시간을 20년으로 가정하면 은퇴 시에 5억원 정도가 준비된다고 가정할 수 있다. 결코 만족스럽지 않은 액수이다.

B라는 사람은 1억 연봉을 받는 시스템이 2개 있다. 이 사람은 총 2억4천만원의 연봉을 받는다. 단순하게 A의 경우처럼 계산하면 세금 제외하고 1억 5천만원이다. 1억 연봉자든 2억 연봉자든 생활비와 품위유지비는 큰 차이가 없으리라는 가정 하에 5천만원을 제외하면 B의 여유자금은 1억원이다. 1년에 1억 원씩 단순 저축하면 10년 후 10억, 20년 은

퇴시점에는 20억원이 모인다. 적은 액수는 아니다.

C는 1억 연봉을 받는 시스템이 3개가 있다. 이 사람은 총 3억 6천만원의 연봉을 받는다. 앞선 사례와 동일하게 계산하면 세금 제외하고 2억 2천 5백만원이다. 3억 연봉자이니 생활비와 품위유지비를 7,500만원으로 가정하면 여유자금은 1억5천만원이다. 1년에 1억5천만원씩 단순 저축하면 10년 후 15억, 20년 은퇴시점은 30억원이라는 자금이 모인다. 이 정도면 노후 생활에 무리가 없을 것이다.

소득의 시스템이 하나인 사람과 두세 개인 사람의 차이는 1년이면 2500만원, 1억원, 1억5천만원의 차이가 나지만 10년이라는 시간이 지나면 2억5천만원, 10억원, 15억원의 차이가 발생하고 20년 후에는 5억원, 20억원, 30억원이라는 엄청난 차이가 발생한다. 이는 단순하게 여유자금을 모은 것만 계산한 수치이며 여기에 동일한 조건을 만들기 위해서 동일한 투자수익률을 곱하면 그 차이는 더욱 커진다.

취업이 안 된다고 고민하는 젊은 세대가 많다. 스스로 경제적 자유를 포기하는 사람이라고 생각한다. 취업은 일반적으로 하나의 소득 시스템을 가져가는 것이다. 직장인, 공무원 등의 직장이라는 개념의 소득을 가진 사람들은 일반적으로 월급, 급여라는 소득의 시스템에 묶여 있다. 물론 이 시스템을 탈피하려는 시도들은 많이 하지만 대부분이 소득으로 평가할 수준은 못되는 것이 현실이다.

소득의 시스템을 늘리려면 시간의 자유로움이 선택되어야 한다. 일반적으로 프리랜서나 자영업, 사업을 의미한다. 동일한 24시간 365일을 살면서 소득이 창출되는 여러 가지 일을 한다는 것은 사실 어렵다. 그러나 어려움이 없이 이루어지는 것은 없다.

소득원을 찾거나 사업 아이템을 찾을 때 중요한 판단 기준은 있어야 한다. 보통사람들은 쉽게 소득 시스템을 만들려고 하다가 다단계나 투기 세력의 유혹에 쉽게 빠져든다. 그러나 이런 수단은 절대 시스템으로 존속할 수 없으며, 오히려 그동안 축적한 자산마저도 잃는 과오를 범할 수 있다.

자수성가하여 성공한 사람을 살펴보자. 회사를 세우고 대표로서 소득원 하나를 만든다. 그리고 자신이 대주주가 되어 주주로서의 소득원이 생긴다. 이후 회사가 성장하면 주식가치로 다시 제3의 소득원이 만들어진다. 그러면서 그들은 사업체를 늘려나가거나 신사업에 투자해 다시 성공하는 모습으로 소득원을 계속 늘려나간다.

개인이 성공하기 위해서도 마찬가지이다. 사람들은 사업 아이템이 없다고 하소연하지만, '서민갑부'에 등장한 거의 모든 갑부들은 우리 주변에서 흔히 보는 일들로 당신이 부러워하는 자산을 만들었다. 사업 아이템이 없는 것이 아니라 사업할 의지가 없는 것이다.

현재의 직장을 통해서 부자가 되고 싶은 사람은 직장에 충실하면서 연관된 혹은 취미에 맞는 새로운 사업 아이템을 찾으라. 그리고 직장의 소득으로 남는 자본을 투자할 곳을 찾아서 투자를 진행하자. 투자 비중은 소득을 대체할 정도의 규모가 되도록 늘려나가야 한다. 그래야만 소득의 축으로 인정될 수 있다. 이런 시간들이 하염없이 길어지기만 해서는 당신이 원하는 모습이 될 수 없다.

# 3부

# 장외주식 투자로
# 부자 될 수 있다!

자본주의의 많은 부호들은 주식부자이다.

그들이 부자가 된 방식은 기업을 만들고

그 기업을 성장시켜서 기업공개를 통해 상장시키면서 부를 달성했다.

그 방식에 합승하는 것이

곧 투자시장의 블루오션, 장외주식시장에 투자하는 것이다.

# 8. 장외주식 입문

1부에서 부자들의 기준과 그들이 부자가 될 수 있었던 여러 공통점을 파악했다. 2부에서는 부자가 되려면 무엇을 알아야 하고 어떤 기준에 의해서 어떤 시장과 방법으로 투자를 진행해야 하는지 알아보았다.

3부에서는 블루오션 시장인 장외주식시장에서 투자를 진행하기 위해서 자본주의 금융시장의 구조를 이해하고 자본 흐름의 방향을 살피며, 주식투자를 진행하는 당신이 모르는 주식시장의 구조와 거대자금과 싸워야 하는 개미들이 이길 수 없는 게임을 하는 이유를 알아볼 것이다. 특히 투자의 블루오션 시장인 장외주식시장의 기본 구조의 이해와 투자수익 창출이 가능한 시스템에 관해 설명하겠다.

필자가 주식투자를 시작한 것은 대학생 시절인 1986년이다. 처음에는 상장주식으로 시작했지만 1998년 IMF 상황에서 상장주식시장에는 더 이상의 비전이 없음을 인식하고 장외주식시장으로 투자 수단을 옮기게 되었다. 그 계기는 다음과 같았다. 확산되는 정보단말기와 인터넷 보급 속도로 상장주식시장의 정보는 모두 오픈되고 공유되어 더 이상의 투자 매력도가 없다고 판단했기 때문이다. 오픈된 정보와 오픈된 경쟁으로 결국 레드오션 시장이 된 것이다. 게다가 거대 자본과 기관의 정보와 자금으로 인해 개미투자자들에게는 매력적이지 않은 시장이 되었다.

반면 장외주식시장은 어떤가? 블루오션이다. 정보가 모두 오픈되지 않으며 제한된 정보만 공유된다. 게다가 거래되는 주식도 극히 한정적이다. 매수 매도 역시 실제 주식을 보유한 사람이나 기관만이 가능하므로 과다 경쟁이 없는 시장이다.

장외주식시장을 상장이 안 된 기업이므로 불안하다고 치부하는 다수의 투자자들이 있다. 역으로 생각하면 지금 상장된 기업은 처음부터 상장된 회사였는가? 절대 그렇지 않다. 처음 형성된 회사는 모두 비상장기업이다. 일정 시간이 흐르고 조건이 맞춰지면 절차를 거쳐서 상장이 된다. 처음부터 상장기업인 회사는 하나도 없다.

그렇다면 비상장기업 즉 장외주식에 투자하면 블루오션 투자로 성공할 가능성이 있는 걸까? "부자가 되고 싶으면 부자들이 한 것처럼 따라 하라"는 말이 있다. 대한민국의 부자는 모두 주식 부자들이다. 1부에서 언급한 부호 10위 안에 자수성가한 부자 5명 역시 기업으로 성공했다. 그들의 모든 부는 비상장기업을 상장시키면서 만들어진 것이다.

특히 이재용 삼성 부회장을 부호 5위로 만든 것은 2014년 상장한 삼성SDS와 제일모직(구 에버랜드)이다. 두 회사의 상장 전 이 부회장의 재계 순위는 15위권 안팎이었으나 상장으로 만들어진 주식가치로 한순간에 10계단 이상을 뛰어넘는 결과를 만들어냈다. 동생인 이부진, 이서진 대표도 30위권 안팎이던 순위가 상장과 동시에 20위권 안으로 형성된다. 모두가 아버지인 이건희 회장이 비상장이던 두 회사의 주식을 승계해준 결과이다.

이건희 회장이나 이재용 부회장 부의 증가량을 따라 갈 수 있는 방법은 없지만 두 사람 부의 증가량의 속도를 따라 갈 방법은 있다. 두 사람이 가진 모든 주식을 가지고 있으면 그들 부의 증가량, 즉 1조원이 2조원이 되는 량을 따라 가지는 못하지만 증가하는 속도, 즉 1억이 2억이 되는 속도는 따라갈 수 있는 것이다.

1센티미터의 개미가 2미터의 황소를 따라 갈 수는 없지만 방법은 있다. 개미의 몸으로는 결코 황소를 따라 갈 수 없지만 황소의 등에 올라타면 힘들이지 않고 따라 갈 수 있다. 이것이 투자의 방법이다.

당신의 생각이 바뀌지 않으면 세상은 변하지 않는다. 세상은 당신을 위해서 변하지 않는다. 세상을 변화시켜서 부를 확장하려는 세력들이 세상을 바꾼다. 그 확장하는 세력의 등에 올라타는 것이 변화하는 세력에 편승하는 것이다. 그것이 장외주식 투자의 길이다.

# 9. 자본주의 금융시장의 이해

자본주의에서 경제적 자유를 희망하는 당신이라면

금융시장에서 자금, 부의 흐름을 알아야 한다.

거대 자본은 부의 흐름을 좌우하면서 더 큰 부를 축적한다.

## 자본주의 금융시장의 구조를 이해하는가?

자본주의에서 부자가 되고 경제적 자유를 달성하려면 가장 먼저 금융시장의 변화의 역사와 시장의 구성을 명확히 이해하고 변화의 역사에서 대응하는 방식과 구성상의 모습에서 어디가 미래에 투자 가치가 있는지 판단할 수 있는 능력을 가져야 한다.

"지피지기(知彼知己)면 백전불패(百戰不敗)"는 누구나 아는 상식이다. 전쟁에서 누구나 승리하고 싶지만 승자는 하나이다. 적과 나를 정확히 파악하고 전장의 지형과 기상 등을 잘 이용한 쪽이 승리한다. 자본주의에서 승리하기 위해서도 동일하다. 자본주의는 금융시장이라는 판에서 모든 것이 결정되고 움직인다고 봐도 과언이 아니다.

보통 금융시장은 크게 1금융권, 2금융권, 3금융권으로 나뉜다. 수단에 따라서는 저축 분야와 투자 부분, 투자부분은 일반적으로 부동산과 주식으로 구분된다. 저축, 부동산, 주식시장을 1, 2, 3금융권으로 구분해 명확히 분류할 수 있는 사람은 그리 많지 않다. 더욱이 금융권 관련자가 아닌 보통사람에게는 극히 어려운 금융상식이다.

다음 표에서 보듯 각 수단별로 금융권을 구분할 수 있다.

**〈자본 시장 구조의 이해〉**

| 구분 | 저축 | 부동산 | 주식 |
|---|---|---|---|
| 제1금융권 | 시중은행 | 중개 | 상장주식 |
| 제2금융권 | 저축은행 | 경매, 공매 | 선물, 옵션, 파생상품 |
| 제3금융권 | 캐피탈 | 리츠 | 장외주식 |

위 도표는 일반적인 구분이며 경제학자나 금융권에서 약간의 해석 차이는 존재한다. 은행권 관련해서 1금융권과 2금융권은 구분하지만 3금융권을 아는 사람은 많지 않다. 부동산과 주식시장에 대한 금융권 구분을 할 수 있는 사람은 더욱 적다.

각각의 1금융권과 2금융권은 상호 연관되어 있다. 은행을 보면 제1금융권인 시중은행은 안전하고 이자가 적다. 제2금융권인 저축은행은 다소 불안하지만 이자가 더 높다. 그런 이유로 안정을 선호하는 사람은 제1금융권을, 조금 불안하더라도 더 높은 이자를 원하는 사람은 제2금융권을 선택한다. 이처럼 제1금융권과 2금융권을 서로 상관 혹은 보완 관계이다.

부동산 분야도 동일하다. 아무 문제가 없는 부동산은 중개업자를 통한 제1금융권으로 거래하지만, 약간의 문제나 위험이 있는 부동산에 수익 위주로 투자할 경우는 경매와 공매를 통한 제2금융권 거래를 한다.

주식시장은 상장된 기업을 직접 평가하고 투자하는 시장이 1금융권이라 보면 된다. 2금융권은 상장 회사를 기준으로 하는 간접상품 즉,

펀드상품을 포함한 파생상품과 선행시장인 선물·옵션 시장이다.

반면 제3금융시장은 1, 2금융권과는 전혀 성격이 다른 시장이라고 생각하면 된다. 은행의 경우 제3금융권의 대표 시장은 캐피탈이다. 1, 2시장은 보통 저축하고 이자를 받는 기본 구조의 시장이지만 3시장인 캐피탈은 돈을 빌리고 높은 이자를 지불하는 구조의 시장으로 그 성격이 완전히 다르다.

부동산에서 3시장은 리츠가 대표적이다. 1시장은 문제가 없는 정상 부동산의 거래인 중개업자를 통한 투자이고 2시장인 경매와 공매는 문제가 있는 부동산을 거래하는 투자인 반면 3시장인 리츠는 리츠회사에서 매입한 빌딩을 통해서 임대 혹은 매매 수익을 실현하는 구조이다.

주식시장에서 3금융권은 비상장 주식시장 즉 장외주식시장을 의미한다. 1금융권이 상장주식시장, 2금융권은 상장주식시장으로 형성되는 파생시장으로 연관 관계에 있으나 장외주식시장은 1, 2 금융권과 전혀 성격이 다른 시장인 것이다.

이처럼 은행, 부동산, 주식시장의 1금융권과 2금융권은 서로 밀접한 관계에서 상호 보완적이거나 파생적인 시장인 반면 제3금융권은 1, 2 금융권과 전혀 별개인 개별시장의 성격을 가지고 새로운 시장의 모습을 만들어 간다.

# 자본의 흐름은 어디로 가는가?

　자금의 흐름은 곧 자본주의 금융시장의 발전을 의미한다. 자본주의와 금융 발전과 흐름을 알면 곧 부의 발전과 흐름을 알 수 있다. 이러한 부의 흐름을 판단하고 선행 투자하는 것이 곧 부자들의 일관된 투자 형식임을 1장에서 알아보았다. 부자들은 항상 현재보다는 5년, 혹은 10년 후 어떤 시장의 태동에 선행 투자하여 실질적인 부를 형성한 것이다.

　강남 부동산 부자는 어떻게 만들어졌나? 70년대 실질금리는 20%대였으며 대부분의 사람은 이자만으로 생활이 가능한 시절이었다. 그러나 서울이 확장된다면 영동(지금의 강남)밖에 없다는 생각으로 과수원과 논밭뿐이었던 지금의 강남땅을 헐값에 사들이고 결국 영동개발계획이 되면서 엄청난 부를 이룬 것이다. 은행 이자 자금의 흐름이 부동산으로 옮겨가는 계기가 된 시점이다.

　강남의 부동산 부자들이 다시 한 번 그들의 자산을 불릴 수 있었던 계기는 우리네 서민들이 가슴 저리게 힘들었던 IMF 사태와 연속된 코스닥시장 활성화 정책이 펼쳐졌던 1990년대 후반과 2000년대 초반이었다. 부동산 거품이 극에 달한 시점에 맞은 IMF 금융 위기로 이자 금리를 이기지 못한 건물주들은 헐값으로 건물 등을 매각할 수밖에 없었고, 부동산 부자들은 휴지처럼 저렴한 가격으로 이들을 사들여 자산으로 삼았다.

은행권의 자금이 부동산으로, 부동산에서 다시 문제의 부동산으로 한 번 더 급등하는 시간에 이 자금은 다시 신흥 시장인 주식시장에서 더 크게 폭등하는 계기를 맞았다. 김대중 정부가 금융위기 극복을 위해서 코스닥시장 활성화 대책으로 경제 붐을 일으키는 정책을 실천하면서 1998년 당시 400P 내외의 종합주가지수는 2007년 1900P 내외로 기록적인 폭풍 성장을 맞았다. 실로 놀라운 자산의 증가를 맞이하는 장세가 형성된 것이다.

1970년대는 제1금융권으로 만족하는 금리 시대였으나 자금 흐름을 알았던 부자들은 영동이라는 부동산 시장에 투자했고 결과는 적중했다. 이런 과정에서 강남 부동산 부자라는 용어까지 만들어졌다. 이후 이 자금은 80년대 후반 올림픽 특수를 맞은 주식시장으로 옮겨갔으나 그 흐름은 크지 않았다. 이후 이 거대 자금은 IMF 위기를 맞으면서 치솟는 이자와 건설 자재비용을 감당하지 못하고 매물로 쏟아져 나온 건물과 빌딩들을 헐값에 매수하여 다시금 자산 급등의 기회가 온 것이다. 이 시기에 주식시장은 대폭락하여 종합지수 400P라는 저가에 바닥권 주식매수라는 기회를 만들어 주었으며, 시장 활성화 대책으로 인한 코스닥 열풍은 거대 자금이 주식시장으로 옮겨가는 계기가 되었다.

즉 자본주의 금융시장에서 자금의 흐름은 국가 경제의 발전과 밀접하게 연관되어 있다. 저개발 국가들의 자금은 높은 금리로 인하여 은행권에서 머물게 된다. 그러나 개발도상국으로 성장하기 위하여 개발을 추진하면서 자금은 부동산 시장으로 움직이는 것이 일반적이다. 개발이 활발해지고 정점을 형성할 무렵, 많은 기업들의 신설과 성장으로 주식시장이 활성화되면서 이 자금들은 주식시장으로 움직이게 되어 있다.

이는 우리가 살아온 과정을 되돌아보면 명확하다. 20년 전에는 저축은행을 많이 볼 수 없었지만 지금은 흔히 찾을 수 있다. 10년 전만 해도 캐피탈 광고는 거의 없었지만 지금은 매우 자주 나온다. 20년 전에 주식 투자에 관한 이야기를 많이 들어본 사람은 흔하지 않을 것이다. 그러나 지금은 누구나 스마트폰에 HTS 어플을 설치하고 수시로 검색이나 투자를 진행한다. 자금의 흐름을 알 수 있는 현실이다.

자본주의 금융의 흐름은 은행권에서 부동산과 주식시장으로 움직이는 과정 속에서 1금융권의 흐름이 2금융권으로 다시 3금융권으로 이동하는 일정 패턴을 가진다. 즉 저축에서 투자수단으로 1금융권에서 3금융권으로 이동하는 부의 흐름을 따라 같이 움직여야 한다.

**핵심정리**

저개발 국가의 금융권은 대부분 은행권, 저축형태가 지배적이다.

개발이 진행되면서 부동산 시장이 급속히 발전한다.

선진국형의 개발 시점부터는 부동산의 위축과 더불어 주식시장이 형성된다.

# 부자가 될 수 있는 시장은 어디인가?

이제는 부의 흐름을 정리하고 어디에서 부자가 될 기회를 찾을 것인지 살펴야 한다. 부의 흐름은 은행권에서 부동산과 주식 등의 투자수단으로 진화되어 왔으며 1금융권보다는 2, 3금융권에서 부의 배수가 증가했다.

앞에서도 언급했던 미래에셋대우 박현주 회장은 동원증권 평사원으로 출발해서 이사까지 초고속 승진을 계속하다가 1997년 미래에셋캐피탈을 설립하면서 본인의 사업을 시작한다. 1999년 미래에셋증권을 설립하고 2001년에는 미래에셋 회장, 2016년 대우증권 인수를 통해서 미래에셋대우 회장의 자리에 오르는 금융계에 입지전적인 성공신화를 만들어 왔다.

증권가에서 후발주자인 미래에셋증권이 성공신화를 만들 수 있었던 이유는 바로 펀드였다. 2003년 박현주 회장이 펀드라는 상품을 소개했을 때 대부분의 일반인은 냉소를 보였지만 일부 부자들과 현명한 샐러리맨들은 투자를 진행했다. 주식형펀드인 디스커버리 1호가 2년 9개월 만에 1,500%라는 경이적인 수익률을 내자 일반인들에게도 펀드 광풍

이 불어 닥치면서 급성장하는 기회를 맞은 것이다.

그러나 박현주 회장의 실질 자산은 그가 보유한 비상장회사의 주식이다. 박 회장은 미래에셋자산운용 지분의 60%, 미래에셋캐피탈 지분의 34%, 미래에셋컨설팅 지분의 49%를 보유하고 있으며 실질 가치는 수조원이라는 분석이 있다.

증권사에서 잘나가던 박현주 회장은 첫 회사로 미래에셋캐피탈을 설립해 은행권 제3금융시장에서 1차로 성공, 그 자금으로 주식시장 1금융권인 미래에셋을 설립했으며 실제적으로 미래에셋의 성장은 펀드 성공을 통해 이루어졌다. 이 과정에서 박 회장의 가장 큰 자산은 비상장회사의 지분가치, 즉 주식시장의 제3금융권인 것이다.

개발도상국이나 선진국에 진입된 상태의 자본주의에서 부의 흐름은 성장 한계에 직면한 상황에서 저축인 은행권을 벗어나야 투자 수단인 부동산이나 주식 쪽으로 이동한다. 방향 또한 1금융권보다는 2, 3금융권으로 향한다. 그런데 과연 제3금융권에서 개인이 투자 수익을 실현할 수 있는 곳이 어디인가? 이는 매우 중요하다. 개인이 캐피탈에 투자해서 수익을 낼 수 있는가? 개인이 리츠 회사에 투자해서 수익 창출이 가능한가? 그렇지 않다. 캐피탈과 리츠는 거대 자본을 가진 금융회사가 운용하는 시스템이다.

그렇다면 개인이 제3금융권에서 투자하고 수익을 낼 수 있는 곳은 어디인가? 오직 주식시장의 3금융권인 장외주식시장이다. 장외주식시장은 개별기업의 주식에 투자하기 때문에 소액투자가 가능하다. 물론 장외주식시장도 투자기관이나 은행권에서 큰 자금이 투자되는 경우가 많지만 개인의 거래도 가능한 곳이다.

**핵심정리**

부의 흐름은 저축에서 투자수단인 부동산. 주식으로 이동한다.

거대 자금은 1, 2금융권에서 3금융권으로 이동한다.

캐피탈과 리츠 시장은 모두 거대자금의 몫이다.

개인이 부의 흐름을 따라 갈 수 있는 시장은 주식시장의 3금융권인 장외주식시장이다.

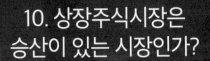

# 10. 상장주식시장은
# 승산이 있는 시장인가?

상장주식시장에서 성공하고 싶은가?

회사 대표나 특수 관계인보다 더 많은 정보를 가지고 있는가?

외국인이나 연기금, 기관보다 더 많은 자금을 가지고 있는가?

그렇지 않다면 당신은 상장주식시장에서 절대로 이길 수 없다.

# "주식시장, 얼마나 알고 계십니까?"

'투자'하면 처음 떠오르는 수단이 주식이다. 그럼 주식 투자자들은 주식시장을 얼마나 어느 정도 알고 있을까? 주식을 하지 않는 사람들에게 그 이유를 물으면 대부분 "주식을 몰라서" 혹은 "너무 위험해서"라고 답한다.

그렇다면 우리 주변에서 주식투자를 하는 사람들은 얼마나 주식시장에 대해서 해박한 지식을 가지고 있는지 궁금하다. 또한 그들이 주식으로 얼마나 많은 성공을 거뒀는지도 궁금하다. 모든 일이 그렇듯이 게임이나 경기에서 이기려면 게임의 룰, 경기의 규칙을 잘 알아야 승산이 있다.

축구 경기에서 이기려면 먼저 상대편의 전력을 세밀하게 파악해야 한다. 상대의 장점과 약점을 파악해 승리할 수 있는 전략을 구상하고 연습을 실전처럼 해야 한다. 경기에 사용될 공의 특성이나 경기장의 상태도 파악하여 대비해야 한다. 가장 기본인 경기 규칙을 제대로 숙지하여 규칙 상 이용해서 득이 될 사안과 하지 말아야 할 내용을 잘 파악해야 한다.

마찬가지로 주식시장에서 투자에 성공하려면 주식시장의 구조적 특성을 명확히 알아야 하고 더불어 내게 치명적인 사항이 무엇이며 그것을 극복할 방법을 자세히 파악하고 있어야 한다.

먼저 주식시장의 구조를 살펴보자. 아래 그림과 같이 상장주식이 거래되는 제1금융권이 있고 상장주식으로 파생되는 선물·옵션과 각종 파생상품들로 구성된 제2금융권이 있다. 그리고 상장되지 않은 장외주식시장으로 형성된 제3금융권이 있다.

| 제 1시장 | 상장기업 | 2,175개 |
| | 시가총액 | 1,800조(2,500p기준) |
| 제 2시장 | 제 1시장 대비 | 3.5배~4.5배 |
| | 시가총액 | 7,200조(4배 가정) |
| 제 3시장 | 등록기업수 | 35만개 |
| | 상장요건 기업수 | 20,000개 |

제1시장인 상장주식시장은 유가증권 시장의 상장기업이 884개, 코스닥 상장기업이 1,291개, 총 2,175개의 기업이 상장되어 있다. 시가총액으로 평가하면 1,800조 규모이다.

제2시장은 일명 '보이지 않는 시장'으로 표현된다. 상장기업으로 만들어지는 각종 펀드, ETF, ELW 등의 파생상품과 선물·옵션 등을 망라하는 시장을 의미한다. 실제로 제2시장에서 거래되는 금액을 정확히 파악하기란 어렵지만 대략 제1시장의 3.5배에서 4.5배의 자금이 움직이는 것으로 파악된다.

제3시장인 장외주식시장 즉 비상장주식시장의 현재 파악되는 기업의 수는 중소기업청에 등록된 기업으로 판단할 경우 대략 35만6천여 개이며 그들의 가치평가는 실제 기업 주식이 유통되는 경우가 매우 적은 시장으로 전체 기업을 평가해서 시장 규모를 짐작할 수 없다.

주식시장에서 투자할 때 가장 참고해야 할 사항은 각 시장의 역학관계이다. 즉 1시장, 2시장, 3시장의 상호관계를 모르고 주식시장에서 투자 수익을 얻겠다는 것은 게임의 규칙도 모르면서 이기겠다는 생각과 다름이 없다.

1시장인 상장주식시장과 2시장인 파생상품 시장은 한 몸이라고 생각하면 된다. 상장주식시장은 후행시장, 파생상품을 대표하는 선물·옵션 시장은 선행시장이다. 1시장의 상장주식이 없으면 2시장의 파생상품은 형성될 수 없다. 반면 2시장의 핵심인 선행지수의 대표적인 선물·옵션의 시장이 없으면 1시장이 활성화되는 데 많은 제한사항이 발생한다.

제2시장인 선물·옵션은 내일 특정주식이 어떻게 움직일지 혹은 1주일 후, 1개월 후 아니면 3개월 후 주가지수나 개별주식이 상승하는 방향과 하락하는 것에 미리 투자하는 선행시장이다. 따라서 후행시장인 1시장에서 투자수익을 얻으려면 반드시 2시장의 자금 흐름을 알고 있어야 한다.

그러나 필자가 만난 일반 주식투자자들은 단순히 주식투자 관련 도서 한두 권 읽고는 "이렇게 되는 종목에 투자하면 수익난다"는 주장만 믿고 시작하는 경우가 대부분이었다. 그러나 최소한 2시장의 흐름을 이해하고 평가할 정도의 지식 배경이 있어야만 1시장에서의 투자 판단이 가능하다.

반면 제3시장은 1, 2시장과 전혀 별개의 시장이다. 앞서 언급한 것처럼 모든 분야의 1, 2시장은 상호 연관되어 있지만 3시장은 완전 별도의 시스템으로 운영된다. 주식시장의 3시장인 장외주식시장은 상장주식의 영향을 거의 받지 않는 개별 시장이다. 물론 경기의 흐름 혹은 금융위기 같은 전반적인 금융시장의 영향은 받지만 미미한 수준이다.

힘의 주체를 알 수 없고 거대 자금의 판단을 알 수 없는 시장에서 투자하겠는가, 아니면 명확한 주체와 단순히 기업가치만 판단하는 시장에서 투자하겠는가?

**핵심정리**

주식시장은 1시장은 상장주식시장으로 장내주식시장이다.

2시장은 선물·옵션 등 선행시장으로 펀드 등 파생상품 시장도 포함된다.

3시장은 상장되지 않은 비상장주식시장, 즉 장외주식시장이다.

# 상장주식시장의 구조

　적대 국가 간에는 자국 보호를 위해서 상대국 우위의 전력에 대해서 자신들의 비대칭 혹은 동일한 전력을 가지려고 노력한다. 북한이 미국의 핵전력에 대응하기 위해서 핵 개발에 집중한 것, 대륙간 탄도미사일을 발사해 미국 본토 공격을 압박한 행위 등이 상대 전력에 대한 견제와 균형을 맞추기 위한 전략인 것이다. 이는 곧 게임에서 이기기 위한 최소한의 힘의 균형이다. 주식시장에서도 제1시장인 상장주식시장에서 성공적인 투자를 진행하려면 상장주식시장의 구조 즉 힘의 균형을 정확히 알아야 한다.

　상장주식시장은 흔히 코스피 지수를 의미하는 유가증권시장과 코스닥 지수를 의미하는 코스닥시장으로 구분된다. 미국의 다우증권시장과 나스닥 시장으로 비교할 수 있다. 상장주식시장에서 이기기 위해서 기본으로 인식해야 하는 것은 상장주식시장을 좌우하는 각 세력 간의 힘의 분포이다. 즉 내가 상대의 카드를 읽을 능력은 없어도 상대 카드의 힘을 짐작은 할 수 있어야 한다. 그 다음으로 중요한 것은 베팅 능력이다. 나의 베팅을 받을 수 있는 상대, 상대의 베팅 능력을 내가 받을 수 있는지 등을 알아야 한다.

상장주식시장의 상대는 첫째 외국인, 둘째는 연기금과 기관, 셋째는 '개미'로 불리는 우리 주변의 개인투자자 집단이다. 그런데 과연 개인투자자들이 외국인과 기관들의 힘의 크기를 알까? 절대 "그렇지 않다."

주식시장에서의 투자가 성공하려면 많은 주식수와 주식을 추가 매입할 자금력이 가장 중요하다.

**〈주식시장 자본구조의 이해〉**

| 구분 | 주식 보유 비율 | |
|------|------|------|
| 유통불가능 주식 | 30% 내외 CEO, 특수관계인 지분 | |
| 유통가능 주식 | 외국인 | 35%± |
| | 연기금, 기관 | 20%± |
| | 개인 | 15% |

외국인, 연기금, 기관의 주식수와 자금력을 알아보는 가장 쉬운 방법은 그들의 지분율을 살펴보는 것이다. 주식보유율을 평가하면 당연히 보유 자금을 산출할 수 있기 때문이다. 위 표에서 보듯이 상장기업의 주식은 유통불가능 주식과 유통가능 주식으로 구분된다. 유통불가능 주식은 대표이사, 특수관계인 등의 주식이다. 회사의 내부 정보를 가장 정확하게 아는 사람들의 주식을 매도, 매수하는 행위는 의무적으로 반드시 공시해야 하므로 유통불가능 주식으로 구분하고 그 비율은 대략 30% 선이다.

실제 주가는 유통가능 주식으로 형성된다고 볼 수 있다. 유통가능 주식 70% 중에서 외국인이 35% 내외를 보유하고 있으며, 연기금과 기관이 20% 내외를, 개인은 15% 내외의 주식을 보유하고 있다.

단순 수치이기는 하지만 외국인의 지분이 문제이다. 35%이지만 실제 유통가능 주식의 70%에서 계산하면 50%의 지분을 보유하고 있다고 볼 수 있다. 실제로 삼성전자의 경우 외국인 지분율이 52% 내외인 것이 이를 반증한다.

"외국인이 사면 오르고 외국인이 팔면 내린다." "외국인의 매수, 매도를 따라하면 된다"는 식의 주장이 신뢰가 가는 이유이다. 즉 유통가능 주식의 50%을 보유한 외국인이 매수에 힘을 실으면 오르게 되고 매도에 힘을 실으면 하락장이 형성되는 것이다.

다른 측면으로 살펴보자. 외국인, 연기금, 기관 이 세 집단은 자신의 자금이 아닌 다른 투자자나 국가의 자금을 운용해 수익을 창출한다. 그래서 이들은 온갖 정보망을 이용하고 자신들의 투자에 도움이 될 정보를 직접 만들고 가공해서 이슈화하며 이를 서로 이용해 주가를 올리거나 투자자를 끌어 모은다.

이런 구조를 모르면서 책 몇 권 읽은 얄팍한 지식으로 상장주식시장에서 수익을 내겠다는 주장은 설득력이 없다. 수많은 정보를 분석하는 능력도 부족하고 설령 그런 능력이 약간 있다 해도 실제로 주가를 올리고 내리는 본질인 주식수, 즉 주식을 매입할 자금과 매도할 주식수의 게임에서 버텨낼 개인투자자는 그리 많지 않다.

경기에서 이기려면 경기 규칙을 알아야 한다. 게임에서 이기기 위해서도 게임의 법칙과 경쟁자의 능력을 알아야 한다. 규칙도 모르고 상대방의 능력도 모르면서 자신감만으로 이길 수 있다는 판단은 어불성설이다.

---

**핵심정리**

상장주식은 유통불가능 주식과 유통가능 주식으로 구분된다.

유통가능 주식의 50%를 보유한 외국인의 정보와 자금력을 개인이 이길 수 없다.

외국인, 연기금, 기관을 이기는 방법은 그 시장에서 떠나는 것이다.

---

# 상장주식 주가는 어떻게 형성되는가?

자본주의 시장에서 가격형성의 논리는 단순하다. 하나는 정찰가격과 다른 하나는 경쟁가격이다. 재화가 자본주의에 정착되면 정찰제 개념으로 공정 거래와 세금 탈루를 막기 위한 정책이 시행된다. 반면 투자시장에서의 가격은 경쟁가격이다. 경쟁가격은 사물이 가진 성질에 대한 이슈와 수요 공급의 정도에 따라서 결정된다. 이는 경매시장의 가격 결정 논리와 같다.

경매시장에 나온 미술품의 가치를 보고 많은 경쟁 입찰자들이 등장, 경매가 시작되면 자신이 확보하기 위해서 서로 가격경쟁을 벌인다. 가장 높은 가격을 제시한 사람이 최종가격으로 미술품을 갖게 된다. 이때 미술품이 나온다는 소문과 그 미술품이 가치 있다는 것이 이슈이며 경쟁적으로 가격을 제시하는 사람들과 그 가격은 수요와 공급이다. 아무리 좋은 미술품 경매 소문이 있어도 실제 경매장에서 구매자가 없으면 거래가 불가능하고 경쟁자가 많을수록 가격은 치솟는다.

이슈는 그 물건이 어디에 좋고 어떤 효용성이 있다든지 아니면 향후 얼마의 가치가 형성될 거라는, 좋거나 나쁘거나 이롭거나 해롭거나 그 모든 것을 나타내는 가정과 소문 그리고 보도 등을 총칭한다. 주가도 마찬가지이다. 이 회사는 좋아질거다, 저 회사가 신사업을 진행한다, 그 기업의 개발이 지연되고 있다 혹은 어디에서 큰 계약이 진행 중이라는 등 기업 주가에 미칠 모든 좋고 나쁜 내용을 총망라하는 이슈가 있어야 한다. 이러한 이슈가 그저 이슈에서 끝날지 아니면 흥행으로 이어질지는 수요와 공급으로 결정된다.

오래된 산삼에 높은 가격이 형성되는 것은 그것이 가진 약효에 대한 평가이고 희귀성 때문이다. 산삼이 오래될수록 책정이 어려울 만큼 가격이 오르는 이유는 그 약효에 대한 기대와 수요 측면에서 공급이 절대적으로 부족하기 때문이다. 반대로 산삼과 같은 약효를 가진 산양삼의 대량생산이 가능해지면 천연 산삼을 찾는 사람이 크게 줄어들 것이다. 이처럼 이슈와 연관된 수요 공급의 불균형은 가격 형성에 중요한 역할을 한다.

상장주식의 주가 형성도 동일한 구조이다. 그 회사의 시장지배력, 재무기준, 기술가치, 미래성장성, 오너 마인드 등으로 이에 관한 장단점과 가격을 형성하려는 세력에 의한 각종 루머와 소문 그리고 가공한 자료에 의해 1차적으로 주가가 형성된다. 이것이 이슈에 의한 가격이다.

반면 그 이슈를 좋게 볼 것인가 아니면 나쁘게 볼 것인가에 따라 수요와 공급이 결정된다. 아무리 이슈가 등장했더라도 수요와 공급이 이를 받아들이지 않으면 결코 가격은 형성되지 않는다. 일례로 한 기업에 관한 나쁜 이슈가 돌고 있다고 가정하자. 이를 진실로 받아들이는 주주들은 주식을 매도하기 위해 내놓을 것이고 이 수량이 많아지면 주가는 하한가를 기록할 것이다. 반면 나쁜 이슈를 반박하는 자료가 신속히 공개되거나 주주들 스스로 잘못된 이슈라고 판단하면 매도물이 나오지 않을 테고 주가는 하락하지 않는다. 좋은 이슈도 동일하다. 이슈를 긍정적으로 받아들이는 세력들이 주식을 높은 가격으로 매수하려 하고 주식을 가진 주주가 매도하지 않으려 하면 주가는 계속 오르게 된다. 반면 좋은 이슈를 부정적으로 받아들여 매도물을 시장에 많이 내놓으면 의외로 주가는 하락한다. 이것이 수요와 공급에 의한 2차 가격 결정이다.

"소문에 사고 뉴스에 팔아라"는 주식 격언은 이슈와 수급을 극명하게 대변한다. "A기업이 얼마 후 바이오 기업을 인수합병할 것"이라는 소문이 돈다. 이를 좋은 정보로 알면 저가에 매수가 시작되고 주가는 오르게 된다. 소문이 확대되고 거래량이 늘면 상승이 둔화된다. 이제 실제로 A기업이 바이오 기업을 인수한다는 뉴스가 보도되고, 이를 접한 대다수 일반투자자들이 매수에 합류하면서 수요가 폭발한다. 더불어 일찍 소문을 듣고 매수한 세력은 이제 수익실현을 위해 저가 매수한 물량을 대량으로 매도한다. 대량 공급세력이 등장하면서 주가는 증감을 반복하면서 이슈가 사라지고 A기업의 주가는 뉴스 이전과 소문이 돌았던 이전 시점으로 돌아가는 현상을 반복한다.

이슈와 수급이 적절히 조화를 이루면서 가격은 형성되고 그 가격의 등락 속에서 누가 어떤 이슈를 먼저 신뢰 있게 분석하는지에 따라 첫 번째 승산의 기회를 잡을 수 있다. 수요와 공급의 겨루기 속에서 힘의 양상이 어디로 기울지 제대로 판단해야 수익을 최대화하고 손실을 최소화할 수 있다.

> **핵심정리**
>
> 모든 가격은 이슈와 수급에 의해서 결정된다.
>
> 이슈에 의해서 관심을 갖게 되며, 수급에 의해서 가격이 형성된다.

# 개미는 왜 상장주식시장에서 성공할 수 없는가?

　포커게임에서 이기기 위해서 가장 중요한 것은 무엇인가? 각 카드의 그림과 숫자의 우열을 아는 것이다. 그런 다음 상대를 이길 수 있는 최상의 조합 카드를 가지고 있어야 하고 상대의 배팅에 버틸 수 있는 자금이 있어야 한다. 이 과정에서 내가 상대의 카드를 알 수는 없으므로 심리를 이용하는 법을 알아야 한다. 그렇다면 주식시장에서 이기기 위해서 중요한 것은 무엇일까?

　첫째는 해당 기업이 현재 혹은 가까운 미래에 어떤 사업에 투자한다거나 글로벌 기업과 계약 혹은 연구개발을 같이 한다는 등의 정보, 국제시장에서의 업황 방향 및 국내 금융시장에서 경쟁업체의 전략적인 전개에 대한 정보 등이다.

　둘째는 해당 기업의 어느 주체가 얼마 정도의 투자를 언제 진행할 것인가, 어느 정도 주가를 올려서 언제 정도에 수익실현 후에 빠질 것인가 등에 대한 기업 평가와 투자와 엑시트 시점에 대한 명확한 판단이다.

　셋째는 자금 관련 문제이다. 주가를 원하는 방향으로 끌고 가려면 가짜 뉴스에 속아서 나온 매도물을 인수할 자금이 필요하고 좋은 성향의 투자자들에게 공급할 충분한 주식이 있어야 붐을 유지할 수 있다. 이 모든 것을 좌우 하는 것은 수요와 공급의 충당을 위한 충분한 자금이다.

이제 개미가 싸워서 이겨야 하는 게임의 상대는 누구인가? 첫째 상대는 대표를 포함한 회사의 이해관계에 있는 특수관계인이다. 둘째는 막강한 정보력과 분석력, 자금을 확보한 외국인이다. 셋째 집단은 연기금과 투자기관의 주체인 증권사 등이다.

주식시장에서 이긴다는 것은 투자의 승리를 의미한다. 투자에서 성공하려면 정보력, 자금력 그리고 수요와 공급을 좌우할 주식의 보유량이 필요하다. 개미인 소액투자자들이 싸워야 할 상대는 가장 정보력이 뛰어나고 막대한 자금과 주식을 보유한 회사 특수관계인과 외국인, 연기금, 기관들이다. 경쟁이 가능할리 없다. 그런데 이런 공간에서 수익을 내겠다고? 불가능한 싸움이다. 앞서 언급한 외국인과 연기금, 기관의 주식보유량만 봐도 개미들은 상대가 될 수 없다.

> **핵심정리**
> 개미에게는 이슈를 만들어 낼 만한 정보가 없다.
> 개미에게는 수급을 통제 가능한 주식과 자금이 없다.
> 따라서 개미는 이슈와 수급을 통제 가능한 외국인과 연기금, 기관을 이길 수 없다.

# 11. 기업은 어떻게 성장하는가?

기업은 도입기-도약기-성장기-성숙기를 거쳐 상장한다.

기업은 자금(자본, 부채)으로 운영되는 생명체이다.

사람이 취직하는 이유는 자금의 통로를 만들기 위함이다.

기업 활동에 가장 중요한 것은 자금이다.

기업이 상장하는 가장 큰 이유는 자금의 통로를 만들기 위해서이다.

# 기업의 성장 단계

　기업은 살아 있는 유기체이다. 기업을 운영하는 주체는 사람이며, 처음에는 한두 사람에 의해 형성되지만 일정 시간이 지나 사업 규모가 커지면 회사의 자산과 직원이 늘어난다. 더욱 성장하면 분야별로 자회사가 생성되어 그룹이 되기도 하지만, 제대로 운영하지 못하면 법정관리나 기업회생절차, 상장폐지 등의 절차를 통해 소멸된다.

　기업의 성장 단계를 구분하여 그 과정을 이해하면 거기에 투자하는 적절한 시점을 판단하기 좋은 기준이 될 수 있다. 기업의 성장 단계는 여러 학자들의 관점에서 다르게 해석된다. 어떤 성격과 목적으로 어디에 세워지는지에 따른 설립 단계, 기업이 추구하는 사업방식으로 제품을 생산하고 고용을 창출하면서 매출을 달성해 나가는 성장 단계, 목적을 다변화하여 사업을 확장하고 더 큰 매출과 고용을 창출해 사회적 기업으로 책임을 갖게 되는 성숙 단계, 성장 단계와 성숙 단계에서 경쟁사와의 경쟁에서 밀리거나 기술의 한계 혹은 소비자의 외면으로 매출 감소와 성장의 한계를 맞이하는 쇠퇴기, 더는 기업으로 존속하지 못하고 상장폐지나 부도 처리되어 폐업하는 단계 등으로 구분하는 것이 일반적이다.

이 책에서는 비상장기업의 투자가치를 논하는 것이 목적이므로 기업의 설립에서 기업공개(IPO) 단계에서의 성장 과정만 언급하겠다. 기업은 도입기-도약기-성장기-성숙기-상장단계를 거치면서 상장의 관문을 넘는다.

〈기업성장과정과 지분구조의 이해〉

도입기는 기업을 처음 설립하고 일정 부분 정착 단계인 시기이다. 어디에서 사업을 시작할지, 자본금은 얼마로 할 것인지, 주주는 어떻게 구성할 것인지, 정관을 어떻게 한다든지 등을 종합해 법인을 등록하고 사업자등록증을 발급받아서 사업을 시작하는 단계이다. 이 시기의 기업은 매출이 없거나 적자 상태가 많다. 연간 매출 100억대 미만의 기업이 도입기에 속하며 외부감사 대상 이전이다. 대부분 비상장기업의 80% 정도는 도입기 단계를 벗어나지 못한다.

도약기 기업은 연간 매출 100억이 넘는 기업으로 외부감사를 시작했거나 받고 있는 중이다. 비상장기업의 대표들은 연간 매출 100억이 넘으면 중견기업이라는 용어를 사용하는데, 신기술과 매출처를 통해 터닝포인트하지 못하면 다시 100억 미만의 기업으로 쇠퇴할 수도 있고 시장의 호응으로 성숙단계로 넘어갈 수 있어서 기업에게는 가장 중요한 시기이다.

성장기 기업은 연간 매출이 300~500억 이상인 기업으로 기술적으로 시장에서 인지도나 제품에 대한 매출 비중이 평가되는 단계이며 재무적으로 어느 정도 정착된 상태이다. 이 단계에서 기업의 성장은 큰 폭을 의미하므로 이를 위한 시설자금이나 투자금액으로 거대한 자금이 사용될 수밖에 없다. 그래서 이 시기부터 기업은 막대한 투자금의 문제로 기업공개를 고려한다.

성숙기 기업은 매출규모 500억~1,000억 규모의 기업으로 상장기업에 준하는 평가를 받으면서 동일업종 시장에서 일정 부분의 시장점유율을 차지하는 위치이다. 재무 안정화가 이루어졌고 효율적인 경영을 통해서 잉여금 또한 여력이 있다. 기업가치 평가를 높이 받아서 많은 자금을 조달할 기업은 이 시기에 기업공개를 추진한다.

일반적으로 대기업 자회사의 비상장회사들이 상장을 늦추는 이유는 자금이 필요치 않을 정도의 여력이 있어서도 그렇지만 회사 가치를 높여서 막대한 자금을 유치하려는 의도가 지배적이다.

**핵심정리**

기업은 상장 전까지 4단계를 거친다.

도입기–도약기–성장기–성숙기–상장이다.

일반적으로 코스닥에 상장하는 기업은

성장기와 성숙기 단계에서 상장을 추진한다.

# 기업은 왜 상장하는가?

기업은 왜 상장하려고 할까? 이점이 있으니 상장하려 할 테고, 그 이점에 당연히 관심이 따르며, 그 관심에는 반드시 자금이 몰리고 수익이 발생한다. 그렇다면 상장이 기업에게 제공하는 이점은 무엇일까?

첫째는 기업의 신뢰도가 격상되는 것이다. 주식시장에 상장된 기업이라는 사실만으로 국내외 투자자로부터 기술력과 재무 상태에 관한 신뢰를 확보한다. 유가증권과 코스닥 상장심의위원회의 검증으로 기업의 위상이 오르는 효과를 누릴 수 있다.

둘째로 상장을 통해 기업에 필요한 막대한 투자자금을 확보할 수 있다. 상장을 추진하면 기존 자본금의 약 20~30%의 신주발행을 통해서 자본금의 증가와 자본잉여금을 확보하게 된다. 자본금 30억인 기업이 상장해 신주발행을 20% 실시한다면 기존 주식수 600만주의 20%인 120만주의 신주를 발행할 수 있고 이때 공모가가 10,000원이면 120억원의 자금이 회사로 유입된다.

셋째, 상장을 통한 일반청약 공모자금으로 확보된 자금을 통해서 회사가 궁극적으로 추진하려 하는 기술개발과 공장 확장, 해외시장 개발 등 매출 향상과 관련한 자금의 유동성을 확보하고 그동안 회사 운영에 제한 사항이었던 부채 감소의 자금으로도 활용 가능하다.

넷째로 상장 시 발행하는 신주로 인한 주식수의 증가로 주식유동성이 확보됨과 동시에 기존에 투자된 특정세력이나 기관투자자 간의 주식 불균형으로 인한 대주주 혹은 특수관계인들의 실질적인 경영권 방어의 강화 수단을 갖출 수 있다. 다섯째로 상장 이후부터는 기업의 추가 자금이 필요할 때 기관투자자나 기존 주주들을 상대로 전환사채, 신주인수권부사채, 제3자배정과 각종 유상증자 등을 원활히 진행할 수 있는 기회를 가질 수 있다.

비상장기업 즉 장외기업은 이런 상장의 이점을 확보하기 위해서 상장 조건을 갖추려고 지속적으로 철저히 준비한다. 아울러 기업의 상장을 지원하기 위해서 증권사들도 상장을 추진하려는 기업을 발굴하고 해당 기업과 상장 추진을 위한 주관증권사 계약을 추진한다.

그렇다면 기업이 상장하지 않으면 어떻게 될까? 물론 자금이 충분하고 기업 가치를 높여서 더 많은 자금을 유입시키려는 기업 즉 대기업의 자회사나 독점 시장을 형성한 기업들은 상장시기를 저울질하면서 회사에 유리한 시기를 선택한다. 그러나 대부분의 비상장기업은 자금의 여유가 없다. 상장기업도 대다수가 회사에 필요한 자금을 확보하기 위해서 각종 회사채를 발행해서 자금을 조달한다.

당신은 현재 매출 500억의 회사의 대표이며 항상 타 기업들과 경쟁하고 있다고 가정하자. 기술을 개발하고 신제품을 생산하며 공장을 증설해서 경쟁기업과 비교우위를 달성해야 한다. 신제품 개발에는 30억, 생산을 위한 공장 증설에 70억, 총 100억의 자금이 필요하다. 은행에서 100억을 대출받을 수 있을까? 상장회사가 아니고 재무상태가 불안하다면 불가능할 것이다. 반면 회사와 당신의 자산을 담보로 제3금융권의 높은 사채를 사용하기엔 리스크가 너무나 크다. 세 번째 방법은 아무 조건 없이 100억을 회사에 제공받는 것이다. 당신이라면 어떤 방법을 선택하겠는가?

당연히 아무 조건이 없는 세 번째일 것이다. 그것이 곧 상장이다. 상장만 하면 위의 5가지 혜택이 주어지는데 당신이 기업의 대표라면 상장하겠는가, 않겠는가? 당연히 할 것이다. 그렇기 때문에 정확한 정보로 상장을 준비하는 기업만 찾아낸다면 수익은 실현되었다고 봐도 무리는 아니다.

**핵심정리**

모든 기업은 사업을 진행하기 위해서 반드시 자금이 필요하다.

기업이 상장하는 가장 큰 목적은 안정적인 자금의 통로를 만드는 것이다.

상장하는 기업은 최소 100억원부터 수천억, 수조원의 자금까지 당신의 회사로 조건 없이 목적 없이 제공된다.

이러한 상장을 추진하지 않을 대표이사는 없다.

# 상장 과정과 취업 과정의 비교

기업의 상장과 사람의 취업을 비교하는 것이 생소하고 이상한가? 그러나 기업이 상장하는 이유와 사람이 취업하는 목적의 본질은 같다. 자금의 통로를 만들기 위해서이다.

기업이 비상장 상태이면 회사에 필요한 자금 조달이 매우 어렵다. 그러나 상장되면 외부로부터 기업 자금을 조달하기가 매우 순조로울 수 있다. 그래서 기업들은 상장을 추진한다.

사람도 그렇다. 부모와 같이 사는 동안은 부모의 소득으로 생활이 가능하다. 그러나 대학을 나오고 취업을 하려는 이유는 부모로부터 독립해야 하고, 그러기 위해 필요한 주택 마련과 생활비 차후 결혼과 자녀 부양비 등에 대한 자금의 통로가 있어야 하기에 좋은 직장 등에 취업을 시도한다.

기업이 설립되면 산업 생태계에서 자리 잡기 위해 기술개발과 마케팅을 통해서 어느 정도 안착한 후 공장을 확장하고 매출처를 다변화하는 등 도약과 성장기를 거치며 시장점유율을 확대하면서 성숙하고, 더 큰 자본의 유치와 글로벌 기업으로 도약하기 위해 상장이라는 과정을 통해서 기업공개를 추진한다. 상장 이후 자회사 등을 통해 더 큰 기업을 성장하고 이후 신시장과 사업다각화의 성패에 따라 그룹 형태로 성장하거나 쇠퇴하는 과정을 거친다.

사람의 경우도 비슷하다. 부모의 도움을 받는 유년기를 거치고 국가의 일원으로 교육을 받으며 성장하고, 고등학교를 졸업 후 취직하거나 대학을 마친 후 취직하거나 대학원 혹은 유학을 다녀와서 취직하는 경우에 따라 연봉이 달라지고 소득 수준의 격차가 발생한다. 중년 이후의 사업 성공과 변화의 시기에 따라서 직장인으로 은퇴하는 사람과 기업의 대표이사 혹은 그룹의 회장으로 사업을 확장하는 사람으로 더 큰 변화가 만들어진다.

기업의 태동에서 성장 그리고 쇠퇴의 흐름과 사람의 유년-성장-취직-변화의 흐름은 흡사하다. 전체를 비교하기보다는 기업의 설립부터 상장(IPO) 시기까지의 흐름과 사람이 태어나서 취직하기까지를 비교하면 기업의 상장 과정을 이해하기 쉬울 것이다.

앞에서 기업의 성장과정을 도입기-도약기-성장기-성숙기-상장으로 구분했다. 도입기는 기업을 설립해서 매출이 미미한 상태로 자생력을 가지는 시기인데, 사람으로 보면 태어나서 초등학교 입학 이전이다.

도약기는 매출 100억대 이상으로 기업이 산업환경에서 시장점유율을 형성할 정도의 기술력과 매출처를 확보하는 시기로, 사람으로 따지면 기초 지식을 습득하고 사회규범이 형성되는 초중학교 시기로 볼 수 있다. 성장기는 매출 300억대 이상으로 기업 활동이 어느 정도 안정화되는 시기로, 고등학교 졸업반 정도이다. 보통 제조기업이 상장을 추진하는 때이고, 사람도 고등학교 졸업 이후 취업하거나 대학 진학으로 구분된다.

성숙기는 매출 500억대 이상으로 기업 활동과 기술이 안정화를 넘어 한 단계 더 도약하려는 단계로 많은 시설자금이나 개발비용이 추가 발생되는 시기이다. 사람은 대학교 졸업반 정도로 볼 수 있다. 졸업하는 95%의 대학생은 취직을 준비하듯이 대기업 자회사가 아닌 일반 벤처 기업은 대부분 상장을 추진한다.

상장 이후의 시기는 기업 가치보다는 수익을 실현하려는 세력들의 경쟁으로 주가가 형성되는 경우가 더 많듯이, 사람도 취직 후에는 스펙이나 자질보다는 회사에 얼마나 잘 적응하고 주변사람의 도움을 잘 받느냐에 따라서 진로가 크게 바뀌는 모습과 유사하다.

> **핵심정리**
> 기업 설립에서 상장까지의 모습은
> 사람이 태어나서 대학을 졸업하고 취직하는 모습과 흡사하다.
> 기업이 상장하는 목적과 사람이 취업하는 목적은
> 자금의 통로를 만들기 위함이기 때문이다.

# 12. 기업공개 절차에서
# 수익실현이 가능하다

기업공개란 정보의 공개, 경쟁의 공개를 의미한다.

공개된 정보와 경쟁은 곧 레드오션 시장을 의미한다.

모든 재화의 가격논리는 이슈와 수급에 의해 결정된다.

투자집단의 세력분포가 생태계를 좌우한다.

# 기업공개(IPO) 절차

　기업이 실제 상장을 추진하는 기업공개의 활동과정은 크게 2단계로 진행된다. 먼저 기업공개를 진행하기 위한 기업과 증권사의 준비단계가 있고 이후에는 실제 기업공개의 진행과 상장까지의 실시단계로 구분, 진행된다.

　준비단계는 기업의 외부감사 실시와 주관증권사의 선정, 계약진행, 기본 심사청구 서류의 준비와 정관변경과 주주변동, 주권발행 등을 진행한다.

　• **기업공개**(Initial Public Offering): 기업의 재무현황과 사업구조를 일반 대중에게 공개하는 것이다. 최초의 기업은 CEO 개인 회사로 태동해 성장하지만 성장과 따라 자금이 필요하고 기업의 사회적 책임이 강화되는 현대의 풍토에서 사회의 일원으로 평가받아야 하기 때문에 기업공개를 강화하는 것이 일반적이며 이를 위해서 기업의 모든 사항을 감사보고서를 통해 공개한다는 것을 의미하며 아울러 기업은 공개된 시장에서 공개적인 방법을 통해서 자금을 조달할 권리를 가진다.

• **외부감사**(external audit): 기업의 재무상태 즉 자산과 부채, 자본 흐름과 손익계산 및 현금 흐름 등 전체적인 재무구조에 대한 평가를 외부 감사기관(회계법인)에 의뢰해 평가를 받는 것이다. 기업공개의 이유 없이 굳이 외부감사를 자청해서 받을 이유가 없으므로, 외부감사를 실시하는 기업은 상장 이슈가 있다는 증거로 해석해도 무방하다.

외부감사의 결과는 보통 금융감독원의 전자공시실에 공개된다. 상장 예비심사 청구 시 가장 중요한 서류 중 하나가 3년간의 감사 보고서이다. 감사 보고서 상 3년간 적정의견을 받아야만 상장의 기본 요건이 충족되는 것이다.

• **주관증권사 선정**: 주관증권사와의 기업공개를 지도받겠다는 계약의 형태가 이루어진 것이며 '공개지도계약'이라고 한다. 상장 심의기준에서 증권사와 공개지도계약 후 6개월이 지나야 심사청구를 받아준다. 따라서 기업이 주관 증권사와 계약이 맺어진 경우 중소기업은 통상 2년 이내에 상장을 추진한다. 대기업 자회사는 사전준비를 충분히 해온 상황으로 패스트트랙 제도를 이용하여 신속히 진행된다.

실시단계는 심사청구–승인–수요예측–일반공모 청약–상장을 거친다. 심사청구로부터 승인까지는 약 2개월이 소요되며 승인 이후 수요예측의 단계까지 약 2개월, 일반공모 청약과 상장까지 약 2~3주가 소요되므로 실제 심사청구로부터 상장까지 약 6개월 정도가 필요하다.

**〈상장절차의 이해(IPO 절차)〉**

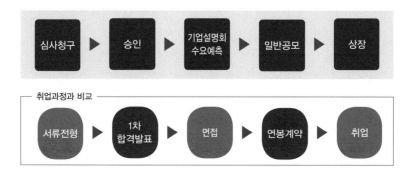

• **심사 청구**: 상장을 추진하는 기업이 유가증권과 코스닥 상장 심의위원회에 상장예비심사를 받기 위해 심사 관련 서류를 제출하는 행위이다. 이 단계에서 청구기업과 주관 증권사가 제시하는 공모가를 '희망공모가'라고 통칭하나 일반적으로 공모가로 착각하는 경우가 많으니 착오가 없어야 한다. 심의기간은 통상 약 2개월이 소요되며 최장 6개월을 초과할 수 없다. 이 결과로 심의위원회에서 해당기업의 수요예측에서 기준을 제시하는 '공모가 밴드'가 정해진다.

• **승인**: 심사 청구를 실시한 기업의 심사에 대한 결과가 이루어지는 시점을 의미한다. 심사 결과는 승인과 속개, 기각의 세 종류 중 하나로 결정된다. 승인은 통과되었으니 이후 절차를 진행하라는 의미이고, 속개는 기업의 제출서류에 문제가 있으니 추가 보완을 요구하는 것이며, 필요한 보완 이후 승인 혹은 기각된다. 기각은 기업의 제출

서류에 문제가 있어 상장을 추진하지 못한다는 불합격을 의미한다. 철회는 해당 기업이 자진해서 기업공개일정을 포기하는 것이다.

• **기업설명회**(Investor Relation): 자사주의 평가를 높이기 위해 기업에서 투자자를 대상으로 하는 홍보 활동이다. 기업이 투자자와의 관계에서 신뢰를 쌓기 위해 벌이는 모든 활동을 총칭한다. 이 과정에서 기업은 투자자가 요구하는 실적과 전망 등을 공개하는데 PR(public relations)과 다른 점은 기업의 강점뿐만 아니라 약점도 공개해 적극적으로 투자자의 이해를 구하는 것이다. 즉 경영 내용과 미래 전망 등 기업에 관한 포괄적인 정보를 투자자에게 제공함으로써 기업에서 원활하게 자금을 조달할 수 있도록 하는 것으로, 통상 기업설명활동이라고 한다.

• **수요예측**: 예비심사 청구에서 승인되면 해당 주관 증권사를 포함, 국내외 모든 IB로부터 해당기업에 대한 기업평가를 재실시한다. 국내외 모든 IB가 해당 기업의 공모가와 일반공모 청약 시 얼마 정도 공모가 예상된다는 의견을 제출하는 것으로, 기업의 최종 공모가가 결정되는 시점이다.

• **공모가의 정확한 해석**: 기업 공모가는 기업공개의 진행과정에서 크게 3가지 형태로 구분된다. 이해가 부족한 투자자는 진행과정에서

의 희망 공모가나 공모가 밴드를 공모가로 착각하는 경우가 있으므로 주의가 필요하다.

• **희망 공모가**: 기업과 주관 증권사가 기업의 상장 예비심사 청구서를 제출하기 위해서 제시하는 공모가의 범위를 말한다. 상장심의 위원회의 참고자료로 제출하는 것으로 기업과 주관 증권사가 희망하는 공모가를 의미한다.

• **공모가 밴드**: 상장심의 위원회에서 심의하면서 기업 가치와 미래 성장성을 분석해 수요를 예측하는 기관들에게 제시하는 공모가의 범위이다. 통상 주관증권사가 제시하는 희망 공모가와 비슷하거나 하단으로 정해진다.

• **공모가**(확정 공모가): 수요예측 단계에서 각 증권사와 기관들의 자체평가를 통해 최종 형성된 일반 청약 시 기업의 확정된 공모가를 말한다. 기업 상장 시 최초 기본 주가를 의미하며 일반 투자자가 투자금을 납입하는 기준금액이다.

• **일반공모**: 일반 투자자로부터 주관 증권사가 투자금을 유치 받는 단계. 통상 이틀간 실시하며 1일차는 1:1도 안되는 경우가 대부분이다. 2일차 오후에 집중적으로 밀려서 공모 경쟁률이 최종 결정된다.

공모 청약금액은 총투자금액의 50%만 납입한다. 일반 투자자들이 일반청약에 들어가서 형편없이 받았다고 말하는 것은 청약의 속성을 모르고 단지 그 기업 괜찮으니 한번 투자하라는 식의 결과이다.

일례로 삼성생명의 공모가는 11만 원이었으며 최종 경쟁률은 44:1이었다. 즉 1주를 배정받기 위해 납입총액은 484만원$^{(110,000 \times 44)}$이지만 50%만 내면 되기 때문에 242만원을 납입해야 1주를 청약 받은 꼴이다. 이 구조를 모르고 11만원에 본인이 살 주식수, 예를 들면 200주를 계산해서 1,100만원$^{(110,000 \times 200주 \div 2)}$을 납입했다면 실제로는 4주$^{(200 \div 44)}$만 받게 되는 것이다.

---

**핵심정리**

기업공개(IPO)는 준비단계와 실시단계로 구분되어 진행된다.

준비단계는 외부감사, 주권발행, 주관증권사 선정 계약 등이다.

실시단계는 심사청구–승인–수요예측–일반공모–상장의 단계를 거친다.

# 왜 수익실현이 형성되는가?

장외주식시장에 있던 기업이 상장을 추진하는데 왜 수익실현이 되는 것일까? 상장된 기업은 안전하고 상장되지 않은 기업은 불안한데 상장기업에 투자하지 왜 불안하게 비상장기업에 투자하라는 것일까?

삼성이나 애플이 신제품 휴대폰을 발표하면 고객은 기존에 사용하던 휴대폰을 서둘러 바꾼다. 신도시에 새 아파트를 분양하면 집을 보유한 사람들도 분양사무실을 찾고 대기 줄을 서면서 청약에 집착한다. 왜일까? 새로운 것에 대한 인간의 욕구 때문이다. 신제품을 생각하는 사람들의 일반 상식은 이전 것보다 기능이 우수하다, 사용이 편하다, 아파트의 경우는 공간이 효율적이다, 편의시설이 좋다, 투자 가치가 있다 등이다.

또한 신제품을 성공시키기 위해 사전에 대대적으로 광고 마케팅을 하고 언론에 보도자료를 뿌리며 제품에 어울리는 모델을 기용하는가 하면 사전예약제 등을 통해서 신제품에 대한 고객 반응을 파악하고자 노력한다. 사전예약제에서 흥행이 안 될 경우는 각종 경품을 추가해 흥행에 성공하도록 모든 노력을 기울인다.

기업이 상장하는데 수익실현이 가능한 이유는 다음과 같은 조건들이 형성되기 때문이다.

첫째는 신제품 효과이다. 주식시장에서의 신제품은 바로 신규 상장기업의 주식이다. 새로운 투자수단에 대한 수익 갈망, 기존 주식에서 찾지 못한 투자 매력도를 찾고자 하는 투자자의 욕망이 작용하는 것이다.

둘째는 홍보효과이다. IPO을 추진하면서 주관증권사 선정, 심사청구, 승인, 수요예측 등을 통해 직간접으로 관여된 모든 증권사와 투자 관련 기관들의 투자유치를 위한 홍보 등으로 사전예약제 같은 기업홍보와 투자홍보가 이루어지면서 이슈가 형성되기 때문이다.

셋째는 수요와 공급의 불균형이다. 상장되면 곧바로 투자수익이 가능할 것 같지만, 주식을 확보하기 위한 수요층에 대한 공급이 절대적으로 부족하다. 상장기업의 주식은 HTS를 통해서 원하는 시간에 원하는 수량을 자금만 있으면 매수가 가능하다. 그러나 장외주식은 매수 시스템이 극히 제한적이며 주식수 또한 매우 부족하기 때문에 절대적 공급부족으로 수요 가격에 프리미엄이 형성된다. 즉 상장 이후 주가의 희망적 홍보로 투자수익이 가능하다.

넷째는 경쟁 리스크이다. 공급 부족을 해소하기 위한 시기가 일반공모 청약 때이다. 그러나 일반공모도 개인에게는 IPO 신주발행의 약 20%만 할당되므로 경쟁률이 높은 것은 1,000 : 1을 넘기도 한다. 즉 1,000주를 공모청약을 하면 1주를 배정받는 것이다. 이런 경쟁에 대한 리스크를 줄이기 위해 개인 간 주식 양수도가 성행하는데 사기의 위험이 따른다.

"밀짚모자는 겨울에 사라"는 유명한 투자 격언이 있지만 정작 이를 실천으로 옮기는 사람은 거의 없다. 더운 여름 피서지에 휴가 와서는 비싼 바가지 요금을 주며 밀짚모자를 구매하기 십상이다.

모든 가격 논리는 단순하다. 누군가 찾게끔 홍보하고 찾는 사람이 발생하면서 경쟁이 형성되고 찾는 물건이 희귀할수록 그 가치는 상승한다.

장외주식에 관심을 가지는 사람은 그리 많지 않다. 그러나 그 기업이 상장을 추진하려고 준비한다는 홍보를 접하면 관심이 형성되고 그것이 사실로 가시화될수록 관심은 증폭되며 이는 가격 상승으로 이어진다.

**핵심정리**

밀짚모자는 겨울에 사야 한다.

홍보를 하면 관심이 형성되고 경쟁이 형성되면 가격은 오르게 되어 있다.

아무도 관심 갖지 않았던 영동개발계획(영등포의 동쪽)이 현재의 강남이다.

# 상장주식시장과 비상장주식시장의 투자세력 구조

"아는 것이 힘"이라는 말은 어찌 보면 옳지 않다. 아는 것만으로 절대 힘이 될 수 없다. 알고 있다는 것은 그저 인지하고 있을 뿐이다. 아는 것을 어떻게 판단하고 해석해서 실천하는 것이 힘이 될 수도 있고 독이 될 수도 있다.

상장주식이든 비상장주식이든 투자해서 수익을 실현하려는 투자자는 자신이 어느 시장에서 싸우는지, 어떤 상대와 싸워야 하는지, 어느 상태에서는 더 이상 싸우지 말아야 하는지 등의 법칙을 정해야 한다.

상장주식시장에 투자하는 대부분의 사람들은 주식을 사고팔아서 수익을 낸다고 생각한다. 이는 너무나 단편적이고 상대를 알지 못하며 자신의 지식으로만 상대를 가름하는 오판이다.

상장주식 투자로 수익을 내는 세력들은 서로 일정 구역을 나눠서 집중하는 정도의 차이가 다르다. 경계가 없는 시장이므로 구분하기는 어렵지만 실제로 개별주가나 큰 시장의 흐름을 오랜 시간 지켜보면 세력들의 싸움임을 알 수 있다.

상장주식시장에서는 크게 네 가지 세력이 있다. 하나는 신규 상장기업을 투자수단으로 상장 이후 약 6개월 정도의 투자주기를 반복하는 세력이다. 이들은 신규 상장기업에 대한 공모주 투자에서부터 등락을 거듭하는 투자를 반복한다. 둘째는 상장주식을 이슈와 수급의 전략으로 모멘텀 투자를 주로 진행하는 세력으로 이들은 언론이나 다수의 자금력, 투자클럽 운영, 각종 SNS 등을 이용하며 대부분 수익보다는 손실을 많이 본다. 보통 투자자들이 대부분 여기에 속한다.

셋째는 전통적인 가치투자를 표방하는 기관과 연기금 등의 투자세력으로 기업의 내재가치와 평가, 일정 기간 보유 등을 통한 배당수익과 기업가치로 수익을 기대하는 집단이다. 넷째는 상장주식과 연관된 제2시장인 선물·옵션 등의 파생상품을 투자하는 세력이다. 제2시장을 통해 일정 부분 제1시장 주가의 움직임을 스스로 조정하면서 수익을 내는 거대 자금과 기관, 작전세력들이 공존한다. 이러한 복합 세력과 자기 수익에 집착하는 세력, 명확한 정보력과 거대한 자금력과 주식수를 가지고 경쟁하는 세력들이 난립해 싸우는 곳이 상장주식시장이다.

그렇다면 비상장주식시장은 어떨까. 상장주식시장과 비교하기 위해서 동일하게 네 개의 세력군으로 구분한다. 첫째는 초기 기업의 형태로 대주주와 특수관계인 등 아직 주식의 분산이 이뤄지기 직전의 세력이다. 세력이라기보다는 장외주식시장의 주식 원 보급자로 평가하는 것이 옳다. 이들로 인해서 유통주식이 생겨나고 처음 유통할 주식이 만들어지며 거래 가격이 결정된다.

둘째는 첫 번째 세력에게 자금을 투자하고 주식을 보유한 기관투자들이다. 큰 자금을 보유하고 기관투자에 합류한 투자조합의 투자자들은 5년 내외의 중장기간 투자의 수익을 기대하고 투자를 진행한 세력이다. 셋째는 기관투자자와 동일하게 비상장기업에 초기 투자를 진행하는, '엔젤 투자자'로 통칭되는 소액투자자들이다. 약 1년에서 3년 정도를 목표로 하는 기업공개 준비단계에서 진행하는 투자세력을 말한다. 넷째는 기업공개를 시작하는 심사청구 단계부터 일반공모나 상장일 내외의 기간을 투자하는 세력으로 대략 6개월 내외를 목표로 한다. 이 세력과 상장주식시장의 첫째 세력은 서로 연결되어있거나 동일하다고 보아야 한다.

비상장주식시장 즉 장외주식시장에서 첫째나 둘째 세력은 문제가 되지 않는다. 기업의 대표이사나 특수관계인에게서 직접 나오는 주식이라서 가격 협상의 문제이지 주식 사기 등이 발생할 가능성이 낮다. 그러나 셋째와 넷째 세력은 실제로는 주식을 보유하지 않은 형태로, 정찰제를 확인할 시스템이 없기 때문에 터무니없는 가격으로 매수하거나 잘못된 정보를 믿고 투자할 가능성이 많다.

보통 투자자는 빠른 수익실현을 갈망하므로 기간이 짧은 넷째 세력에 투자하려 할 것이다. 그러나 이 시장은 기간이 짧은 만큼 이미 가격 거품이 형성되어 있으므로 수익 실현의 가능성은 낮다.

**핵심정리**

상장주식시장은 공개된 정보, 과대한 자금력, 오픈된 주식수로 경쟁하는 시장이며 골리앗이 이길 수밖에 없는 시장이다.

장외주식시장은 제한된 정보시장, 제한된 자금력, 제한된 주식수로 경쟁하는 시장으로 다윗이 이길 수 있는 시장이다.

# 13. 장외주식 투자는
# 왜 수익실현이 가능한가?

모든 상장기업도 처음은 비상장기업이었다.

자본주의의 수많은 부호는 주식부자들이다.

그들은 기업을 만들고 그 기업을 성장시켜서 상장하면서 부를 달성했다.

그 방식에 편성하는 것이 곧 투자시장의 블루오션, 장외주식시장이다.

장외주식시장의 투자는 저평가 시점의 투자를 의미한다.

기업공개일정의 추진만으로 수익실현의 이슈가 형성된다.

# 블루오션 시장은 가치투자이다

워런 버핏은 "아무도 눈여겨보지 않는 가치주를 찾아서 투자하라"며 가치투자를 강조한다. '아무도 눈여겨보지 않는'이란 관심이 없다는 뜻이다. 누구나 관심 갖는 곳은 이미 경쟁이 심화된 레드오션이고 아무도 관심 없는 곳은 블루오션이다.

그는 2008년 9월 리먼 브라더스 붕괴로 어려움에 빠진 골드만삭스 측에 긴급자금 50억 달러를 지원했다. 일반적으로 위기에 처한 곳에 투자해서 손실의 위험을 감수할 투자자는 거의 없다. 그러나 워런 버핏은 모두 위험하다고 판단하는 기업이 바로 투자할 곳이라고 판단했다. 모두의 관심이 사라진 곳에서 기회를 잡은 것이다.

"가치주를 찾아서 투자하라." 상장주식처럼 공개된 시장에서는 몇 가지 상대적평가법을 적용하면 쉽게 가치주를 찾을 수 있다. 주가수익비율(PER), 주가매출액비율(PSR), 주당순이익(EPS), 주당순자산비율(PBR) 등을 이용해 기업가치와 적정 주가를 따져보면 된다. 상장주식시장에서 투자하라는 구분은 없으나 워런 버핏이 대구에 있는 비상장회사 '대구텍'에 투자해 주식회사를 유한회사로 만든 사례를 보면 상장주식에서 찾으라는 말은 아닌 듯하다.

"소문난 잔치에 먹을 게 없다"는 속담이 있다. 소문난 잔치는 다들 아는 정보이다. 모두 다 아는 정보의 시장에서 과다한 경쟁자들과 나눠 먹기식 싸움에서는 얻을 게 없다. 주식시장에서도 모두 아는 정보의 시장에서 투자자가 얻을 것은 없다.

'2017년 공시대상기업집단 주식소유 현황'을 분석한 결과, 57개 공시대상기업집단(자산 5조원 이상) 중 총수 일가 보유지분이 20% 이상인 비상장 계열사가 하나라도 있는 집단은 전체의 66%인 38개였다. 대기업 집단 총수일가 셋 중 두 곳이 20% 이상 지분을 보유한 비상장기업을 1개 이상 거느린 것으로 나타났다. 이들 공시대상기업이 왜 비상장 계열사를 가지고 있을까? 돈이 되기 때문이다.

진경준 검사는 넥슨 비상장 주식으로 120억대 부당 이득을 챙겨 한동안 세간을 떠들썩하게 만들었다. 이유정 재판관이 내츄럴엔도텍이라는 비상장 회사에 상장 전 투자하여 5억의 시세차익을 얻었다는 이슈도 관심거리였다. 이들은 왜 비상장 회사를 통해 이런 수익을 만들어냈을까? "밀짚모자는 겨울에 사야 한다"를 실천한 것이다.

비상장회사는 상장하면서 청약공모를 통해서 회사에 새로운 자금을 마련한다. 이러한 공모시장의 크기를 보면 얼마나 많은 자금이 공모시장에 투자되는지 알 수 있다. 제일모직(구 에버랜드) 상장 시 공모금액은 1조5,237억원이었으며 청약증거금은 30조649억이 투자되었다. 삼성SDS 상장 시 공모금액은 1조1,589억원이었으며 청약증거금은 15조

5,520억원, 삼성바이오로직스의 공모금액은 2조2,496억원, 청약증거금은 10조1,988억원이었다.

중소기업도 그리 다르지 않다. 넷마블게임즈 상장 시 공모금액은 2조6,617억원, 청약증거금은 7조7,650억원이었고 푸드나무의 청약증거금은 3조4천억원, 바이오솔루션 상장 시 청약증거금은 1조3,164억원이 투자되었다.

대기업 자회사나 일개 중소기업이 상장할 때 수조에서 수십조원이 청약증거금에 투자된다는 것은 무슨 의미일까? 투자수익을 얻기 위해서 시중의 부동자금이 몰리는 것이다. 투자수익을 얻기 위해 결국 새로운 투자처를 찾는 것이며 새로운 투자처는 블루오션이라고 정의해도 무리가 아니다.

코스닥에 상장하는 기업의 주식 액면가는 일반적으로 500원이며 그들 기업의 공모가는 적게는 5,000원에서 많게는 157,000원으로 가치평가에 의해 결정된다. 이 경우 기업을 처음 설립한 회사대표의 수익률을 계산해 보면 실로 놀랍다. 공모가가 5,000원이면 수익률이 1,000%, 150,000원이면 30,000% 수익률이다. 2016년 상장기업들이 설립에서 상장까지 걸리는 시간은 평균 17년이었다.

〈포브스〉 통계에 따르면 세계 1위 부자는 마이크로소프트 창립자인 빌 게이츠, 2위는 투자회사 버크셔 해서웨이의 오너이자 회장인 워런 버핏, 3위는 세계 최대의 온라인 유통기업 아마존의 설립자 제프 베조스, 4위는 유명 패션 브랜드 자라(ZARA)의 오너 아만시오 오르테가, 5

위는 페이스북 창업자 마크 저커버그, 6위는 멕시코의 전화와 통신을 모두 장악하고 있는 독점 재벌 텔맥스텔레콤의 오너 카롤로스 슬림 엘루, 7위는 데이터베이스 관리 시스템 기업 오라클의 소유자 래리 엘리슨이다. 이들 모두 회사의 설립자이며 다들 비상장회사에서 시작해 글로벌 기업들이 되었다.

블루오션 시장을 발견하기란 결코 쉽지 않다. 그러나 그 시장에 합류하는 것은 그리 어렵지 않다. 투자처가 없다고들 하지만 사실 투자처는 스스로 인정하고 싶지 않은 곳에 존재한다. 자신의 지식과 상식으로만 판단하는 오류를 멈추고 현실을 인정하고 받아들이는 것이 우선이다.

**핵심정리**
새로운 투자처는 곧 블루오션이다.
청약증거금으로 수천억원에서 수십조원의 자금이 모이는 곳이 공모시장이다.
공모시장의 경쟁을 피할 수 있는 시장은
바로 블루오션인 비상장주식, 장외주식시장이다.

# 어떻게 수익실현이 가능한가?

"장외주식에 투자해서 어떻게 수익실현을 할 수 있는가?" 많은 사람들이 이렇게 묻는다. 상장주식에 투자해도 수익을 내기 어려운 마당에 비상장기업에 투자해서 수익실현이 가능하다니, 충분히 의심스러울 수 있다. 그러나 사실 그 답은 간단하다.

아래는 기업이 설립되어 성장하고 상장을 추진하는 단계를 도식화한 도표이다.

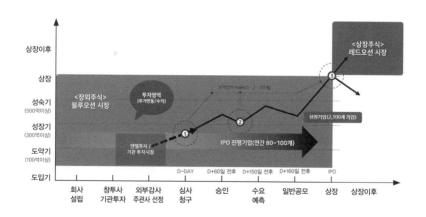

주식시장은 공개된 정보와 과다한 경쟁 집단으로 형성된 상장주식의 레드오션 시장과 제한된 정보와 제한된 경쟁시장인 장외주식의 블루오션 시장으로 구분되는 것은 앞서 설명했다. 장외주식은 상장되지 않았다는 이유로 보통 저평가되어 있다. 저평가된 주식을 기술개발과 기업성장, 기업공개의 정보를 믿고 일찍 투자하는 것이다. 그리고 기업공개 절차가 진행되면서 이루어지는 이슈로 수급이 형성되면서 프리미엄이 발생하는 과정에서 수익실현이 가능한 구조이다. 수익실현이 가능한 특징을 정리하면 여섯 가지로 구분할 수 있다.

첫째, 기업가치의 성장으로 가능하다. 도표에서 보듯이 투자자가 장외주식에 투자하는 시기는 보통 기업이 기관투자를 받는 시점부터 기업공개를 위한 주관사 선정 단계이므로 이후 상장 일정이 진행되는 동안 기업가치는 성장할 수 있다. 기업의 가치가 상승하여 수익실현이 가능한 구간에서 투자가 진행된 것이다.

둘째, 기업공개 추진을 위한 상장 관련 이슈 형성이다. 기업공개를 진행하기 위해서 심사청구―승인―수요예측―일반공모를 거치는 동안 증권사를 포함한 투자기관의 공모기업에 대한 지속적 이슈 형성과 투자 수익실현을 위한 각종 보도자료 등이 수요층을 만들고 투자 자금의 유입으로 인하여 프리미엄이 형성되는 가치상승으로 인한 수익실현이 가능한 구조가 형성된다.

셋째, 수요와 공급의 불균형에 따른 수익실현이 가능하다. 상장주식은 공개된 시장과 시스템으로 자금만 있으면 얻고 싶은 주식수를 확보가능하지만, 장외주식시장은 공개되지 않은 시장과 제한된 시스템이다. 주식 수요와 공급이 불균형으로 상장 이슈로 발생된 수요를 충족하지 못하는 공급의 희소성에 따른 주식 자체의 가치 상승으로 가능하다.

넷째는 시스템에 따른 것이다. 일반 투자자가 공모기업의 주식에 투자하려면 일반공모에 참여해야 한다. 그러나 청약경쟁률에 의해서 주식이 할당되므로 이런 경쟁의 리스크를 회피하기 위한 세력에 따른 경쟁가치로 인해 수익실현이 가능하다.

다섯째는 투자자들의 과도한 욕망이다. 기업공개로 상장하는 기업은 상장일 하루 동안 주가의 상한가와 하한가의 폭이 기존 상장기업과 같지 않다. 상장 당일 기업 주가는 상한가 폭이 130%인 데 반해 하한가는 기존과 동일한 30%이다. 이런 이유로 투자수익에 대한 기대하는 욕망으로 수익실현이 가능하다. 여섯째는 신상품에 대한 기대가치의 상승이다. 기존 상장주식에 식상한 투자자들이 신규 상장기업에 매력을 느끼고 새로운 투자세력을 형성함에 따라 수익실현이 가능하다.

그러나 이처럼 많은 수익실현의 이유에도 불구하고 상장 이후 기업 주가는 누구도 장담하기 어렵다. 실제로 매년 상장기업의 상장 이후의 주가 변동을 확인하면 계속 상승하는 기업과 하락하는 기업의 비율은 5:5로 거의 비슷한 수준이므로 상장일의 과도한 주가 흐름으로 너무 기대수익을 추구하는 전략은 좋지 않다. 앞 도표에서 상장 이후 주가 방향을 상승과 하락으로 표현한 이유도 이것이다.

이러한 수익실현의 원인은 기존에 상장된 여러 기업을 통해 살펴볼 수 있다. 모두 이해할 수 있는 기업으로 2010년 상장한 삼성생명은 상장 이슈가 없던 2009년 장외주가가 5만원 내외였으나 2010년 1월 상장 이슈가 형성되면서 상장 직전인 2010년 4월말에는 주당 15만원까지 거래되었다. 실제 확정된 공모가는 11만원이었으며 상장 이후 현재까지 11만 원 이상의 주가를 유지한 기간은 그리 길지 않다.

반면 삼성SDS는 상장 이슈가 없던 시기에 주가 7~8만원선에서 횡보하였으나 상장 이슈가 형성된 시기에는 15~18만원대였다. 공모가는 19만원에 시작 해서 상장 이후 최고주가는 40만원을 넘기는 놀라운 기세를 유지하였다.

수익실현은 그저 수익을 기대하고 있는 것이 아니라 실제로 수익을 실현한 것이다. 상장 이후 주가 예측만 믿고 불확실한 반반의 승률에 기대하는 과도한 모험보다는 확정한 목표수익이 달성되는 시점에서 수익을 실현하는 투자습관이 중요하다.

장외주식에서 투자수익을 실현하는 투자자들은 가급적 상장시장까지 투자를 연장하는 않는 편이 바람직하다. 일반 투자자들이 매일 급변하는 주식시세에서 평정심을 유지하면서 자신의 투자 목표를 달성하는 것은 매우 어려운 일이다. 상장주식을 하는 개미투자자들이 실패하는 이유이기도 하다.

**핵심정리**

장외주식의 투자 시기는 저평가 단계이다.

기업공개 추진 기간 중 기업의 가치상승이 예정된 기업이다.

수익실현이 가능한 이슈와 수급, 시스템이 형성된 투자수단이다.

## 분산투자로 투자위험을 극복하라

투자를 하는데 기준이 없다는 것은 나침반 없이 목적지를 향해 항해하는 것과 같다. 투자는 '던지는 것'이지만 그 손실을 최소화하기 위한 대책은 있어야 한다. 그것이 바로 분산투자이다.

투자자 월터 슐로스를 아는가? 워런 버핏은 그를 이렇게 설명한다. "월터는 극도의 분산투자를 하고 있으며 100종 이상의 주식을 소유하고 있다. 그는 가치에 비해 상당히 저평가된 주식들을 찾아내는 능력이 있고, 이것이 그가 하는 전부이다. 그는 주식을 살 때 그날이 월요일인지 혹은 1월인지, 선거가 있는 해인지는 신경 쓰지 않는다. 그는 단순히 1달러의 가치가 있는 사업을 40센트에 샀다면 좋은 결과가 있으리라고 생각할 뿐이다. 그리고 이 일을 계속 반복한다. 그는 나보다 훨씬 다양한 주식을 가지고 있으며 사업의 본질에 대한 관심도 더 적은 것 같다. 내가 월터에게 영향을 끼치지는 못하는 것 같다. 이것이 그의 강점 중 하나이다. 아무도 그에게 큰 영향을 끼치지 못한다."

슐로스는 워런 버핏과 달리 수백 종의 주식으로 이루어진 분산투자를 하고 있는데, 이는 그가 자산가치에 근거한 투자를 하기 때문인 듯하다. 슐로스는 기업의 대차대조표를 뒤져 주식이 장부가치 대비 저평가되었다고 판단하면 투자 근거로 삼는 방법을 즐겨 사용했다. 자산가치는 명확하게 평가할 수 있다는 장점이 있으며, 이를 기준으로 하면 보유 주식수가 늘어나는 경향이 있다. 수익가치에 근거한 투자를 하며 소수 종목을 대량 소유한 버핏과 대비된다.

투자자 입장에서 분산투자를 효율적으로 진행하는 방법은 우선 종목 분산이다. 100여개 종목이 있다고 해서 그것들에 전부 투자할 수는 없다. 일반에 공개되지 않은 비상장주식의 특성상 종목을 가려가면서 투자하기는 더욱 어렵다. 따라서 투자를 결정한 시점에 정보를 제공하는 기관의 추천 종목 5~10개 정도의 기업에 분산해서 투자해야 안전하다.

다음은 자금 분산이다. 투자자금의 분산은 종목의 리스크 관리와 더불어 중요하다. 특정종목이 좋다고 해서 많은 자금을 투자하고 어떤 종목은 수익이 적을 것 같으니 적게 투자해서는 안 된다. 5개의 종목에 투자한다고 가정하면 총투자자금을 5등분하고 종목별 20%의 자금을 투자하는 것으로 기준을 설정하라.

셋째는 시간 분산이다. 대부분의 투자자들은 짧은 기간 내에 수익을 실현하려 한다. 버핏은 투자를 말할 때마다 '긴 언덕'을 강조한다. 장기투자를 뜻하는 말이다. 장외주식 역시 시간이 긴 주식일수록 수익이 높아진다는 확신은 변함이 없다. 그렇더라도 자금의 유동성을 고려해야 하기 때문에 단기투자도 병행해야 한다. 따라서 단기투자 30%, 장기투자 70%를 고려해 투자하면 좋다.

위 세 가지 분산의 균형을 맞추어야 한다. 어느 한 가지 요소에만 집중하는 것도 분산을 그르치는 결과를 초래한다. 투자에서 중요한 것은 투자자의 마음가짐이다. 오래된 장이 맛이 있고, 골동품이 돈이 된다는 것은 알면서 정작 투자와 저축에서는 조급증 때문에 일을 그르친다. 3년 만기 저축과 펀드, 5년 주택청약저축은 유지하면서 2~5년 투자 기간은 길다고 하는 것을 이해할 수 있겠는가? 그런데도 이를 극복하지 못하는 것이 일반투자자들의 현실이다.

**핵심정리**

투자 리스크는 분산투자로 보완할 수 있다.

종목은 5~10개 기업으로 분산하라.

자금은 투자금액을 5등분해서 균형 있게 분산하라.

시간은 단기 30%, 장기 70%로 분산을 유지하라.

# 14. 각종 상장제도의 이해

# 코스닥시장 상장 요건

코스닥시장은 미국의 나스닥 시장을 벤치마킹하여 국내 유망 벤처기업 및 중소기업의 자금조달을 지원하기 위해 1996년 7월에 개설되었다. 2005년 한국증권선물거래소(KRX) 출범 이후 현재는 KRX 산하 코스닥시장본부에 소속된 시장으로 운영되고 있다.

초기 코스닥시장은 증권업협회의 장외시장관리실에서 담당했다. 1996년 주식중개만 담당하는 증권회사인 코스닥증권시장(주)을 설립하였고, 운영의 공정성과 투명성을 확립하기 위하여 시장운영에 관한 의사결정기구인 코스닥위원회를 증권업협회 내에 설치했다. 이후 2001년 코스닥위원회의 설치근거와 업무를 증권거래법에 명시함으로써 코스닥시장의 운영체계가 확립되었다. 2005년 1월 한국증권선물거래소법에 따라 한국증권거래소와 코스닥·한국선물거래소·코스닥위원회가 합병되어 한국증권선물거래소 코스닥시장본부로 바뀌었다.

---

- 나스닥(NASDAQ) : National Association of Securities Dealers Automated Quotation
- 코스닥(KOSDAQ) : Korea Securities Dealers Automated Quotation

장내시장에 편입됨에 따라 등록이라는 표현 대신 유가증권시장과 마찬가지로 상장이라고 한다. 보통 옛 증권거래소 시장에 해당되는 유가증권 시장을 통합거래소 상위시장, 코스닥시장을 하위시장이라고 부른다. 유가증권 시장보다는 상장 기준이 완화된 편이어서 중소기업이나 벤처기업이 많다.

코스닥시장은 유망 벤처기업 및 성장잠재력이 큰 중소기업들의 직접 자금 조달을 지원하기 만든 시장으로 IT H/W 업종 위주에서 최근에는 IT S/W(보안솔루션, 온라인 서비스, 디지털콘텐츠 등), 바이오 및 문화 콘텐츠(모바일게임, 엔터테인먼트 등)와 관련된 고부가가치 업종의 상장 활성화로 미래 성장 산업 관련 비중이 점차 확대되는 추세이다.

코스닥시장의 상장정책은 매우 다양하며 이는 중소기술주 중심 시장의 특성을 고려해 코스피 시장에 비하여 진입요건이 완화되었다. 상장 심사 시 기업의 미래 성장 잠재력을 고려하고 질적 심사 항목은 축소되었으며 기술성장 기업의 특성을 고려한 특례상장요건을 갖추고 있다.

**〈코스닥시장 상장 요건〉**  2018년 4월 9일 기준

| 구 분 | 일반기업(벤처기업 포함) | | 기술성장기업 | |
|---|---|---|---|---|
| | 수익성·매출액 기준 | 시장평가·성장성 기준 | 기술평가 특례 | 성장성 추천 |
| 주식분산<br>(택일) | 1. 소액주주 500명&25%이상, 청구후 공모 5% 이상(소액주주 25% 미만시 공모 10%이상)<br>1. 자기자본 500억 이상, 소액주주 500명 이상, 청구 후 공모 10%이상 & 규모별 일정주식수 이상<br>1. 공모 25% 이상 &소액주주 500명 | | | |

| 경영성과 및 시장평가 등 (택일) | 1. 법인세차감전계속사업이익 20억원[벤처:10억원] & 시총 90억원<br>1. 법인세차감전계속사업이익 20억원[벤처:10억원] & 자기자본 30억원[벤처: 15억원]<br>1. 법인세차감전계속사업이익 있을 것 & 시총 200억원 & 매출액 100억원[벤처:50억원]<br>1. 법인세차감전계속사업이익 50억원 | 1. 시총 500억 & 매출 30억 & 최근 2사업연도 평균 매출증가율 20% 이상<br>1. 시총 300억 & 매출액 100억원 이상[벤처:50억원]<br>1. 시총 500억원 & PBR 200%<br>1. 시총 1,000억원<br>1. 자기자본 250억원 | 1. 자기자본 10억원<br>1. 시가총액 90억원 | | |
| --- | --- | --- | --- | --- | --- |
| | | | | ·전문평가기관의 기술 등에 대한 평가를 받고 평가 결과가 A등급 이상일 것 | ·상장주선인이 성장성을 평가하여 추천한 중소기업일 것 |
| 감사의견 | 최근사업연도 적정 | | | | |
| 경영투명성 (지배구조) | 사외이사, 상근감사 충족 | | | | |
| 기타 요건 | 주식양도 제한이 없을 것 등 | | | | |

최근에는 '코스닥시장 상장 요건 개편 및 건전성 강화를 위한 코스닥시장 상장규정 개정'을 완료하여 혁신모험기업들의 상장촉진을 위해 상당 부분 상장 요건을 완화하였다. 주요 내용은 다음과 같다.

① 계속사업이익, 자본잠식 요건 등 혁신기업 진입에 불합리한 규제를 폐지하고 다양한 진입요건을 신설.

② 혁신기업의 상장을 일률적으로 제한할 수 있는 "계속사업이익이 있을 것", "자본잠식이 없을 것" 요건 폐지

③ 세전이익, 시가총액, 자기자본만 충족하더라도 상장 가능하도록 단독 상장요건 별도 신설 등.

코넥스에서 코스닥으로 이전 상장 요건을 개편하여 성장성 있는 코넥스 기업을 지원하는 기준도 포함되었다.

## 기업의 상장 요건

기업 상장을 위한 거래소의 심사요건은 크게 형식적 심사요건과 질적 심사요건으로 구분할 수 있다. 형식적 심사요건은 기업의 영업활동 및 실적, 주주분포 등 상장예비심사를 신청할 수 있는 자격요건으로 이것이 미비하면 상장예비심사를 신청할 수 없다.

### 1. 형식적 심사요건

#### (1) 영업활동 기간

일반기업의 상장을 위한 요건으로 과거 3년 이상이었으나, 2018년 혁신기업상장 촉진을 위한 개정안에서 이를 삭제하였다. 하지만 영업활동 기간에 대한 요건은 기업 안정성 부분에서 오랜 기간 형식적 요건의 기준이었다.

#### (2) 기업규모 요건

기업규모 요건도 2018년 혁신기업 상장촉진을 위한 개편에서 삭제되었다. 과거 코스닥 상장을 위한 기업 자본금의 규모는 일반기업 30억원 이상, 벤처기업 15억원 이상(기술성장기업 10억원 이상)등의 기준을 두고 있었다.

**〈혁신기업 상장을 위한 진입제도 개편〉**

| 현 행 | | | 개 선 | | |
|---|---|---|---|---|---|
| 업 력 | 계속사업이익 | 자본잠식 | 업 력 | 계속사업이익 | 자본잠식 |
| 3년<br>(벤처 면제) | 있을 것 | 없을 것 | 면제 | 미적용 | 미적용 |

• 신규상장 시 진입요건인 업력(일반기업의 경우 3년),「자본 잠식 없을 것」,「계속사업이익 있을 것」 요건 폐지

**〈이익미실현요건 확대〉**

| 현 행 | 개 선 |
|---|---|
| 시총 500억 & 매출증가율 20%<br>(매출액 30억원 이상) | 좌 동<br>좌 동 |
| 시총 500억원 & PBR 200% | |
| 〈 신 설 〉 | 시가총액 1,000억원 |
| | 자기자본 250억원 |
| | 시가총액 300억원&매출액 100억원 |

• 이익/시가총액/자기자본에 대한 단독요건을 신설하고, 일정규모의 영업기반(매출액)과 시장평가(시가총액)로 상장 가능한 요건 마련

### (3) 주식분산 요건

주식분산 요건은 다음 세 가지 기준에서 한 가지를 충족하면 된다.

- 소액주주 500명이상, 소액주주비율 25%이상, 청구 후 공모 5% 이상(소액주주 25% 미만일 경우 공모 10%이상 공모)
- 자기자본 500억 이상, 소액주주 500명 이상, 청구 후 공모 10%이상 & 규모별 일정 주식수 이상
- 공모 25% 이상, 소액주주 500명 이상

### (4) 경영성과 요건

경영성과와 시장평가 요건에서는 일반기업(벤처기업 포함)은 수익성·매출액, 시장평가·성장성에 대한 기준을 평가하고, 기술성장기업은 기술평가특례, 성장성추천에 대한 요건을 충족해야 한다.

### (5) 감사의견

최근 사업연도에는 적정의견, 직전 2년에는 적정 또는 한정의견을 받아야 상장할 수 있다. 하지만 한정의견의 사유가 감사범위 제한에 따른 것이라면 상장요건을 충족할 수 없다. 감사범위 제한 사항이 상장신청 기업의 재무제표에 미치는 영향을 확인할 수 없기 때문이다.

### (6) 최대주주 등의 소유주식 보호예수

주식매도 제한의 실효성 확보를 위해 매도제한을 받는 최대주주 및

특수관계인 주권을 한국예탁결제원에 보관시킨 후 규정에서 정한 특별한 사유 이외에는 주권의 인출을 제한하고 있다.

상장 후 최대주주 및 특수관계인의 소유주식의 처분을 일정기간 금지하는 것에 대한 사유재산의 처분권을 제한한다는 지적이 있을 수 있다. 하지만 거래소가 동 제도를 운영하는 이유는 최대주주가 기업 내부정보를 통해 상작 직후 상장차익을 획득할 목적으로 대량 주식을 처분하여 소액주주가 주가하락으로 손해를 보는 것을 방지하고 최대주주의 경영책임을 강조하기 위해서이다. 공모에 참여하는 투자자는 단순히 기업의 외형뿐만 아니라 경영진의 능력에 대한 신뢰를 바탕으로 투자하기 때문이다.

### 2. 질적 심사 요건

질적 심사 요건은 형식적 심사요건을 충족한다는 전제하에서 거래소에서 심사하는 요건으로 기본적으로 투자자 보호, 자본시장의 신뢰성 및 공정성 제고라는 자본시장법의 취지를 따른다. 기업의 계속성, 경영 투명성, 경영 안정성, 투자자 보호 등으로 나눌 수 있다.

### (1) 기업의 계속성

기업이 거래소에 상장한 이후에도 영속성을 가지고 운영될 수 있는지를 검증하는 것으로 영업의 계속성, 재무안정성 유지여부 등이 주된 심사기준이다.

매입·매출거래가 안정적으로 유지되어야 하고, 지속적인 성장세를 유지한 상태에서 꾸준한 수익을 기록해야 바람직하다. 일시적인 영업 활동 악화, 지분법 평가손실, 기타 이유로 최근 사업연도 적자를 기록하거나, 성장성은 기대되지만 매출이나 이익은 미흡한 성장형 기업은 상장이 어려울 수 있다.

거래소는 이러한 문제점을 보완하기 위해 기준 시가총액 요건을 신설하여 일시적인 적자기업이나 성장형 기업의 상장이 가능하도록 하고 있다. 즉, 기업규모 상 기준 시가총액이 일정 규모 이상이면 상장예비심사를 신청할 수 있다. 다만 적자 현상이 일시적 사항임을 입증해야 하므로 현재 개선되는 추이를 분·반기 재무제표에 대한 외부감사, 수주실적 등을 통해 객관적으로 입증해야 한다.

영업의 안정성은 지속적인 수익 및 이익창출 능력을 안정적인 시장점유율과 수주, 매출채권 및 재고자산 검토, 신규사업 평가, 기준 시가총액 요건 적용시 경영성과 개선가능성 등을 평가한다. 영업의 독립성은 영업활동의 독자적 수행능력 보유여부, 주된 영업활동을 의존하는 경우 거래지속 가능성여부, 영업활동을 의존하는 법인과의 거래가 감소하는 경우 대체 거래처를 확보하였는지 등을 평가한다. 매출처는 거래가 편중된 것인지, 주요 매출처의 재무안정 등에 대하여 판단한다. 재무안정성은 재무구조에서 부채 등으로 인한 채무불이행가능성, 현금흐름, 재무구조 개선 가능성, 우발채무 여부 등에 대하여 평가한다.

소송 및 분쟁에 대해서는 특허나 경영권 등과 관련하여 소송이나 분쟁이 발생한 기업이 그로 인해 기업 경영에 중대한 영향을 미치지 않을 것으로 인정될 경우 승소 가능성 및 위험의 현실화 가능성 등을 감안하고, 소송이나 분쟁으로 인한 예상손실가액이 자기자본의 10%수준 이상일 경우 기업경영에 중대한 영향을 미친다고 추정한다. 시가총액 산정방법의 합리성은 영업현황, 산업전망, 주식시장 상황 및 비교대상회사와의 상대적 평가 등에 근거하여 합리적으로 인정되어야 한다.

공모가는 기업의 가치평가 결과를 바탕으로 수요예측 등을 거쳐 주관사와 협의하여 결정되나 무리하게 공모가를 높게 산정하면 공모실패로 이어져 상장요건 중 분산 요건을 충족하지 못하거나, 상장 후 주가하락으로 투자자 손실을 초래할 수 있다. 반대로 적정가치보다 공모가를 낮게 산정하면 기업으로의 충분한 자금유입을 막아 기업의 성장을 방해하거나 발행 주식수 증가로 경영권 안정성을 훼손할 수도 있기 때문에 적절한 기업가치 산정은 중요한 절차 중 하나이다.

(2) 경영의 투명성

기업지배구조, 내부통제제도, 공시체제 및 특수관계인과의 거래투명성 유지 여부 등에 대한 요건이다. 상장기업은 투명 경영을 통해 주주이익을 극대화 하여야 한다. 기업은 상장을 준비하는 과정에서 경영의 투명성 유지를 위해 독립적인 의사결정을 할 수 있는 사외이사 및 전문경영인 선임 등을 통해 기업지배구조를 개선해야 하고, 사전에 이사회 운영규정 및 이해관계자 거래관련 규정 등 실효성 있는 각종 규정을 갖추고 운영해야 한다.

기업지배구조는 경영의 독립성, 경영진의 구성, 감사의 독립성, 준법지원인 선임 등으로 나뉜다. 경영의 독립성은 이사회 구성의 독립성, 경영조직의 독립성, 최대주주 등에 의한 경제적 가치 훼손 가능성 등을 판단한다. 경영진의 구성은 임원의 겸직, 사외이사 자격의 적정성 등으로 나누고, 감사의 독립성은 감사 자격의 적정성, 감사위원회 구성 및 위원자격의 적정성에 대한 내용이다. 내부통제제도는 제도 구축 및 운영의 적정성, 이해관계자 거래의 적정성 등이고, 특수관계인과의 거래는 거래의 적정성, 공시의 적정성을 다룬다.

### (3) 경영의 안정성

지분 당사자 간 관계, 지분구조 변동 내용, 기간 등을 감안한 실질 경영주체의 유지가 주된 기준이다. 최대주주 등의 지분율, 경영권 분쟁 및 주권 관련 사채권 발행현황 등에 비추어 기업경영의 안정성이 저해되지 않아야 한다. 최대주주 등이 변경된 경우에는 변경 이후 주거래처와의 거래 지속 여부, 특수관계자와의 거래 등 사업 경영성과 및 내부통제제도 등의 변동사항을 고려하여 과거 경영성과 및 내부통제제도 등이 향후에도 지속될 수 있어야 한다.

다만 최대주주 등의 변경에 따른 영향을 확인하기 위한 대상기간이 충분하지 않을 때는 최대주주 등의 유사기업 운영경험여부 및 성과, 향후 운영계획 등을 고려할 수 있다. 상장 이후 최대주주 등의 변경이 예상되는 경우에도 동일하다.

# 기술특례 상장제도

기술력이 뛰어난 유망 기술기업이 기술평가를 활용해 코스닥시장에 진입할 수 있는 기회를 부여하는 것으로 기술특례 상장제도, 기술성장기업 상장특례제도라고도 한다. 수익성은 크지 않으나 무한한 성장성을 가진 회사가 상장할 수 있도록 기준을 완화해주는 제도로 2005년 도입되었다. 회사의 보유 기술이 유망하다고 판단되면 재무제표상 적자가 있어도 상장 기회를 제공한다.

전문평가기관 중 2개의 기술평가 결과가 일정등급 이상일 경우 기술성장기업으로 상장예비심사청구자격을 부여하며 복수기관 평가결과 A등급과 BBB등급 이상을 받아야 한다.

### 〈전문평가기관 현황〉

1. 기술신용평가기관(TCB) 중 기술보증기금, 나이스평가정보, 한국기업데이터, 이크레더블 등 4개사
   - TCB(Technology Credit Bureau)란 기술 금융 활성화를 위해 2014년 7월부터 기술신용평가업무를 전문적으로 수행하는 기관으로 거래소와의 협의를 통해 별도의 상장 특례용 기술평가시스템을 구축하고 있다.
2. 정부산하 연구기관 중 한국과학기술연구원, 한국과학기술정보연구원, 한국보건산업진흥원, 한국산업기술평가관리원 ,한국전자통신연구원, 정보통신기술진흥센터, 한국생명공학연구원 등 7개사

## 특례적용

기술성장기업 상장특례 대상기업은 일반·벤처기업 대비 일부 외형요건을 면제 또는 완화받는다. 즉 경영성과와 시장평가에 관한 요건 중 자기자본금 10억원 또는 시가총액 90억원 이상의 기준을 충족하면 된다.

일반기업 및 벤처기업은 수익성·매출액 기준, 시장평가·성장성 기준의 요건으로 법인세 차감 전 계속사업이익과 시가총액, 시가총액과 매출액 등의 기준을 충족해야 한다.

**〈기술성장기업 상장특례 요건〉**

| 구 분 | 일반기업(벤처기업 포함) | | 기술성장기업 | |
|---|---|---|---|---|
| | 수익성·매출액 기준 | 시장평가·성장성 기준 | 기술평가 특례 | 성장성 추천 |
| 경영성과 및 시장평가 등(택일) | 1. 법인세차감전계속사업이익 20억원[벤처:10억원] & 시총 90억원<br>1. 법인세차감전계속사업이익 20억원[벤처:10억원] & 자기자본 30억원 [벤처: 15억원]<br>1. 법인세차감전계속사업이익 있을 것 & 시총 200억원 & 매출액 100억원[벤처:50억원]<br>1. 법인세차감전계속사업이익 50억원 | 1. 시총 500억 & 매출 30억 & 최근 2사업연도 평균 매출증가율 20% 이상<br>1. 시총 300억 & 매출액 100억원 이상[벤처:50억원]<br>1. 시총 500억원 & PBR 200%<br>1. 시총 1,000억원<br>1. 자기자본 250억원 | 자기자본 10억원 시가총액 90억원 | |
| | | | · 전문평가기관의 기술 등에 대한 평가를 받고 평가 결과가 A등급 이상일 것 | · 상장주선인이 성장성을 평가하여 추천한 중소기업일 것 |
| 최대주주 등 지분의 매각제한 | 상장 후 6월 | | 상장 후 1년 | |

## 기술평가 항목

　기술성장기업의 기술성·시장성에 대하여 공인된 외부 전문평가기관의 검증을 통해 상장특례 여부를 판단한다. 기술성 항목은 기술의 완성도, 기술의 경쟁우위도, 기술인력의 수준, 기술제품의 상용화 경쟁력 등으로 분류한다.

　기술의 완성도는 자립도 및 확장성, 기술의 모방 난이도 등으로 평가된다. 기술의 경쟁 우위도는 주력기술의 차별성, 주력기술 제품의 수명, 기술개발 및 수상(인증)실적, 지식재산 보유현황, 연구개발 활성화 수준, 연구개발 투자비중, 규모 및 적정성 등이다.

　기술인력의 수준은 기술경영 경험수준, 기술경영 지식수준, 기술경영 관리능력, 주요 경영진의 전문성, 주요 경영진의 사업 몰입도, 최고 기술경영자의 전문성, 기술인력의 전문성 등이다. 상용화 경쟁력은 기술제품의 생산역량, 기술제품 상용화를 위한 자본조달능력, 기술제품 판매처의 다양성, 기술제품 판매처의 안정성, 기술제품을 통한 부가가치 창출능력 등이다.

　시장성 항목은 기술제품의 시장규모 및 성장잠재력, 경쟁력으로 분류한다.

　기술제품의 시장규모 및 성장잠재력은 주력 기술제품의 시장 규모와 성장성, 구조 및 특성 등이다. 경쟁력은 기술제품의 시장지위, 경쟁제품 대비 비교 우위성 등으로 구분하여 평가한다.

**〈기술평가 절차〉**

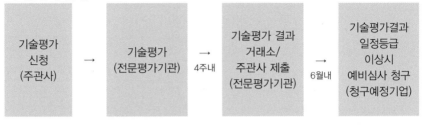

| 기술평가<br>신청<br>(주관사) | → | 기술평가<br>(전문평가기관) | →<br>4주내 | 기술평가 결과<br>거래소/<br>주관사 제출<br>(전문평가기관) | →<br>6월내 | 기술평가결과<br>일정등급<br>이상시<br>예비심사 청구<br>(청구예정기업) |

**〈심사 절차〉**

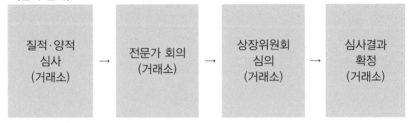

| 질적·양적<br>심사<br>(거래소) | → | 전문가 회의<br>(거래소) | → | 상장위원회<br>심의<br>(거래소) | → | 심사결과<br>확정<br>(거래소) |

### 기술특례 상장제도의 개선 사항

2015년에는 기술력을 가진 중소기업의 상장기회를 더 확대시키기 위해 기술특례 상장제도의 규제를 완화하였다.

첫째, 기술보증기금, 나이스평가정보, 한국기업데이터, 이크레더블 등 TCB(기술신용평가기관) 4개사 및 한국과학기술연구원, 한국과학기술정보연구원, 한국보건산업진흥원, 한국산업기술평가관리원, 한국전자통신연구원, 정보통신기술진흥센터, 한국생명공학연구원 등 정부산하 연구기관 7개 기관으로 한정하여 공인된 외부 전문평가기관의 검증을 통해 신뢰성을 제고하였다.

둘째, 기술평가 접근성을 위해 주관사가 직접 평가기관을 선정하여 기술평가를 받는 방식의 자율적 평가신청 시스템을 도입하였다.

셋째, 기술평가기관 선정부터 결과 통보까지 소요 기간을 4주 이내로 하며 평가 수수료도 건당 500만원으로 책정하여 평가 대상기업의 비용 부담을 최소화하였다.

넷째, 기술성 평가 항목뿐만 아니라 경영진과 기술인력의 전문성 등 질적 평가항목의 객관화 및 구체화하고 있으며 벤처기업뿐만 아니라 기술력이 우수한 중소기업까지 특례대상 범위를 확대하였다.

다섯째, 대부분의 코스닥 상장기업 기본조건이 면제되며 자기자본 10억원 또는 시가총액 90억원 이상의 최소한의 조건을 통해 기술성 및 성장성만으로도 상장할 수 있는 여건을 보장한다.

## 상장 후 관리제도

진입장벽 완화에 따라 발생할 수 있는 투자자보호 문제 차단을 위해 다양한 상장 관리방안이 운영되고 있다.

기술성장기업의 특성인 고위험, 고수익(High Risk High Return)을 감안하여 차별화된 시장관리를 위해 별도 소속부로 관리하며 책임 경영 강화를 위해 최대주주 등의 상장 후 보호예수기간을 강화하고 있다.

상장 초기 일반기업 대비 미흡한 영업실적 특성을 고려하여 퇴출기준을 완화했다. 일반기업은 자기자본의 50%를 초과하는 법인세비용 차감 전 계속사업 손실이 최근 3년간 2회 이상 발생하고 최근 사업연도 매출액 30억원 미만시 관리종목으로 지정된다. 그러나 기술상장기업은 신규 상장 후 3년간 적용이 유예된다. 4년 연속 영업 손실이 발생해도 관리종목 적용이 면제된다.

# 테슬라 요건 상장제도

기술성장기업 특례상장과 유사한 제도로 테슬라 요건 상장제도가 있다. 요건에 미달되더라도 성장 잠재력이 있는 기업에게 상장 기회를 주는 제도이다. 금융위원회가 2016년 10월 '역동적인 자본시장 구축을 위한 상장·공모제도 개편방안'에서 처음 발표했으며, 2017년 1월 1일부터 본격 시행되었다.

이 특례제도는 미국 전기차 기업인 테슬라가 적자임에도 불구하고 성장 잠재력을 인정받아 나스닥에 상장한 후 크게 발전한 사례에 착안하여 '테슬라 요건'이라는 이름이 붙었다.

지금까지 우리나라는 상장기업 도산에 따른 투자자 피해 방지를 위해 엄격한 재무적 기준을 적용하여 미래 가치나 성장성보다는 매출과 이익이 있는 기업 위주로 상장을 대부분 허용해왔다는 점과 상장 및 공모과정에서 혁신기업 발굴, 기업가치 평가, 투자자 모집과 관련된 상장 주관사의 적극적인 역할이 부족했다는 점 등의 관련 문제점을 해소하기 위한 것이 추진 배경이다.

## 상장 요건

시가총액(공모가×발행주식 총수)이 500억원 이상인 기업 중 △직전 연도 매출 30억원 이상에 최근 2년간 평균 매출증가율 20% 이상 또는 △공모 후 자기자본 대비 시가총액이 200% 이상이라는 조건을 충족하는 적자기업이 대상이다.

이전에는 적자기업이 코스닥시장에 상장할 수 있는 통로는 기술성평가 특례상장만 있었다. 그러나 이는 중소기업에만 한정돼 있고, 바이오기업에 편중되는 등 한계가 있었다. 이러한 이유 때문에 적자였던 테슬라가 나스닥시장 상장 자금을 통해 글로벌 기업으로 성장하는 등의 사례를 한국에서는 찾기 어려웠지만 이제는 적자기업이라도 향후 성장가능성이 뛰어나며 시가총액이나 자기자본 등 일정 수준의 요건만 충족한다면 상장이 가능하다.

상장 3년 이내 코스닥 기술특례상장기업에 대한 중소기업진흥공단의 중소기업정책자금 융자도 허용된다. 2018년 중진공은 기술과 사업성은 우수하나 시중은행으로부터 자금조달이 어려운 중소기업에게 장기저리로 3조7000억원을 융자해줄 계획이다. 상장 후 5년간 사업손실 요건의 적용을 유예함으로서 성장성 있는 기업이 자금을 조달하는 상장·공모 시장 본연의 기능을 강화하겠다는 것이다.

## 투자안정성 강화(풋백옵션)

테슬라 요건으로 상장할 경우 상장 주관사는 풋백옵션(주식매도청구권)의 부담을 지게 된다. 풋백옵션이란 주식이나 실물 등 자산을 인수한 투자자들이 일정 가격에 되팔 수 있는 권리를 부여하는 계약을 말한다.

테슬라 요건으로 상장한 기업 주가가 3개월 안에 하락하면 일반투자자가 원할 경우 상장 주관사가 공모가격의 90% 가격으로 물량을 다시 매수해야 한다. 즉, 이러한 부담을 안고 있는 주관사로서는 내부 심사를 강화하는 등 상장업무에 더욱 신중을 기하는 동시에 상장 공모 시 공모 청약에 참여한 투자자들의 피해를 일정 부분 예방하겠다는 의미로 해석할 수 있다.

# 성장성 특례제도

2016년 10월 발표된 금융위원회의 '역동적인 자본시장 구축을 위한 상장·공모제도 개편방안'에는 이익미실현기업 특례상장, 이른바 테슬라 요건뿐만 아니라 그와 유사한 성장성 특례제도도 함께 포함되어 있다.

이 제도는 요건에 미달되더라도 성장 잠재력이 있는 기업에게 상장 기회를 주겠다는 테슬라 요건과 동일한 취지에서 도입되었으며, 상장 주관사가 자기자본이나 생산기반 등이 부족하더라도 성장 가능성이 충분한 기업을 발굴해 추천하면 특례상장을 시킬 수 있는 것이 가장 큰 특징이다.

## 상장 요건

최근 완화된 상장 요건을 살펴보면, 시가총액(공모가×발행주식 총수)이 △시가총액 1000억원 이상 △자기자본 250억원 이상 △시총 300억원 이상 & 매출액 100억원 이상이라는 조건을 충족하는 적자기업이 대상이다.

또한 코넥스 기업의 이전 상장 시 등은 일부 완화되었다. 상장예비심사 청구시점 기준 6개월 이내에 코넥스시장에서 일평균 거래량이 1,000주 이상이고, 코넥스시장 전체 매매거래일수 중 해당 종목의 거래가 성립된 일수가 차지하는 비율이 80% 이상인 경우가 이에 해당된다.

**〈성장성 특례 주요 특징〉**

| 구 분 | 테슬라 요건 | 성장성 특례 요건 |
|---|---|---|
| 도입 목적 | 성장성 있는 적자기업 상장 활성화 | |
| 기준 | 일정수준 시가총액과 성장성 갖춘 기업 | 상장 주관사가 추천하는 '성장성 보고서' 제출 기업 |
| 사업손실 요건 | 상장 후 5년간 적용 유예 (필요시 상장적격성 실질심사 가능) | 해당사항 없음 |
| 풋백옵션 | 상장 후 3개월간 공모가격의 90% 수준 | 상장 후 6개월간 공모가격의 90% 수준 |

상장 주관사의 추천 여부가 상장을 결정하는 핵심 요소인 만큼 주관사의 도덕적 해이를 방지하고 책임성을 강화하기 위해 상장 요건이 테슬라 요건보다 엄격한 편이다. 일반 투자자 보호를 위한 상장주관사의 풋백옵션 기간도 상장 후 6개월까지로 연장하고 있으며 사업손실 요건도 특례를 적용하지 않는다.

# 스팩(SPAC) 상장

　스팩은 미국·유럽 등 선진 외국시장에서는 활성화되어 있는 제도이다. 우리나라에서는 기업 구조조정과 M&A를 활성화한다는 목적으로 2009년 12월 자본시장법 시행령이 개정되면서 도입되었다. 공모(IPO)로 조달한 자금을 바탕으로 다른 기업과의 합병을 유일한 목적으로 하는 명목회사(Paper Company)를 의미한다. 일반투자자들도 투자의 안정성을 보장받으면서 소액으로 기업의 인수합병에 참여할 수 있게 하고 유망한 비상장기업들이 주식시장의 상황에 구애받지 않고 적기에 대규모 투자자금을 조달하면서 상장할 수 있게 하는 데 의의가 있다.

**〈스팩 제도의 특징〉**

| 높은 투자 안정성 | 높은 환금과 유동성 |
| --- | --- |
| · 공모자금의 90% 이상을 별도 예치하고 3년내 합병에 실패할 경우 반환<br>· 예치금은 인출, 담보제공 금지 | · 상장 후 장내 매도가능<br>· 합병 반대시 주식매수청구권 행사 |
| 일반투자자에게 M&A 투자기회 제공 | 우량기업에 대규모 자금조달 |
| · 개인도 스팩주식 취득으로 M&A투자 참여 가능<br>· 주주총회에서 일반주주가 합병을 결정 (공모전 주주는 의결권 행사 제한) | · 우량기업과 합병을 통해 상장과 유상증자를 동시에 하는 효과 |

스팩은 공모를 통해 액면가에 신주를 발행, 다수의 개인투자자금을 모으고 상장 후 3년 내에 비상장 우량기업을 합병해야 한다. 일반투자자들은 스팩 주식 매매를 통해 기업 인수에 간접 참여할 수 있고 피인수 기업은 스팩에 인수되는 것만으로 증시 상장의 효과를 거둔다. 우회상장과 유사하지만 스팩은 실제 사업이 없고 상장만을 위해 존재하는 페이퍼컴퍼니라는 점이 다르다.

스팩은 '바닥이 있는 주식 투자'로 불린다. 주가 상승 가능성이 무한한 데 비해 손실 가능성은 크지 않기 때문이다. 스팩은 공모가(통상 2000원) 밑으로는 잘 떨어지지 않는 반면 우량 비상장사와 합병하면 주가가 오를 확률이 높다.

물론 손실 위험도 있다. 성장성이 뚜렷하지 않은 비우량 회사와 합병하는 경우이다. 투자자가 합병 대상 회사의 재무상태, 사업내용 등이 부실하다고 판단하면 합병 전에 장내매도나 매수청구 등을 통해 보유 주식을 처분할 수 있다.

---

• SPAC : Special Purpose Acquisition Company(기업인수목적회사)

## 스팩 상장 절차

일반적으로 스팩은 법인설립, IPO 및 상장, M&A라는 3단계 사이클을 통해 목적을 달성한다.

설립 단계에서는 소수의 발기인에 의해 스팩 법인설립 작업이 이루어진다. 스팩은 주식회사이므로 주식회사의 설립절차를 따르며 발기인은 발행되는 주식을 인수한다. 법인설립 후 상장을 위해 IPO를 실시하는데 이때 가장 중요한 특징 중의 하나가 공모자금 별도 예치이다. 스팩은 일반주주에게 투자원금 수준의 금액을 보장해주기 위해 공모자금의 90% 이상을 금융기관에 예치하여 인출을 제한한다. IPO가 완료되면 스팩은 그 발행 주권을 거래소에 상장하는데, 상장을 위해서는 거래소가 요구하는 요건을 충족해야 한다. 보통 M&A 외에 다른 사업목적이 없는 스팩의 특성을 반영하여 상장특례를 인정하고 있다.

스팩의 경영진은 상장 후 M&A를 하기 위해 대상기업을 탐색한다. 대상기업의 가치는 의무예치금액의 80% 이상이어야 하며 발기인과 이해관계가 있는 회사는 자격이 없다. 대상기업이 결정되면 합병상장예비심사청구서를 거래소에 제출하여 비상장법인에 대한 상장적격성 심사를 받아야 한다. 거래소의 합병상장심사 승인을 받으면 M&A를 최종 결정하기 위한 주주총회가 개최되는데, 발기인은 의결권 행사가 제한되므로 전적으로 일반주주의 의사에 따라 M&A가 결정된다. 주주총회에서 M&A를 승인하면 대상기업은 상장기업의 지위를 얻으며, 스팩이 존속기한 내에 M&A를 완료하지 못하면 의무예치금액을 일반주주에게 반환하는 등 청산절차가 진행된다.

## 스팩과 일반상장(IPO) 차이점

스팩과 합병하려는 회사의 상장심사 요건은 IPO와 별다른 차이점이 없다. 다만 짧은 최소 상장준비 기간(3개월)과 공모에 대한 리스크가 없고 상장 후 주가 급락에 대한 부담이 최소화된다는 점에서 IPO보다 비교우위의 장점을 가지고 있다.

## 스팩 투자방법

스팩 투자에는 두 가지 방법이 있다. 스팩이 코스닥시장에 상장할 때 공모주 청약을 하거나 상장 후 장내에서 스팩 주식을 사는 것이다.

공모주 청약으로 투자할 스팩을 선정할 때에는 이른 시일 안에 좋은 기업과 합병할 수 있는지 가능성을 따져야 한다. 합병 대상은 주로 스팩의 초기 자본금을 내는 발기인과 증권사가 물색한다. 따라서 상장할 만한 기업이 많은 정보기술(IT) 등 해당 산업군에 경험이 많거나 스팩 합병을 성사시킨 경험이 많은 발기인이 참여한 스팩이 합병 대상 기업을 찾을 확률이 높다.

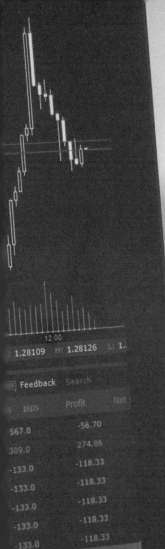

4부

# 기업분석
# 이것만은
# 확인하자

재무제표는 기업의 스펙이다.
재무제표는 기업의 규모와 체질, 생존성을 나타내는 지표이다.
그러나 그 재무제표보다 더 중요한 것은 사람이다.

# 15. 재무제표란 무엇인가?

재무상태표는 기업의 규모를 의미한다.

사람을 비교하면 체격조건이라 할 수 있다

손익계산서는 기업의 효율성을 평가한다.

사람으로 평가하면 체력조건이라 할 수 있다.

현금흐름표는 기업의 자금 흐름을 평가한다.

사람으로 평가하면 혈액과 같은 것이다.

# 재무제표란 무엇인가?

기업의 재무제표는 그 기업의 재무내용을 말해주는 여러 가지 표를 말한다. 기업의 일정 시점 상태와 활동을 수치로 평가해주는 기업의 재무적인 내용을 설명하는 언어라고 표현할 수 있다.

주식투자에서 재무제표가 왜 중요할까? 주식투자자의 투자대상은 증권의 실체에 해당하는 기업의 지분인데 기업 실체의 지분 중 일부를 주식으로 소유하면서 수익을 내는 것이 바로 주식투자이기 때문이다. 물론 특정 기업의 주식을 통해서 수익을 내는 것은 기업가치의 상승분만큼 가져가는 순수한 투자수익과 저평가에 매수하고 고평가에 매도하는 순수한 거래 수익의 합산이다.

좋은 기업을 골라서 투자수익을 내려는 것과 싼 기업을 골라서 거래차익을 내는 것 모두 재무제표를 봐야만 가능하다. 즉 주식투자자가 좋은 기업을 고르고 기업 가치보다 싸게 매수하려면 여러 형태의 재무제표가 필요하며, 부실기업을 피하고 기업 가치보다 비싸게 매수하지 않기 위해서도 재무제표가 필요하다.

재무제표는 재무상태표, 손익계산서, 현금흐름표, 자본변동표로 구성되어 있으며 투자에 중요한 부분은 재무상태표, 손익계산서, 현금흐름표 등이다. 이러한 재무제표는 외부감사를 받는 기업이라면 금융감독원 전자공시실에서 무료로 확인이 가능하고 외부감사를 받지 않는 기업은 신용평가기관을 통해서 유료로 확인해야 한다.

재무상태표는 해당 기업이 자본을 어떻게 조달해서 어떤 자산으로 배분했는가를 보기 위한 표이다. 그러므로 기업이 위험하거나 안전한 형태로 자본을 조달했는지 효율적이거나 비효율적으로 자산을 구성했는지 등을 파악하는 데 꼭 필요하다.

사업을 시작하기 위해서 투자자(주주)로부터 조달한 자본의 합이 나타난 부분이 자본의 합이며 사업을 확장하기 위해서 필요한 자금을 은행과 채권자로부터 얼마를 조달했는지가 부채의 합이다. 이렇게 조달한 자본과 부채가 어떤 자산들에 투자되었으며 효율적으로 투자되었는지를 보여주는 것이 총자산의 합이다.

투자자에게 재무상태표는 기업이 망하지 않을 부채비율, 유동비율 등 안정성 지표를 확인하는 중요한 지표가 산출되는 표이다.

손익계산서는 일정 기간에 걸쳐서 기업의 각종 수익과 비용을 보여준다. 영업활동으로 벌어들인 총수익에 해당하는 매출액, 재료비와 일부 감가상각비 등 제조원가를 차감한 매출총이익, 판매와 관리에 쓰인 비용 등을 차감한 영업이익, 영업외적으로 수익비용을 차감한 영업외수익, 법인세와 당기순이익에 이르는 여러 단계의 수익과 비용을 볼 수 있다.

기업의 영업부분 실적이 좋은 이유가 매출액 증가에 있는지 매출원가나 판매관리비의 감소에 있는지를 확인하거나, 영업상황은 좋은데 영업외적인 측면에서 어떤 항목이 기업의 수익성을 악화시키는지 분석하는 표다. 투자자 측면에서 손익계산서는 기업의 수익성과 성장성을 확인할 모든 재료가 포함된, 가장 중요한 재무제표라고 할 수 있다.

현금흐름표는 일정기간 현금의 흐름만을 검토한 것이다. 손익계산서가 발생주의 회계기준이라면 현금흐름표는 현금주의 회계기준이다. 즉 현금주의 회계에 따르면 제품이나 서비스의 인수인도시점이 기준이 아니라 현금을 주고받은 시점만이 기준이 된다. 현금흐름표는 외상매출이 현금흐름의 수익으로 잡히지 않는 등 수익비용 대충원칙에 위배되고 추세분석이 용이하지 않아 주식투자에서 덜 활용되는 편이나 분식회계로 이익을 조작하는 것을 확인할 수 있어 중요하다. 현금흐름표는 영업활동 현금흐름, 투자활동 현금흐름, 재무활동 현금흐름 등으로 구분된다.

결과적으로 재무제표는 재무상태표를 통해서 해당 기업의 재무구조의 안정성과 자산배분전략 등을 알 수 있고 구비한 자산들을 활용하여 얼마나 손익을 냈는지를 손익계산서로 판단 할 수 있으며 영업활동을 통한 현금유입과 기타 중요한 현금유출입이 어떠한지를 현금흐름표를 통해서 확인할 수 있는 중요한 지표이다.

**핵심정리**

재무제표는 기업의 모든 상황을 표현해주는 것이다.

재무상태표는 기업의 안정성 지표가, 손익계산서는 기업의 수익성·성장성 지표가 산출된다.

투자 관점에서 무엇이 더 중요한가보다는 무엇에 더 관심을 가질 것인가가 중요하다.

# 재무상태표

　재무상태표는 자본과 부채를 어떻게 조달해 영업과 경영활동을 위해서 어떤 자산을 형성했는지, 총보유 자산에서 각종부채를 상환했을 경우 주주에게 돌아갈 몫이 얼마인지를 파악하기 위한 재무재표이다. 즉 자산과 부채, 자본으로 아우러진 재무 특징을 자산, 부채, 자본의 항목으로 구성한 것이다.

　다음 표로 재무상태표의 구성을 알아보자.

| 유동자산 | 전년도 | 전전년도 |
|---|---|---|
| −당좌자산 | | |
| −재고자산 | | |
| 비유동자산 | | |
| −투자자산 | | |
| −유·무형자산 | | |
| 자산총계 | | |
| 유동부채 | | |

| | |
|---|---|
| −단기차입금, 사채 | |
| 비유동사채 | |
| −장기차입금, 사채 | |
| 부채총계 | |
| 자본금 | |
| −자본잉여금, 이익잉여금 | |
| 자본총계 | |
| 부채, 자본총계 | |

자산은 유동자산은 1년 또는 해당기업의 정상영업주기 기간 내에 현금화되거나 소비될 자산을 의미한다. 유동자산은 당장 현금으로 바꿀 수 있는 당좌자산과, 생산이나 판매를 통해 현금화될 제품과 상품 등인 재고자산으로 구분된다.

비유동자산은 고정자산이라고도 하며 1년 이후에 현금화될 자산이다. 투자자산, 유형자산, 무형자산, 기타유동자산으로 나눌 수 있다. 투자자산은 대표적으로 자회사 투자를 생각하면 된다. 유형자산은 기업의 설비자산으로 토지, 건물, 기계장치 등이며 무형자산은 영업권, 특허권, 광업권 등을 말한다.

부채는 채권자에게서 빌린 자금을 말한다. 기업이 자금을 조달하는 방식에는 주주에게 자금을 납입하는 방법과 주주 이외의 채권자에게 자금을 빌리는 방법이 있다. 이중 채권자에게 빌린 자금을 부채라 하고 주주 외 제3자에게서 자본을 조달받았다 하여 '타인자본'이라고도 한다. 부채는 1년 이내에 상환해야 하는 유도부채와 1년 이후에 상환해도 되는 비유동부채로 나뉜다.

유동부채는 1년 이내에 지급하여야 할 부채이다. 주요 계정항목은 매입채무, 단기차입금, 미지급이자, 선수금, 미지급비용, 미지급법인세, 미지급 배당금 등이 있으며 특히 매입채무와 단기차입금 등이 중요하다. 유동부채는 1년 이내에 갚아야 할 부채이므로 기업의 유동성을 측정하는 핵심요소이다. 만일 유동부채가 유동자산보다 많다면 1년 이내에 받을 수 있는 액수보다 1년 안에 갚아야 할 액수가 많다는 뜻으로 유동성에 문제가 생길 수 있기 때문이다.

비유동부채는 1년 이후에 상환해야 할 의무가 있는 장기부채를 의미하며 주요 계정은 장기차입금, 사채 등이 있고 기타 퇴직급여충당부채, 장기매입채무 등이 있다. 특정 기업의 비유동부채 비중이 크다면 장기차입금과 사채 비중이 크며, 이들 계정과목은 언젠가 상환해야 할 뿐만 아니라 이자도 발행시켜 순이익을 감소시킨다. 워런 버핏은 투자할 기업의 재무제표를 검토할 때 비유동부채의 비중이 적은 기업을 선호했다.

자본이란 사업의 주인인 주주가 회사에 투자한 금액이다. 타인에게서 빌린 자본이 아니라 주주 스스로 납입한 자본이라고 해서 '자기자본'이라고도 하며 자본금, 자본잉여금, 이익잉여금, 기타포괄순익누계액, 자본조정으로 분류된다.

자본금과 자본잉여금은 주주로부터, 이익잉여금은 영업활동으로 만들어진 금액이다. 자본금은 주주가 기업에 투자한 액면가액, 즉 액면가에 발행주식수를 곱한 금액을 말하며 보통주자본금과 우선주자본금으로 나뉜다. 우선주는 자본에 속해 있지만 이자를 지급하거나 배당을 하는 내용을 파악하면 부채의 개념에 더 가깝다. 기업이 주식을 발행하면 자본금이 증가하며 주식발행은 자금을 조달하는 방법이나 기존주주의 주주가치를 희석시킨다.

자본잉여금은 자본거래를 통해서 발생한 잉여금이며 주식발행초과금이라는 표현이 적절하다. 기업 가치가 상승하여 주식 발행가액이 액면가를 초과하여 발생한 차이를 말한다. 액면가 500원 주식을 5,000원에 발행했다면 자본금이 500원이고 자본잉여금은 4,500원이다. 유상증자로 조달되는 자본을 이렇게 나눠서 자금을 관리하게 된다.

이익잉여금은 기업이 기간 동안 영업활동으로 창출한 이익 중 일부를 기업 내부에 유보하게 되는 계정이다. 이익잉여금이 많다는 것은 기업 내부에 자금을 많이 유보했다는 뜻으로 이익잉여금이 꾸준히 증가한다는 것은 우량 기업으로 평가하는 기준이 될 수 있다. 이익잉여금을 배당이나 무상증자 등의 재원으로 활용하여 주주친화적 정책을 사용하는 기업은 상장과 안정화가 이루어졌다고 평가할 수 있다.

**핵심정리**

재무상태표는 기업의 규모를 의미한다.
기업의 재무건전성인 안정성 지표를 평가한다.
사람을 비교하면 체격조건이라 할 수 있다.

# 손익계산서

손익계산서는 기업의 수익성과 성장성을 나타내는 지표로 주식투자자들이 가장 관심 갖는 지표이다. 높은 주가와 주가 상승률을 보이는 기업들은 모두 손익계산서 상의 지표들이 좋다.

손익계산서는 수익과 비용, 영업과 비영업으로 나눠서 해석된다. 수익은 매출액 이하 여러 단계의 이익이며 비용은 매출원가 이하 여러 단계의 비용이다.

| 구분 | 전년도 | 전전년도 |
|------|--------|----------|
| 매출액 | | |
| 매출원가 | | |
| 매출총이익 | | |
| 판매비 및 관리비 | | |
| 영업이익 | | |
| 법인세 비용 | | |
| 당기순이익 | | |
| 총포괄이익 | | |

매출액은 기업이 일반 영업활동으로 벌어들인 수익을 말하며 매출액에서 특정비용인 매출원가, 판관비, 법인세 등을 제외하여 순이익이 도출되는 구조이다. 매출액은 기업이 창출하는 최종 이익의 첫 출발점으로 매우 중요하며, 기업이 제공하는 상품과 제품, 서비스의 판매가격에 판매된 수량을 곱하여 산출한다.

매출원가는 기업의 상품과 제품 등의 매출에 직접 연관된 비용으로 재료비, 노무비 및 경비로 이루어진 비용항목이다. 기술 및 지식중심 산업과 서비스 업종 등을 제외하면 일반적으로 비중이 가장 크고 손익계산에서 먼저 차감되는 항목이다. 매출액이 증가할수록 매출원가도 비례해서 증가하고 매출액이 감소할수록 매출원가도 줄어든다. 매출원가가 낮은 기업일수록 효율적으로 운영한다고 평가할 수 있다.

매출총이익은 매출액에서 매출원가를 뺀 금액으로 제품생산가 매입과 관련해서 소요된 비용을 제외한 최초의 이익개념이다. 매출원가가 증가하면 매출총이익은 감소하고 매출원가가 감소하면 매출총이익은 증가한다.

판매비와 관리비는 판매비용과 관리비용을 총칭한다. 판매비는 판매활동에서 발생하는 비용, 관리비는 기업의 일상적인 유지 및 관리를 위한 비용이다. 세부 계정과목으로는 급여, 퇴직급여, 복리후생비, 접대비, 운반비, 광고선전비, 연구개발비, 감가상각비, 잡비 등이 있다.

영업이익은 매출총이익에서 판매비와 관리비를 차감하여 산출된 기업 본업에 의한 핵심이익이므로 중요도가 매우 높다. 영업이익은 영업수익

<sup>(매출액)</sup>에서 영업비용<sup>(매출원가와 판매비 및 관리비의 합계)</sup>을 차감하여 산출되는 기업의 순수한 사업이익이다. 영업이익을 증가시키려면 영업수익<sup>(매출액)</sup>을 늘리고 영업비용<sup>(매출원가와 판매비 및 관리비의 합계)</sup>은 줄여야 한다.

당기순이익은 기업이 한 해 동안 벌어들인 총수익<sup>(매출액과 영업외수익의 합계)</sup>에서 총비용<sup>(매출원가, 판매비와 관리비, 영업외비용, 법인세비용)</sup>을 차감한 최종 이익으로, 손익계산서 상에서 최종 산출되는 이익이다.

당기순이익은 기업의 사업을 통해서 최종으로 주주에게 창출되는 수익이며 주주의 몫이다. 이를 주주에게 배당할지 기업에 유보하여 재투자할지 일부는 배정하고 일부를 유보할지 등은 주주총회의 몫이다.

**핵심정리**

손익계산서는 기업의 효율성을 평가한다.
기업투자의 척도인 수익성과 성장성 지표를 평가한다.
사람으로 평가하면 체력조건이라 할 수 있다.

# 현금흐름표

  손익계산서는 발생주의 원칙을 따르지만 현금흐름표는 실제 현금의 유출입 된 것만 인식해서 재무제표에 기록하는 현금주의 원칙에 따른다. 돈은 벌었지만 비용은 아직 미지급한 경우와 비용은 벌써 지급했지만 수입은 아직 없는 경우가 있을 수 있다. 이때 손익계산서는 수익과 비용을 모두 발생했다고 보지만 실제 현금을 기준으로 하면 수익이나 비용만 발생한 것으로 기업의 법인 통장 잔고에서는 현금 유출입이 진행 중인 상황이다.

  투자자의 입장에서 아직 못 받은 받을 권리(매출채권 등)나 아직 안 준 지급권리(매입채무 등) 등은 기업이 일상적인 경영활동을 한다면 받을 것이고 지급할 것이다. 그러므로 평상시에는 손익계산서를 중심으로 현금흐름표를 보완적으로 봐도 이상이 없고, 효과적인 손익추이 분석을 위해서는 수익비용 대응원칙이 필수이다.

  결과적으로 투자자는 평소 손익계산서를 중심으로 현금흐름표를 참고할 수 있으나 특히 영업이 원활하지 않거나 사업상 어려움이 있다면 손익계산서보다 현금흐름표를 꼼꼼히 살펴야 있다.

영업활동현금흐름이란 영업활동으로 발생한 현금유출입을 말한다. 영업활동이란 제품, 상품, 서비스 등의 구매, 생산, 판매 활동을 말하며 투자활동현금흐름과 재무활동현금흐름을 제외한 모든 현금흐름을 뜻한다. 건전한 기업은 영업활동을 통해서 현금이 계속 유입되는 경우가 대부분이며 이에 따라 영업활동현금흐름은 일반적으로 양수를 나타낸다.

그러나 '흑자부도'라는 말을 들어보았을 것이다. 흑자 나는 기업이 왜 부도가 날까? 발생주의 원칙의 손익계산서와 현금주의 원칙의 현금흐름표의 괴리 때문이다. 즉 외상거래를 통해 수익을 올렸을 때 손익계산서로는 이익이고 보통 상황에서는 외상거래 대금이 입금되어 현금흐름표 상에도 수익이지만, 경기가 어렵거나 거래처가 부도 위기 등의 상황에서는 대금을 못 받을 수 있다. 이때 발생주의에 따른 손익계산서 상의 손익계산서와 현금주의에 따른 영업활동현금흐름의 큰 괴리가 장기간 지속되면 손익계산서 상에서는 흑자가 나는 기업이 현금이 없어서 부도가 나는 것이 흑자부도이다.

투자활동현금흐름은 기업의 투자활동에서 발생하는 현금흐름이다. 투자활동이 왕성하면 마이너스를, 활동이 저조하면 플러스로 나타난다. 여기서 투자활동이란 유형자산이나 투자자산 등을 취득하거나 처분하는 행위로 공장신설이나 기계설비 설치. 금융 혹은 주식 투자 활동도 포함된다.

기업은 미래의 성장을 위해 지속적으로 투자하기 때문에 투자활동현금흐름은 음수를 기록하는 것이 보통이다. 양수를 나타낸다는 것은 기업이 더 이상 성장과 발전을 위한 투자한 자산의 일부를 처분한다고 볼 수 있다.

　재무활동현금흐름은 재무활동으로 인해 발생한 현금유출입이다. 재무활동은 사업을 위한 자금조달, 혹은 사업 결과로 창출한 수익을 배분하는 활동을 말하며 자금의 차입 및 상환활동, 주식의 증자 및 감자활동, 자사주의 처분 및 취득활동 및 배당금의 지급활동 등이 있다. 재무활동현금흐름이 양수일 경우 자금이 지속적으로 필요한 기업이고 음수면 많은 자금이 필요하지 않은 기업을 의미한다.

**핵심정리**

기업에서 현금의 흐름은 절대적일 수 있다.

그러나 그 현금의 흐름이 증가되고 축소되는 문제보다는

현금의 성격을 회수기인가, 투자기인가의 판단이 우선이다.

기업의 현금은 사람으로 보면 혈액과 같은 것이다.

# 16. 재무제표 이것만은 알아두자

재무제표를 통해서 얻을 수 있는 투자지표는

안정성, 수익성, 성장성 지표이다.

투자에서 안정성에 치우치면 수익과 성장에 무리가 있다.

반면 수익성과 성장성에 치우치면 안정에 무리가 따른다.

투자의 모든 기준은 미래의 가치이다.

# 안정성 지표

투자할 기업을 평가할 때 투자자들이 가장 먼저 묻는 것이 "부채비율이 어떻냐?"이다. 위험하지 않은지, 얼마나 안전한지 알고 싶은 것이다. 단편적인 질문이지만 투자를 진행하면서 안정성이 어느 정도인지 살피는 것은 바람직한 일이다.

안정성 지표는 부채비율, 순부채비율, 자기자본비율, 유동비율, 당좌비율, 이자보상비율로 구분되는데 여기에서는 부채비율과 자기자본비율, 유동비율과 당좌비율까지만 살펴보자.

부채비율은 부채총계를 자본총계로 나눠서 산출되며 타인자본의 의존도를 나타낸다. 기업의 재무안정성을 나타내는 대표적인 재무비율이며 보통 100% 이하면 매우 안전, 200% 이하면 큰 문제가 없다고 평가한다. 그러나 이 기준을 절대적인 수치로 받아들여서는 안 되며 산업수준에 따라 평가해야 한다. 재무 기준이며 신용평가 기관들의 기준이다.

부채비율 = (부채총계 ÷ 자본총계) × 100

자기자본비율은 전체 자산 중에서 자본이 차지하는 비중을 나타내며 부채비율과 일맥상통한다. 전체 자산이 100이고 자기자본이 50이면 자기자본비율은 50%이다. 이때 자산은 부채와 자본의 합이므로 부채는 50%이다. 자기자본비율은 분자에 부채 대신 자본을 넣어 비율이 높아질수록 재무건전성이 커진다는 점이 부채비율과 다르다.

유동비율이란 1년 이내에 현금화할 수 있는 자산으로 1년 내에 갚아야 할 부채를 갚을 수 있는지 측정하는 기초 지표이다. 기업의 단기채무지급능력을 알아볼 수 있는 기초 비율로 유동자산을 유동부채로 나누어 산출한다. 부채비율이 기업 전체 재무구조의 안정성을 평가하는 기준이라면 유동비율은 기업의 단기 재무 안정성을 측정하는 기준이다

유동비율 = (유동자산 ÷ 유동부채) × 100

유동비율이 높다는 것은 그만큼 당좌자산이나 재고자산이 많이 쌓여 있다는 뜻이므로 과도한 유동비율은 기업 활동성을 저하시킬 수도 있으니 당좌비율과 함께 살펴봐야 한다.

당좌비율은 유동부채 대비 당좌자산의 비중을 나타낸다. 기업의 유동성을 측정하는 안정성 지표로 유동비율에 비해 보수적인 지표이다. 당좌비율이 100%를 넘으면 안정적인 상황이라 볼 수 있다.

당좌비율 = (당좌자산 ÷ 유동부채) × 100

당좌비율 100%는 당좌자산이 유동부채보다 많다는 뜻으로 현재 보유한 당좌자산만으로 모든 유동부채를 상환할 수 있다는 말이다. 유동비율과 마찬가지로 너무 높은 수준이면 현금이 효율적으로 재투자되지 못한다는 반증으로 미래 수익성이 떨어지는 요인이라 할 수 있다.

# 수익성 지표

수익성 지표는 기업의 재무비율을 평가할 때 매우 중요하다. 매출총이익률, 영업이익률, 세전계속사업이익률, 순이익률, ROE, ROA, ROIC 지표가 있으며 여기에서는 매출총이익률, 영업이익률, 순이익률, ROE, ROA 지표를 살펴보자.

매출총이익률은 매출액에 비해 매출총이익을 얼마나 올렸는지 나타내는 지표이며 매출총이익에 비례하여 증감한다.

매출총이익률 = (매출총이익 ÷ 매출액) × 100

매출총이익률은 기업이 어떤 사업을 영위하느냐에 따라 상이하게 나타난다. 제조업일 경우에는 낮게 나타나고 바이오업종이면 일반적으로 높게 나타날 것이다. 따라서 기업의 업종이 중요하고 중요하고 경쟁 기업과 비교할 때 꼭 필요하다.

영업이익률이란 매출액 대비 영업이익의 비중을 나타내며 영업활동으로 벌어들인 수익의 비중을 뜻한다. 매출총이익률이 생산활동비용을 차감한 이익률을 의미한다면 영업이익률은 판매 및 관리비용까지 차감한 영업활동 전체 결과의 이익률이다.

영업이익률 = (영업이익 ÷ 매출액) × 100

매출총이익률, 순이익률과 함께 기업 수익성을 파악하는 데 사용되며 기업의 생산, 판매, 관리의 경쟁력을 평가하는 매우 중요한 지표이다.

순이익률은 매출액 중 주주에게 돌아갈 수 있는 순이익을 나타내는 지표이다. 매출액이 100일 때 순이익이 10이라면 순이익률은 10%이다.

순이익률 = (순이익 ÷ 매출액) × 100

매출액 중에서 주주 수익의 비중을 나타내는 매우 중요한 수치이니 일회성 손익이 반영된 결과를 참고해야 한다. 일회성 손익은 그 해에 손익에 반영되어 근본 수익성을 일시적으로 왜곡시킬 수 있다. 보통 투자 관점에서는 영업이익률을 더욱 높게 평가하는 이유이기도 하다.

자기자본이익률(ROE, Return On Equity)은 자기자본으로 얼마의 순이익을 만들었는지 나타내는 지표이다. 배당하지 않는 경우 자기자본이익률은 자본의 성장률과 동일하므로 투자자에게 매우 중요하다. 다른 투자안에 대한 수익률과 비교하여 기업의 투자매력도를 나타내는 지표이다.

ROE = (순이익 ÷ 자본총계) × 100

자본총계가 100이고 순이익이 10이면 ROE는 10%이다. 이 기업이 배당을 하지 않는다면 다음해에 자본총계는 110(100+10)이 된다. 이렇듯 ROE 10%을 유지한다고 가정하면 10%의 복리 성장을 한다는 계산이 성립된다.

총자산이익률(ROA, Return ON Assets)은 기업의 전체 자산으로 얼마의 순이익을 창출했는지 나타낸다. ROA가 높으면 보유자산으로 높은 순이익을 올렸다는 뜻이며 수치가 높을수록 좋다.

총자산이익률 = (순이익 ÷ 자산총계) × 100

기업의 자산 전체의 수익성을 평가할 수 있는 지표이며 ROE의 질을 파악하는 수치이기도 하다. 즉 ROE가 높은 기업이 ROA도 높다면 해당 기업은 적은 부채로 건전한 재무 안정성을 갖춘 상태에서 내부 역량으로 높은 자기자본수익률을 내고 있는 것이다. 반대로 ROE는 높지만 ROA가 낮다면 부채의 힘을 빌려 높은 수익을 낸다는 뜻으로 투자 측면에서는 재무구조의 건전성과 수익성의 유지를 점검해야 한다.

**핵심정리**

수익성 지표는 투자에 매우 중요한 지표이다.

매출총이익률, 영업이익률, 순이익률, ROE, ROA 지표가 중요하다.

# 성장성 지표

재무제표 상의 성장성 지표는 매출액증가율, 영업이익증가율, 순이익증가율, 유형자산증가율, 총자산증가율, 자기자본증가율이 있다. 이 중에서는 매출액증가율과 영업이익, 순이익증가율, 총자산증가율을 살펴보자.

매출액증가율은 전년도에 비해서 얼마나 매출액이 증가했는지 보여준다. 매출액은 영업활동을 통한 기업의 총수익이므로 매출액증가율은 기업의 매출액이 꾸준히 성장하고 있음을 의미한다.

매출액증가율 = (당기매출액−전기매출액) / 전기매출액 × 100

그러나 한 해 동안의 수치에 연연하면 안 되고 중장기적인 상황을 고려해야 한다. 기업이 영업하는 업종의 경기변동을 고려해야 한다는 말이다. 일반적으로 물가상승률과 금리, 경제성장률 등을 상회하는 매출액증가율을 기록하는 기업은 성장 기업으로 평가된다.

영업이익증가율은 전년도 대비 영업이익의 증가를 보여주는 지표이다. 영업이익은 본업의 총수익에서 본업과 관련한 비용을 차감한 본사업의 총수익을 나타내므로 그 증가율은 본업 이익의 성장성을 나타낸다. 영업이익은 본업의 비용을 차감하기 전 매출액은 물론, 영업외손익까지 계산을 끝낸 순이익보다 사업의 본질을 더욱 잘 파악할 수 있는 계정이다. 따라서 영업이익증가율은 매출액이나 순이익증가율보다 기업의 본질적인 성장률을 확인할 수 있는 지표이다.

영업이익증가율 = (당기영업이익−전기영업이익) / 전기영업이익 × 100

보통 매출액증가율, 영업이익증가율, 순이익증가율을 평가할 때 매출액증가율보다 영업이익과 순이익증가율이 높은 기업이 좋은 기업이라고 할 수 있다.

순이익증가율이란 전기에 비해서 당해 순이익의 성장세를 보여주는 지표이다. 순이익은 주주에게 직접적 영향이 있는 자본총계의 가치에 영향을 미치므로 순이익증가율이 높을수록 주가상승률도 커진다.

순이익증가율 = (당기순이익 − 전기순이익) / 전기순이익 × 100

보통 기업의 순이익은 매출액이나 영업이익보다 변동성이 크고 순이익증가율 수치도 변화가 심한 편이다. 따라서 기업 평가 시 단기 순이익 성장성을 판단하면 오류가 있을 수 있으므로 중장기 순이익 증가율 평균에 따라 판단해야 한다.

총자산증가율이란 전기 대비 자산이 얼마나 증가했는지 보여주는 지표이다. 기업 규모가 얼마나 빠르게 성장하는지 알 수 있는 수치이며 부채나 무수익자산으로의 증가 확인을 위해 유형자산증가율과 자기자본증가율을 함께 점검해야 한다.

총자산증가율 = $^{(기말자산총계 - 기초자산총계)}$ / 기초자산총계 × 100

총자산증가율은 기업 성장을 나타내는 주요 수치이다. 총자산이 증가하지 못한 것은 영업이익을 내기 위한 영업자산과 영업외수익을 내기 위한 수익자산, 기타 투자여력에 해당하는 현금 및 금융상품 등 여러 형태의 자산이 증가하지 않았음을 뜻한다. 차후 매출액이나 영업외수익 등 수익을 창출할 자산 자체가 증가하지 않는데 어떻게 기업이 성장할 수 있겠는가.

**핵심정리**

기업 성장성의 지표 상매출액, 영업이익, 순이익률이 균형을 이루며 성장해야 한다.

# 17. 재무제표보다 중요한 투자 상식

기업투자에서 재무제표보다 중요한 것은 무엇일까?

재무제표를 만드는 것은 사람이고 최종 승인자도 사람이다.

기업을 최종적으로 움직이는 힘, 그것은 사람이다.

재무제표는 기업의 성장 과정마다 그 중요도가 다르다.

# 기업 투자, 재무제표보다 중요한 것은 경영진이다!

기업에 투자를 진행하면서 뭐가 중요한지 물으면 재무제표를 이야기한다. 맞는 말이지만 그보다 더 중요한 것이 하나 있다. 회사를 운영하는 대표와 임원진이다. 기업을 평가하는 것은 재무제표이지만 그 재무제표를 좌우하는 주체는 회사의 경영진이다.

아무리 좋은 재무제표를 가진 기업이라도 경영진이 분식회계를 했다면 그 재무제표는 아무 가치가 없는 수치의 나열에 불과하다. 기업을 평가할 때 굳이 직접 방문해서 회사를 실사하고 대표와 면담을 진행하는 이유가 여기에 있다. 대표의 관상을 보는 것이 아니라 면담을 통해서 사업가로서의 면모와 기업의 미래에 대한 자신감, 직원들에 대한 생각 등을 관찰하고 평가하는 것이다.

2016년 대한민국은 '정운호 게이트'로 떠들썩했다. 네이처리퍼블릭 전 대표인 정운호 이사가 마카오 원정 도박 혐의로 구속되면서 시작된 이 게이트는 최유정 변호사, 홍만표 변호사, 우병우 전 민정수석, 진경준 전 검사장이 연루된 법조 비리 사건으로 크게 확대되었다.

정운호는 2003년 더페이스샵, 2009년 네이처리퍼블릭(장우화장품에서 사

명 변경)을 설립한 창업주로 게이트가 불거질 당시 네이처리퍼블릭의 대표이사였다. 2016년 6월 경영에서 손을 뗐지만 최대주주로 남아 있다. 2005년 정 전 대표는 2000억 원의 시세차익을 남기고 LG생활건강에 더페이스샵을 매각했다. 네이처리퍼블릭은 설립 6년 만에 2,800억 원의 매출을 기록했다. 네이처리퍼블릭이 공시한 감사보고서·사업보고서에 따르면 매출은 2009년 196억 원, 2010년 474억 원(241.4%, 이하 증가율), 2011년 907억 원(191%), 2012년 1284억 원(141.6%), 2013년 1717억 원(133.7%), 2014년 2552억 원(148.6%), 2015년 2847억 원으로 매년 큰 폭으로 늘었다.

화장품 업종이 중국의 한류 열풍으로 대폭등하던 2015년 무렵의 일이다. 기업의 재무제표는 놀라울 정도의 고속성장을 나타냈고 기술력과 영업력 또한 이전에 성공시킨 기업까지 흠잡을 곳이 없었다. 사실 그 정도 스펙이면 실사할 이유가 없을 정도로 너무나 완벽한 수준이었다.

그러나 한 가지 의구심이 드는 것은 어쩔 수 없었다. 회사 대표의 사진을 본 순간 느낌이 좋지 않았다. 그 의심을 해결하기 위해서 실사를 진행하고 대표와 면담한 순간 나쁜 느낌은 오히려 증폭되었다. 투자는 보류되었다. 이후 회사대표의 해외 원정도박 사실이 보도되고 급기야 구속되는 사태가 발생했다. 수사 진행 중에도 로비로 온갖 구설수에 오르면서 회사 매출과 재무상황은 급속도로 악화되었다. 2016년 정운호 게이트 이후 네이처리퍼블릭의 매출은 하락세로 돌아섰고, 영업손실도 95억 원의 적자를 냈다. '막장 법정 드라마'로 불렸던 이 게이트로 정전 대표는 징역 3년 6월을 선고받았고, 오너리스크가 발생했다. 기업의 오너리스크는 감당할 수 없는 것이다. 주가 역시 대폭락하여 투자를 보류했던 사실이 너무나 다행스러웠다.

분식회계의 기업도 살펴보자. 모뉴엘은 PC 시장의 전성기였던 2004년 설립되었다. 설립 당시 회사명은 '아하닉스'였으나 2007년 모뉴엘로 사명을 바꾼다. 2005년에는 삼성전자 북미영업총괄이사 출신의 박홍석 대표가 합류, 기업 운영 및 마케팅에 관한 역량을 보강한다.

뛰어난 디자인과 다양한 기능을 앞세운 모뉴엘의 제품은 특히 마니아들의 관심을 끌었으며, 2007년에는 세계 최대의 IT 전시회인 CES(Consumer Electronics Association)에서 혁신상을 받기도 했다. 특히 마이크로소프트의 빌 게이츠 회장은 CES 2007의 기조연설 중 모뉴엘 같은 업체들을 주목해야 한다고 언급하기도 했다. 모뉴엘의 CES 도전은 이후로도 계속되어 CES 2008에서도 혁신상을 2개 수상하는 성과를 거두기도 했다.

이러한 독특한 제품을 다수 선보이고, 해외 전시회에서 수상을 하는 흐름이 이어지면서 모뉴엘은 혁신적인 IT 벤처의 대명사로 추앙 받으며, 외부 투자도 유치했다. 대형마트와 협력해 알뜰형 TV(이른바 '통큰 TV')를 출시하고, 유명 연예인 광고 모델과 드라마 PPL을 앞세운 로봇청소기를 선보여 주목을 받았다. 이러한 활약에 힘입어 모뉴엘은 2010년 IT전자의날 국무총리 표창을 받았고 2011년에는 지식경제부에서 '한국서비스품질우수기업'으로 선정되었다. 2008년 매출은 739억원 수준이었으나 2013년에는 1조2737억을 달성하는 등 5년 만에 17배나 수직상승했다.

이 회사도 재무제표상에는 아무 문제가 없을 만큼 건실함과 성장성을 보였다. 제조업이 이렇게 순이익률이 좋을 수 있을까 의아할 정도였다. 회사가 IPO을 진행한다는 언론 보도도 나왔다. 장외주식시장에서 주식을 구하기 위해서 모두가 공들이고 있었다.

그러나 너무 좋은 이익률이 오히려 의심스러웠다. 이런 구조에서 어떻게 이런 순익이 가능한지 이해되지 않았다. 회계법인을 통해서 확인하니 문제없다는 답변이었다. 매출전표와 계약서를 확인할 방법까지는 없었다. "급할수록 돌아가라"는 말이 있듯이 의심이 생겼는데 성급히 결정할 이유가 없으므로 다음해 결산자료를 보고 판단하기 했다. 많은 장외투자자들이 투자를 진행했지만 우리는 기다렸고, 약 6개월 후 모듀엘의 분식회계 기사가 보도되었다. 수출원장을 위조하는 방식으로 발생하지 않은 매출을 허위로 조작한 것이다. 엄청난 투자자들의 막대한 피해가 발생했다.

소문난 잔치에 먹을 게 없다, 빛 좋은 개살구라는 속담들이 있다. 너무 화려한 것은 의심해야 하고 그 의구심이 풀린 후에 결정해도 늦지 않는다.

**핵심정리**
사람의 스펙보다 중요한 것이 인성이다.
기업평가에서 중요한 것은 재무제표이다.
그러나 재무제표보다 중요한 것은 회사의 경영진이다.

# 기업의 성장과정마다 재무제표의 중요성은 다르다

재무제표는 기업의 과거와 현재를 나타내는 스펙이다. 이런 재무제표를 어떻게 평가하고 이용하느냐에 따라서 투자자에게는 새로운 결정과 결과가 주어진다.

사람의 스펙도 기업이 어떤 유형의 인재를 선호하는지 혹은 해당 업무가 어떤 스펙의 특성을 더 높이 평가하느냐에 따라서 그가 가진 스펙의 중요도가 다를 수 있다. 재무제표를 구성하는 재무상태표, 손익계산서, 현금흐름표, 자본변동표는 각기 특성과 중요성이 다르며 기업마다 영위하는 사업의 특성이나 지향하는 바에 따라서 각 재무제표는 다른 각도와 해석으로 다가온다.

건설, 건축, 항공 사업 등의 대단위 자금이 투자되는 업종의 기업은 재무건전성을 판단할 수 있는 재무상태표의 중요성이 강할 것이다. 반면 일반 제조업, 반도체 장비업 등의 기업은 매출액 대비 매출원가의 비율이나 각종 비용에 의해 손익이 좌우되므로 손익계산서의 중요도가 부각된다.

기업의 모든 시점에 재무제표를 동일시하면서 적용하기란 매우 어려운 문제이다. 그러나 기업의 상황에서 재무제표의 우선순위를 정리해야 할 필요성은 분명하다. 어느 시점에 어떤 재무제표를 우선할 것인지는 기업을 평가하는 투자자의 입장에서는 매우 중요한 포인트이다.

다양한 업종별로 재무제표의 중요성을 나열하다가는 오류에 빠질 가능성이 클 수 있다. 기업의 성장과정 즉 기업의 규모에 따라 주요 재무제표를 구분하면 오류에 빠질 가능성은 낮아진다.

도입기 기업이 가장 중요시해야 할 재무제표는 현금흐름표이다. 초기 정착을 해야 하는데 매출 100억 이하 기업은 자금 흐름이 원활하지 못하면 자금압박으로 인한 각종 경비와 재료비 구입이라는 삼중고를 겪을 수 있고 한 순간의 어음 혹은 자금 압박으로 부도가 나 기업의 신뢰를 잃어버리는 치명타를 입을 수 있다.

도약기 기업은 매출규모가 100억~300억 정도로 나름 시장에서는 정착되었다고 볼 수 있지만, 기업이 안정화될 정도의 이익잉여금이나 자본잉여금을 쌓지 못한 기업들이 대부분이다. 역시 아직은 기업의 현금흐름표가 주요 기준이 되어야 하지만 이 시기부터는 손익계산서의 중요성이 부각된다. 기업이 더 큰 규모로 성장하려면 효율적으로 운영되어서 매출대비 영업이익과 순이익을 많이 남기는 우수한 재무구조를 만들어가야 한다. 도약기 기업에서 회사의 제품과 용역활동이 시장에서 받는 평가에 따라 기업은 성장과 성숙단계로 진입하는 기회의 시기를 맞는다고 볼 수 있다.

성장기 기업은 매출규모 300억~500억으로 동일업종 시장에서 인지도를 인정받고 기업공개를 준비하는 시기이다. 기업은 경영활동을 통해서 자본금과 잉여금 규모가 안정화되어서 현금흐름은 어느 정도 안정화되고 재도약을 추진하는 시기이기에 손익계산서가 가장 중요하다. 그 동안 영업이익이 저조한 사업 분야는 과감하게 혁신하고 영업이익이 양호한 사업군을 활성화하는 전략을 추진하는 단계이다. 이 시기에는 기업의 재무 건전성을 평가하는 재무상태표의 중요성도 부각되기 시작한다. 기업의 재도약을 준비하기 위한 공장증설, 연구개발, 해외시장 진출 등을 추진하기 위한 막대한 자금조달을 위해서 기업공개를 추진하는 시기이다.

성숙기 기업은 매출규모 500억~1,000억으로 상장기업에 준하는 평가를 받으면서 동일업종 시장에서 일정부분의 시장점유율을 차지하는 위치에 도달했으므로 재무건전성을 평가하는 재무상태표의 중요성이 부각되는 시기이다. 성숙기 기업의 투자활동은 대단위로 이루어지는데 투자의 성공과 실패에 따라 기업의 재무상황이 극도로 취약해지는 오류를 범할 수 있다. 성숙기에는 재무 안정화가 이루어지고 효율적인 경영을 통해서 잉여금도 여력이 있으므로 이 시기의 기업에게 현금흐름표는 주요 평가 요소가 아니다.

기업공개 시에 기업가치 평가를 높이 받아서 많은 자금을 조달할 기업은 이 시기에 기업공개를 추진한다. 일반적으로 대기업 자회사의 비상장회사들이 상장을 늦추는 이유는 자금이 필요치 않을 정도의 여력이 있기도 하지만 회사가치를 높여 막대한 자금을 유치하기 위해서이다.

**핵심정리**

도약기 기업은 현금흐름표>손익계산서>재무상태표

성장기 기업은 손익계산서>현금흐름표>재무상태표

성숙기 기업은 재무상태표>손익계산서>현금흐름표 순으로 중요시점이 각기 다르다.

5부

투자기업
사례분석

## 18. 대기업 자회사 투자는
## 반드시 성공할까?

"대기업 자회사의 비상장기업에 투자하면 안전하다"

이 말은 맞는 말일까?

누구나 알고 있는 삼성생명은 실패했으나

삼성SDS는 성공했다.

현대엔지니어링은 현재 진행형이다.

# 삼성생명

## 기업개요

| 회 사 명 | 주식회사<br>삼성생명보험 | 소재지 | 서울시 서초구 | 자본금 | 1,000억원 |
|---|---|---|---|---|---|
| 설 립 일 | 1957년 04월 | 업 종 | 금융 및 보험업 | 대표자 | 현성철 |
| 주요사업 | 1. 생명 보험 설계 및 판매<br>2. 대출, 펀드, 신탁 등 금융업 | | | | |

## 회사연혁

1983년 업계 최초 자산 1조원 달성

1989년 삼성생명으로 사명 변경

2000년 자산 50조 달성

2006년 자산 100조원달성

2010년 거래소 상장

2013년 美 포춘지 선정, 글로벌 500대 기업 선정

2014년 제2금융권 최초 총자산 200조원 돌파

2015년 국내 보험사 최초 다우존스지속가능경영지수 4년 연속 월드
    편입

**주요 사업내용**

1. 사업내용

㈜삼성생명은 시장점유율 1위 대형 생명보험사이다. 보험업법 및 관계법령에 의한 보험업, 허용되는 범위 내의 자산운용, 겸영가능업무 및 부수업무를 수행한다. 업계 최대의 전속조직 3만 명(대리점 포함)의 설계사를 기반으로 회사 전략과 연계된 보험사업 운영이 가능하며 업계 최고의 전속채널 운영노하우를 바탕으로 방카슈랑스, GA 등 비전속채널과 온라인에서도 높은 입지를 보유하고 있다.

총자산 212조, RBC 비율 305%로 업계 최고 수준의 자본력을 갖추고 있다. 전사적 리스크 관리를 위한 통합리스크관리 체계를 구축, 운영 중이며 매년 전사 리스크 양의 한도를 설정, 운영하고 관리한다. 은퇴시장에서 국내 금융사 가운데 가장 큰 규모의 개인연금과 퇴직연금 적립금을 보유함으로써 경쟁우위를 확보하고 부유층 고객을 대상으로 한 대표 컨설턴트 멤버십인 WM보드를 출범시켜 부유층 니즈에 맞는 재무설계를 제공한다.

매출 구성은 보험료수익 46.69%, 이자수익 20.13%, 기타영업수익 10.05%, 유가증권평가 및 처분이익 8.16%, 수수료수익 6.72%, 배당금수익 3.75%, 외환거래이익 3.66% 등이다.


2. IPO진행과 주가변화

삼성생명은 공모가가 11만 원(액면가 500원의 220배)으로 2010년 5월 12

일에 상장되었다. 당시 시가총액 22조 원으로, 삼성전자(122.8조원), 포스코(46.6조원), 현대차(29조원), 신한지주(23조원), 한전(22.4조원)의 뒤를 이어 시가총액 6위의 거대 상장사가 되었다.

비상장 회사가 상장하는 이유는 크게 두 가지이다. 하나는 신주를 발행하여 성장을 위한 새로운 자금을 마련하는 것이고, 다른 하나는 지배주주가 구주 매각을 통해 기업가치 성장의 이익을 실현하는 것이다. 위의 두 가지 기준에서 볼 때 삼성생명은 다른 상장과는 다른 양상의 결과들이 발생했다. 삼성생명은 총 4,443만 7420주를 공모했다. 이것은 전량 삼성차 채권단과 신세계·CJ 등 삼성으로부터 계열 분리된 친족그룹이 보유한 물량이었다. 즉 삼성생명이 새로 주식을 발행하지도 않았고, 이건희 회장 등의 지배주주가 기존 주식을 팔지도 않았다. 이는 글로벌 톱 15위권 진입을 위한 자본 확충의 필요성을 명분으로 내세웠던 점에서 논란거리가 되었다.

2009년 12월말 당시 삼성생명의 지급여력비율은 309.8%로 경쟁사인 대한생명 228.1%, 교보생명 243.3%에 비해 월등히 높은 수준이었다. 따라서 국내시장에서의 경쟁만 생각한다면 신주를 발행할 필요는 없었다. 당시 금융위기의 여파가 남은 상태에서 글로벌 성장을 위한 자금확충을 무리하게 진행하지 않았다는 것이 타당했다는 평가도 있다. 이 과정에서 이건희 회장이 보유한 삼성생명 지분 20.76%의 가치는 4.6조원으로 삼성전자 지분 3.88%(4.1조 원)를 능가했다. 이건희 회장은 천문학적인 액수의 상장차익을 실현할 수 있는 절호의 기회에서 왜 기존 보유주식을 매각하지 않았을까? 여기에도 분명한 이유가 있다. 삼성그룹을 둘러싼 복잡다단한 법적 논란 중의 하나가 에버랜드의 금융지주회사 문제이다.

이는 논외이므로 생략하고 삼성생명의 공모가 대비 주가의 흐름은 절대적으로 만족스럽지 못한 것이 사실이다. 장외에서 삼성생명의 주식을 보유한 사람은 1차적으로 50만원선(액면분할 환산 시 5만원)이며 이후 실제로 상장설이 가시화되는 시점인 2010년 초에 장외에서 투자한 투자자는 대부분 11~14만원선에서 보유하게 되어서 실제로 공모가 대비 수익실현이 불가한 수준이었다.

그러나 상장 이후가 더욱 문제가 된 것은 삼성생명이 아래 표에서 보여주듯이 공모가를 상향해서 지속된 기간이 거의 없으며 현재도 공모가를 하회하는 수준이기 때문이다. 일부 장외 투자자들이 대기업 자회사를 골라서 투자하는 오류를 극명하게 보여주는 사례이며 공모주에 투자해서 재미 못 봤다는 일부 투자자들이 대부분 삼성생명의 결과로 이야기한다.

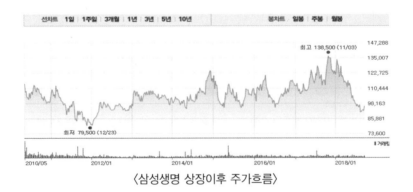

〈삼성생명 상장이후 주가흐름〉

# 현대엔지니어링

## 기업개요

| 회 사 명 | 주식회사<br>현대엔지니어링 | 소재지 | 서울시 종로구 | 자본금 | 379.7억원 |
|---|---|---|---|---|---|
| 설 립 일 | 2001년 01월 | 업 종 | 산업플랜트 건설업 | 대표자 | 성상록 |
| 주요사업 | 1. 화공플랜트, 전력플랜트 건설<br>2. 산업공장, SOC 및 환경분야 등 건설 및 엔지니어링 | | | | |

## 회사연혁

2001년 01월 현대엔지니어링㈜ 설립, 현대건설㈜에서 분사

2007년 04월 '올해의 토목구조물'상 수상

2010년 11월 대한민국지속가능경영지수 1위 수상(엔지니어링 산업부문)

2011년 04월 현대자동차 그룹으로 편입

2013년 12월 제50회 무역의 날 20억불 수출의 탑 수상

2015년 12월 해외 수주 1위 (57.6억 달러/ 해외건설협회 기준)

2016년 07월 美 ENR지 선정 '세계 225대 엔지니어링 기업' 21위

2017년 03월 이란 사우스파12 2단계 확장공사 수주 (역대 최대 규모)

## 주요 사업내용

### 1. 사업내용

㈜현대엔지니어링은 화공플랜트사업(인프라·환경사업 포함), 전력플랜트사업, 건축사업(주택사업 포함) 등을 영위하는 업체이다.

화공플랜트사업은 오일/가스, 정유, 석유화학 등을 담당하는 화공플랜트 분야와 도로, 항만, 교량, 상하수도, 산업단지 등을 담당하는 인프라환경 분야가 있다. 화공플랜트 산업은 원유 및 가스처리, 원유정제, 석유화학, LNG 터미널 및 액화 설비, 폴리실리콘, 비료, 해양설비 등과 같은 화학플랜트와 철강 및 비철금속 등과 같은 산업설비 사업으로 고도의 기술력뿐 아니라 광범위한 지식서비스를 필요로 하는 고부가가치 산업으로 자본 및 기술집약적 장치산업이다. 설계 및 엔지니어링에서부터 컨설팅, 기자재 제작, 시공, 시운전, 자금조달까지 여러 부문에서 수익창출 기회가 부여되기 때문에 산업의 연관 효과가 크고 산업구조의 고도화에 크게 기여한다.

화공플랜트 시장은 풍부한 천연 자원을 바탕으로 성장 가능성이 높은 아시아 및 태평양 지역의 지속적인 성장이 예상되며, 사하라 이남 아프리카 지역 및 중남미 지역의 에너지 관련 중장기 사업 투자 증가, 환경규제 강화에 따른 기존설비 대체가 지속될 것으로 예측됨에 따라 화공플랜트 시장의 지속적인 확대가 예상된다.

인프라·환경 산업은 국가 경제발전의 근간이 되는 도로, 항만, 교량 등 사회 간접자본시설(SOC) 건설과 상수처리, 하폐수처리, 폐기물처리 등 환경시설 등이다. 국가의 경제 정책에 많은 영향을 받는 만큼 최근 정부의 균형발전을 위한 지역 기반시설 확충 및 투자 정책 등은 국내 인프라 산업 부흥에 큰 역할을 한다. 해외에서는 개발도상국을 중심으로 인구 증가추세가 지속되어 사회간접자본시설의 신설 및 확장 수요가 커지고 있다.

이에 인프라 구축에 대한 기본 수요는 꾸준히 증가하고 있으며 아시아인프라투자은행(AIIB) 출범으로 향후 중앙아시아 및 동남아시아 지역의 인프라 건설시장은 지속적으로 확대될 전망이다. 전력과 상수 및 하수 등 기본 인프라 시설이 절대적으로 부족한 남미와 아프리카는 중장기적으로 유망한 시장으로 분류된다.

전력플랜트 산업은 모든 산업의 원동력이 되는 발전 및 에너지 네트워크의 근간이 되는 송변전 등을 대상으로 한다. 다양한 산업부문에 수익창출의 기회를 부여하므로 전후방 산업 연관 효과가 큰 분야이며 국가 전력청 또는 민간 발전사 주도로 대규모 자본투자가 수반되는 산업이다.

전력플랜트 시장은 신흥국 및 개발도상국을 중심으로 산업화에 따른 전력난 해소 및 안정적 전력공급을 위해 투자가 지속될 것이며 각 나라는 자국의 경제성장을 위하여 전력플랜트 투자를 늘리고 있다. 당분간 이 성장세는 지속될 것으로 예상되며 국내외 전력수요의 꾸준한 증가에 따른 향후 화력발전, 복합화력발전, 열병합발전, 디젤발전 등 발전분야의 발주는 지속적으로 증가할 것이다.

최근 지구 온난화와 기후 변화 등의 심각성으로 인해 화석 연료의 대체 에너지로 각광받고 있는 신재생에너지 분야를 전 세계가 주목하고 있다. 국내 역시 탈원전, 탈석탄화력발전 정책 추진 예상으로 향후 신재생에너지 시장, 가스복합화력발전소 시장은 더욱 성장할 것으로 예상된다.

건축사업은 완성차, 부품, 철강 공장 등 산업시설부터 상업빌딩, 의료시설, 문화/체육시설, 교육시설 등을 포함한 일반건축, 아파트 재개발/재건축, 오피스텔, 주상복합 등의 주택건축에 이르기까지 국내외 넓은 사업영역을 구축하고 있다. 일반건축 산업은 정부 건설 및 금융 정책에 영향을 많이 받는 특성을 지니며 국내 건축 시장의 경우 지자체 및 일부 공기업의 이전 사업들의 발주가 완료됨에 따라 공공시장은 위축 가능성이 있다. 민간시설 투자 및 도심재생 사업의 활성화 등의 민간 시장 수요가 있으나 최근의 경기둔화 및 정부정책으로 민간 건설 시장도 당분간 위축 가능성이 있다.

외국에서는 동남아시아, 아프리카, 중앙아시아 등 해외건축시장에서도 성공적으로 진입하여 해외 공공 및 민간 발주공사를 기반으로 꾸준히 성장할 것으로 전망된다. 주택건축은 국민의 주거시설을 건설하는 산업으로 고객의 니즈, 최신 트렌드 등에 초점을 맞추어야 한다. 최근에는 단순 주거공간 건설에서 벗어나 넓은 녹지 공간, 생태 공간, 주민 커뮤니티 시설, 첨단 IT 시설 접목 등 주거 환경 적용범위가 더욱 확대되고 있다. 노후 아파트 재개발 및 정비사업 분야의 주택시장은 지속

유지될 것으로 전망된다.


2. 투자 현황 및 장외상황

현대엔지니어링의 지분구조는 현대건설 38.6%, 정의선 11.7%, 현대
글로비스 11.6%, 기아자동차 9.4%, 현대모비스 9.4%, 정몽구 4.7% 등
현대그룹 계열사 및 그룹일가에서 85.4%를 소유하고 있다.

2017년 매출은 6조2,682억원, 영업이익 5,144억원, 순이익 3,193억
원을 기록했으며, 2018년 상반기 매출액은 2조 9,041억원, 영업이익은
2,143억원, 순이익은 1,621억원을 기록했다.

현대엔지니어링의 상장은 계속 이슈가 되고 있으나 그룹사 내부적인
상황과 지배구조 개편의 카드로 이용될 수도 있어 쉽게 예상하기 어렵
다. 다만 비상장사인데도 이슈가 있을 때마다 큰 폭의 주가변동을 보이
며 최근 주당 70만원의 주가는 연초 100만원을 넘기도 했다. 실제로 현
대엔지니어링의 소액주주는 대부분은 평균 20~30만원대 주식을 보유
한 것으로 파악되며 소액주주가 형성되었다. 현재의 주당 70만원은 시
가총액 5조3천억원이 넘는 수준으로 상장이 이루어진다고 하더라도 추
가적인 시세차익은 기업가치보다 경기변동의 변수에 움직일 가능성이
클 것으로 예상된다.

# 삼성SDS

## 기업개요

| 회 사 명 | 주식회사 삼성SDS | 소재지 | 서울시 송파구 | 자본금 | 386.8억원 |
|---|---|---|---|---|---|
| 설 립 일 | 1985년 05월 | 업 종 | 기타 소프트웨어자문, 개발 | 대표자 | 정유성 |
| 주요사업 | 1. 정부 기관 및 SOC 정보화 사업<br>2. 금융, 제조업, 관련 소프트웨어 개발 사업 | | | | |

## 회사연혁

1985년 05월 삼성데이타시스템주식회사 설립<sup>(자본금 2억원)</sup>

1994년 05월 업계최초 SI 부문 ISO-9001 인증획득

2005년 10월 국내 최초 P-CMM 레벨3 인증

2011년 12월 러시아지점개소, 스마트홈시스템 세계일류상품인증<sup>(지식경제부)</sup>

2012년 11월 모바일데스크 '글로벌SW공모대전' 대통령상 수상

2014년 11월 한국거래소 유가증권시장 주권 상장

2018년 07월 블록체인 플랫폼 Nexledger, 국무총리상 수상

**주요 사업내용**

1. 사업내용

㈜삼성SDS는 삼성그룹의 계열사로 시스템통합(SI)업체이다. 제조, 공공, 금융, 리테일, 의료 등 다양한 업종에서 업무시스템 구축, 운영 및 솔루션을 개발/공급한다. ICT(정보통신기술) 서비스 사업 분야에서 국내 1위 기업이다. 삼성SDS는 1985년 5월 설립된 삼성데이타시스템㈜으로 출발하여 1997년 4월 지금의 상호로 변경했다. 2010년 1월 삼성네트웍스에 이어, 2013년 12월 삼성SNS를 합병했다.

주로 삼성그룹 관계사를 대상으로 컨설팅, 시스템 통합, 솔루션 제공, 애플리케이션 유지 및 관리, IT 아웃소싱, 비즈니스 프로세스 아웃소싱을 아우르는 통합 IT서비스를 제공한다. 더불어 관계사의 정보보안체계를 구축해 운영 중이며 서비스 혁신을 이끌 AI(인공지능), 애널리틱스, 블록체인, 클라우드, 엔터프라이즈 모빌리티, 사물인터넷 기반의 솔루션 고도화 사업 개발에 박차를 가하고 있다.

IT서비스와 물류 BPO(Business Process Outsourcing) 등 2개 사업 부문이 핵심 사업 분야이며 제공하는 IT서비스는 컨설팅 · SI(System Integration)와 아웃소싱 서비스로 구분된다.

IT서비스의 영역은 자체 개발한 AI(인공지능), 애널리틱스, 블록체인, 클라우드, 엔터프라이즈 모빌리티, 사물인터넷 등의 솔루션을 기반으로 구축 및 서비스를 제공하는 사업, 기업경영에 필수적인 ERP(전사적자원관리), SCM(공급망관리), CRM(고객관계관리), BI(비즈니스 인텔리전스), MES(제조실행), PLM(제품수명주기관리) 등 기업 업무시스템을 구축하는 사업, 기업의 IT시스템과 이와 관련된 업무프로세스 진단 및 개선방향 제시, 정보화 전략 수립을 수행하는 컨설팅 사업 등 세 가지이다.

IT 아웃소싱 서비스는 애플리케이션 아웃소싱과 인프라서비스로 구성된다. 애플리케이션 아웃소싱 서비스는 IT시스템 관리 추진에 대한 의사결정 및 전략 수립, 추진 성과에 대한 분석, 효과적인 IT시스템 관리 체계 수립 등을 제공하는 서비스이며, 인프라 서비스는 서버 · 스토리지 · 네트워크 등 IT인프라를 제공하고 운영 관리하는 사업이다.

물류 BPO 사업은 자체 개발한 물류 실행 솔루션과 SCM 컨설팅 역량을 기반으로 글로벌 통합 물류를 실행하는 4PL 서비스다. 2011년 이후, 해외법인을 중심으로 물류 계획과 실행 간의 연계를 통해 원가절감, 효율증대를 목표로 하는 글로벌 4PL 서비스를 제공하고 있다. 4PL은 물류 활동의 수행 주체를 기준으로 1PL: 자가 물류(1st Party Logistics), 2PL: 자회사 물류(2nd Party Logistics), 3PL: 제3자 물류(3rd Party Logistics), 4PL: 제4자 물류(4th Party Logistics) 등으로 구분한다. 4PL은 아웃소싱 및 인소싱을 통해 자체 조직이 가진 경영자원, 능력, 기술과 물류서비스 공급자가 지닌 경영자원, 기술 등을 결합하 관리하여 전체적인 공급망솔루션(Supply Chain Solution)으로 제시하는 통합 관리자 체계이다.

삼성SDS는 본사(잠실), 판교캠퍼스, 서울R&D캠퍼스 등 3곳에 사업장을 두고, 상암과 수원, 과천, 구미에 ICT센터를 운영하고 있다. 해외 인프라 및 사업장으로는 미주, 캐나다, 중남미, 멕시코, 파나마, 칠

레, 페루, 콜롬비아, 달라스, 러시아, 네덜란드, 폴란드, 남아공, 이집트, 헝가리, 슬로바키아, 터키, 영국, 프랑스, 스웨덴, 그리스, 독일, 이탈리아, 스페인, 베트남, 태국, 북경, 상가포르 등지에 물류법인을 두고 있다.

해외지점은 독일, 러시아, 두바이, 사우디, 이란, 말레이시아, 호치민, 상하이, 천진, 위해, 소주, 혜주, 서안, 심천에 있다. 주요 자회사로는 ㈜시큐아이, ㈜멀티캠퍼스, ㈜미라콤아이앤씨, 에스코어㈜, ㈜오픈핸즈 등이 있다.


## 2. IPO진행과 주가변화

삼성SDS는 공모가는 190,000원으로 2014년 11월 14일 상장되었다. 액면가 500원을 기준으로 신주 6,099,604주, 총 1조1589억원을 자금을 공모하였다. 시가총액은 29조4000억원으로 삼성전자(174조1078억원), 현대자동차(38조6585억원), SK하이닉스(34조8713억원), 한국전력(28조7599억원)에 이어 시가총액 5위를 기록했다. 포스코, 네이버, 삼성생명, 현대모비스, 기아차 등은 삼성SDS로 인해 시총 순위가 한 계단씩 밀려났다.

1999년 2월 이재용 부회장은 삼성SDS의 신주인수권부사채(BW)를 주당 7,150원 총액 47억원에 인수했다. 삼성SDS와 삼성SNS의 합병으로 통합 삼성SDS에 대한 이재용 부회장 지분율은 8.81%에서 11.26%로 올랐다. 결국 이 부회장은 15년 만에 47억 원의 430배가 넘는 금액으로 부를 증식할 수 있게 되었다. 이것이 그의 순수한 노력한 결과라고 할 수 있는지는 의문이다. 삼성SDS 신주인수권부사채 저가발행 시점이 1999년 초였는데 일반 공소시효 기간 15년이 지난 2014년에 그 주식이 상장되었으니 논란 수준에서 그쳤다고 볼 수 있다.

삼성SDS는 장외주식시장에서 대부분 7~10원대에서 소액주주가 형성되었으며 이후 등락을 거듭했으나 공모가 19만원에 1차적인 투자성공을 거두었으며 상장이후 최고가인 429,000원까지 형성되면서 장외에서 저가에 주주가 된 투자자들은 대기업 자회사 투자라는 호재와 엄청난 수익실현의 기회를 잡았다고 파악되는 사례이다.

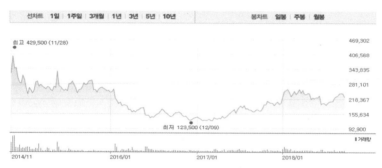

〈삼성SDS 상장 후 주가변화〉

# 19. 바이오기업, 기다림의 미학을 즐기라

바이오 기업에 투자하면 대박난다?

상장회사도 그렇지만 비상장회사에도 바이오에 집중하는 경향이 있다

그러나 바이오 기업에 투자할 때는

대박보다는 더 중요한 것이 포함되어야 한다.

대박을 기다리는 기다림을 즐겨야 한다.

# 제너럴바이오

## 기업개요

| 회 사 명 | 주식회사<br>제너럴바이오 | 소재지 | 전북 완주군 | 자본금 | 28.1억원 |
|---|---|---|---|---|---|
| 설 립 일 | 2007년 10월 | 업 종 | 바이오물질개발,<br>화장품제조 | 대표자 | 서정훈 |
| 주요사업 | 1. 바이오 기능성 소재(Compound K, ALA) 응용 제품<br>2. 코슈메디컬 화장품 / 건강제품/ 친환경 생활 제품 | | | | |

## 회사연혁

2010년 06월 수출 유방 중소기업 선정

2011년 06월 INNO-BIZ 기업 인증

2015년 03월 글로벌 사회적 기업 인증 'B Corp.(Benefit-Corporation) 획득

2016년 12월 산업통상자원부장관 표창

2017년 08월 CGMP 인증 획득

2018년 06월 지쿱(주), 지분인수를 통한 자회사 편입

**주요 사업내용 및 핵심기술**

㈜제너럴바이오는 천연 및 기능성원료, 바이오 신소재 물질 등을 개발하고 이를 바탕으로 건강기능식품, 화장품, 생활용품 등을 생산하는 업체이다. 사회적 약자에게 일자리를 제공하는 공로 등을 인정받아 고용노동부로부터 사회적 기업 인증, 글로벌 사회적 기업 인증인 '비콥, B Corp'을 받았다. 국내 사회적 기업으로는 최초로 기술 경쟁력과 다양한 제품 포트폴리오를 바탕으로 실적 성장을 이루고 있다.

1. 핵심 기술 및 특장점

(1) 천연물 원료 물질 추출 기술

세계 최초 인삼 최종대사 사포닌, 컴파운드 K 양산

고려 인삼에만 들어 있는 진세노사이드(Ginsenoside)는 장내 특정 미생물에 의해 컴파운드 K로 분해되면서 체내에 흡수된다. 식품의약품안전처 발표 자료에 따르면 한국인 4명 중 한 명은 사포닌 분해에 필요한 장내 미생물의 수나 기능이 부족해 사포닌의 흡수에 어려움을 겪어 그 온전한 기능을 기대하기 어렵다. 그러나 진세노사이드를 컴파운드 K로 변환하여 섭취하면 체내 흡수율이 90% 이상에 이른다. 컴파운드 K의 항산화력은 비타민C의 40배이며 강력한 항산화력과 항염증 기능성은 당뇨병 같은 혈관염증질환의 예방과 치료를 돕는다. 제너럴바이오는 컴파운드 K의 세계 최초 양산 성공으로 바이오 소재 기업으로의 발판을 마련했다.

세계 최초 천연 아미노산 바이오 신소재, ALA 국제화장품공전(INCI) 생산

피부 속 염증 세포 등을 멸균시켜 염증성 피부 질환 및 암 치료제에 사용되는 5-아미노레불린산(5-Aminolevulinc Acid)은 그동안 전량 수입되어 왔다. 제너럴바이오는 이를 완전 국산화에 성공하여 생산성, 수율, 생산 단가 등 모든 면에서 최고의 경쟁력을 확보했다. 환경친화적인 생체물질로 식물의 광합성 증대와 각 종 대사에도 효과가 있다고 알려진 이 물질의 원료생산을 통해 생분해성 농약 및 제초제, 식물 성장 촉진제 등으로의 제품 확장이 가능하리라 예상된다.

(2)사회적 기업

제너럴바이오는 사회적 약자에게 일자리를 제공하는 공로 등을 인정받아 2012년 고용노동부로부터 사회적 기업 인증을 받았다. 사회적 기업 인증은 취약계층에게 사회 서비스나 일자리를 제공하며 지역주민의 삶의 질을 높이는 사회적 목적을 수행하는 회사에 부여한다.

정직원의 70%를 장애인과 농촌지역의 취약계층으로 이뤄진 제너럴바이오는 2015년 글로벌 사회적 기업 인증인 비콥(B-Corp. Benefit-Corporation, 글로벌 사회책임경영)을 획득했다. 비콥은 사회적 기업으로 지역사회 기여도뿐 아니라 일반 기업으로서 기술력과 경영 능력 등을 확보한 기업에 부여하는 인증이다. 대다수 사회적 기업은 영세하고 이익을 내는 데 어려움을 겪고 있지만 제네럴바이오는 기업가치 1,000억 원

이상으로 평가받고 있다.

## 2. 투자 현황 및 장외상황

원료 개발에서부터 생산, 유통 등의 효율적 관리로 가격 경쟁력을 확보하고 뛰어난 기술력과 우수한 판매망 확보, 지역사회와 상생하는 사회적 기업이라는 이점까지 확보했다. 이를 토대로 사회적 기업으로는 처음으로 벤처캐피탈(VC)로부터 100억을 확보한 바 있다. 최근 SJ파트너스와 서울투자파트너스가 기업가치 1,000억원 이상을 평가하며 각각 30억원, 10억원을 투자했다.

2017년 키움증권을 주관증권사로 상장을 추진했으나 미승인되었다. 이후 주관증권사를 NH투자증권으로 교체했으나 최근 두 회사 간 이해관계가 얽히면서 계약 해지를 결정하고 다시 주관사 선정에 나섰다. 주관증권사 재선정이 완료되면 2018년 안으로 한국거래소코스닥시장본부에 예비심사를 청구할 것으로 보인다.

제너럴바이오는 매출액이 2015년 60억원에서 2016년 164억원, 2017년 260억원으로 성장했으며 영업이익도 2015년 10억원, 2016년 40억원, 2017년 74억원으로 개선됐다. 서정훈 대표가 최대주주로 56%의 지분을 차지하고 있으며 서 대표 부인 김지숙 7%, L&S 신성장동력 글로벌스타투자조합 6.04%, 전북, 효성, 에스제이 탄소성장펀드 5.16% 등이 지분율을 보유 중이다.

# 뉴트리바이오텍

## 기업개요

| 회 사 명 | 주식회사<br>뉴트리바이오텍 | 소재지 | 서울시 강남구 | 자본금 | 103.1억원 |
|---|---|---|---|---|---|
| 설 립 일 | 2002년 1월 | 업 종 | 천연물신약개발,<br>ODM/OEM | 대표자 | 이윤종 |
| 주요사업 | 1. 천연물 유래 기능성 소재, 천연물 신약 개발<br>2. 건강기능성 식품 제조(ODM), 브랜드 마케팅(OBM) 및 온라인 유통 | | | | |

## 회사연혁

2003년 07월 ㈜서흥캅셀과 건강기능식품 개발 전략적 제휴 체결

2012년 06월 수출유망중소기업 선정(중소기업청)

2013년 07월 제2공장 증축(경기도 이천), 중국 상해법인 설립

2014년 02월 일자리창출 우수기업수상(서울산업통상진흥원)

2015년 12월 코스닥시장 신규 상장

2016년 11월 미국 달라스 제2공장(액상라인) 증축

2017년 01월 호주 맬버른 공장 완공

## 주요 사업내용 및 핵심기술

㈜뉴트리바이오텍은 건강식품 제조자 개발생산(Original Development & Design Manufacturing, ODM) 및 독자적 브랜드 제조, 판매(Original Brand Manufacturing, OBM) 전문기업이다. 2002년 설립 이후 2016년 중국 시장 내 화장품 ODM 1위 업체인 코스맥스비티아이 자회사로 편입됐다. 주요 고객사는 멜라루카, 암웨이, 메나테크 등 업체 선정 기준이 매우 까다로운 글로벌 기업들로 뉴트리바이오텍의 기술력을 가늠하게 한다.

국내 이천 공장을 비롯해 중국 상하이, 미국 댈러스, 호주 멜버른에 각각 생산 공장을 구축, 전 세계를 공략 중이다. 동종업계 최초 NSF GMP(미국위생협회) 인증 획득은 물론 TGA(호주 식약청), GMP, HACCP, ISO9001, HALAL(한국이슬람중앙회, 국제할랄인증), Hi-Seoul 인증 등을 확보했으며 2015년 12월 코스닥시장에 상장했다.

## 1. 핵심 기술

### (1) 다양한 제품 생산 형태

국내 최초로 다양한 성분이 시간차를 두고 흡수되어 성분의 효과를 극대화할 수 있는 '삼중정'을 도입하였으며 기능성 원료가 장까지 안전하게 도달할 수 있는 장용성 캡슐(정제, 하드캡슐, 연질캡슐)을 개발했다. 씹어 먹을 수 있는 츄어블 팝콘타입, 스틱젤리/아이스젤리, 칭량부터 패킹까지 원스톱으로 이뤄지는 액상제품은 물론 정제, 당의정제, 소프트/하드 캡슐, 식물성 소프트캡슐, 분말 등 건강기능식품 생산에서 요구되는 모든 제형이 생산 가능하다.

## (2) 다양한 포장 생산 형태

국내 최초로 인핸서(고농축 액상 추출물을 물과 혼합하여 섭취하도록 하는 형태의 제품) 포장을 도입했다. 드로퍼(스포이드), 스프레이, 파우치, 병(15ml~1,000ml), 소프트/하드캡슐, 태블릿의 다양한 타입과 형태의 PTP 포장/멀티 패킹, 스틱 포장(Pillow pack), 파우치&병(1g~2,000g)은 물론 한 번에 크고 작은 입자를 동시에 포장하는 2-way system도 가능하다.

## (3) 3-step 품질관리 시스템

KOLAS(한국인정기구) 기준에 따른 시험분석 설비와 기술, HPLC, GC, ICP, UV/VIS spectrophotometer, 융점 측정기, 칼 피셔 수분측정기, 적외선 물 측정기 등의 최선 설비 및 혁신기술을 도입하여 3-step 품질관리 시스템을 운영한다. 원료 입고 시 육안검사, 생물학적, 화학적 검사를 진행한다. 제품 제작 시 샘플링을 통한 화학 테스트와 미생물테스트를 거치며 최종 완성품에 대해서 Identity 테스트 (화학 & 미생물) 테스트를 통해 완벽한 QC/QA를 시행한다.

## (4) 바이오 R&D

2014년 연세대학교 생명공학과 연구팀과 협력하여 자회사 ㈜뉴트리사이언스를 설립했다. 설립 목적은 모기업인 뉴트리바이오텍에서 다루는 기능성식품 소재를 넘어 천연물 기반 메디컬 푸드 소재와 천연물 신약개발이다. 현재 산학 네트워크를 활용하여 천연 항균제, 미생물 정족수 감지 억제제, 항당뇨 및 항비만 신소재, 항산화 및 항염증 신소재 등을 연구 중이다.

2. IPO 이후 주가 상황

2015년 12월 코스닥 상장에 성공한 뉴트리바이오텍은 최초 공모가 21,000원, 공모주 청약 경쟁률은 2.38 대 1을 기록했다. 시초가는 공모가 대비 2,000원 많은 23,000원에 형성되었으며 첫날 30,950원까지 상회 후 30,000원에서 마감했다. 이후 건강기능식품이 필수소비재가 아니어서 경기 변동에 큰 영향을 받는다는 점, ODM 전문기업이라는 핸디캡이 지적되었던 것을 비웃듯 지속적인 상승으로 2016년 6월 30일 41,000원을 기록했다.

뉴트리바이오텍을 장외에서 투자한 투자자는 공모가에서 이미 큰 수익을 실현했으며 상장 이후 주가 고공행진으로 더욱 큰 수익을 실현한 것으로 파악된다. 아울러 현재의 주가는 상장 이후 무상증자 100%를 진행한 주가이므로 최고가는 판단할 수 있을 것이다.

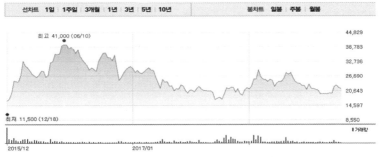

〈뉴트리바이오텍 상장이후 주가흐름〉

# 제노포커스

## 기업개요

| 회 사 명 | 주식회사 제노포커스 | 소재지 | 대전시 유성구 | 자본금 | 54.2억원 |
|---|---|---|---|---|---|
| 설 립 일 | 2000년 3월 | 업 종 | 효소,발효물질, 항체 신약외 | 대표자 | 김의중 |
| 주요사업 | 1. 산업용 효소, 식품가공용 효소, 동물사료용 효소, 생물소재 등 맞춤 효소 개발<br>2. 효소 기반 바이오 신약 및 마이크로바이옴 신약 개발 | | | | |

## 회사연혁

2001년 05월 과학기술부 국가지정연구소 선정(미생물 디스플레이 플랫폼)

2010년 12월 갈라토올리고당(GOS) 생산에 최적화된 Lactase 개발 및 생산

2015년 04월 세계 최초 바이오 레티놀 시생산 성공

2015년 05월 코스닥 상장

2016년 07월 글로벌우수기업 선정 (대전광역시, KAIST, 텍사스주립대학교)

2018년 07월 MD헬스케어에 30억원 전략적 투자 및 기술협력 계약 체결

## 주요 사업내용 및 핵심기술

㈜제노포커스는 2000년 4월 한국생명공학연구원에서 스핀오프를 통해 창업된 맞춤효소 전문기업이다. 산업용 특수효소를 시작으로 바이오화학 신소재와 효소 치료제 계열 바이오 신약을 개발 중이다. 2016년 갈락토올리고당(galacto-oligosaccharide, GOS) 제조용 고효율 효소인 락타아제 B가 세계에서 유일하게 FDA(미국식품의약국)의 GRAS(Generally Recognized As Safe) 인정을 받았다. 종전까지 일본 AMANO사가 독점했던 GOS를 세계 두 번째로 개발하면서 업계의 주목과 함께 큰 성장을 이뤄왔다. 현재는 기존 사업의 확장은 물론 효소기반 바이오신약 및 마이크로바이옴 신약 개발을 진행 중이다.

### 1. 핵심 기술

#### (1) 세계 최고 수준의 맞춤효소 개발 기술

효소 산업의 핵심은 생산균주(곰팡이/바실러스)이며 생산균주가 효소(enzyme)을 생산한다. 산업용 효소는 80% 이상 곰팡이와 바실러스의 분비 발현으로 생산된다. 제노포커스는 미생물 디스플레이 기술과 초고속 스크리닝으로 찾아낸 숙주 미생물 속 목적효소를 세포 외 분비발현을 통해 세포를 파쇄하거나 분리 정제할 필요 없이 생산한다. 이는 생산원가 절감과 고순도 대량생산을 가능하게 한다.

제노포커스는 세계에서 두 번째로 갈락토올리고당(GOS)을 생합성하는 효소인 락타아제 개발에 성공했다. 락타아제 효소는 유당(lactose)을 가수분해해 저유당 유제품을 제조하거나 기능성 희귀당을 제조할 때 바이오촉매(Bio-catalyst)로 사용되며 유당불내증(lactose intolerance)치료제로서 사용되기도 한다. 갈락토올리고당 시장은 전 세계적으로 연평균 13%이 성장을 예상하며 미국과 중국은 각각 20%, 24%로 성장률이 매우 높다. 시장 조사기관 Frost & Sullivan의 World enzyme report에 따르면 lactase를 포함하는 유제품 가공용 효소의 전세계 시장규모는 약 5,700억원(5억2,100만 달러)이다. 락타아제는 2018년 7월부터 유럽에 연간 수톤 단위로 수출이 결정되었다.

락타아제 외 산업용 효소 카탈라아제(catalase)와 의약용 효소 리파아제(lipase)등도 새로운 캐시카우로 예상된다. 카탈라아제(catalase)는 과산화수소 분해효소로 반도체 회사의 3D NAND 생산 공정에 사용된다. 리파아제(lipase)는 글로벌 제약사 의약품 생산 공정에 사용되는 효소로 상장 당시에도 기대를 모았던 제품이다. 2018년 2월 약 1.6톤이 출하되었으며 이는 단순 테스트용이 아닌 양산을 위한 것으로 알려졌다.

(2) 효소 기반 바이오 신약 및 마이크로바이옴 신약 개발

2018년 3월 염증성 장 질환 분야의 전문의학저널 〈크론병 및 대장염 학회지(Journal of Crohn's and Colitis)〉에 바실러스 미생물의 항산화 효소 'SOD(superoxide dismutase)'가 염증성 장 질환을 완화시킨 내용의 논문을 발표했다. SOD는 2018년내 전임상을 완료할 것으로 전망된다. 궤양성 대장염, 크론병 등 염증성 장 질환의 세계 시장 규모는 약 9조원이다.

2018년 7월 MD헬스케어에 30억원 규모의 전략적 투자 및 기술협력 계약을 체결했다. MD헬스케어는 우리 몸에 존재하는 마이크로바이옴 유래 나노소포 분석을 통해 10대 암, 치매 등을 포함한 난치성 질환을 비침습적으로 진단할 수 있는 원천기술을 개발, 분변 또는 소변 마이크로바이옴 분석으로 맞춤 식이 서비스를 제공하고 있는 마이크로바이옴 전문 벤처기업이다. 제노포커스의 미생물 고농도 대량 배양 기술과 MD헬스케어의 나노소포 기술의 만남으로 알레르기 질환 및 중증 난치성 질환의 나노소포 치료제 개발이 가능할 것으로 예상된다.

## 2. IPO 이후 주가 상황

2015년 5월 기술성장기업 특례상장을 통해 코스닥에 상장했다. 공모가 11,000원, 시초가 22,000원을 형성한 후 첫날 상한가를 달성했다. 2018년 9월 기준, 주가는 10,900원이며 시가총액은 2,289억원이다. 2017년 기준 매출액 115억원, 영업이익 12억원을 기록했다.

제노포커스를 비상장시에 투자한 투자자들은 IPO 진행 중에도 많은 수익이 실현되었으며 상장 이후 주가의 고공행진으로 상당한 추가수익을 실현한 것으로 파악된다. 상장 이후 일정시점이 지나면 현재처럼 주가는 조정을 받는 것이 일반 상장기업의 주가 흐름이다.

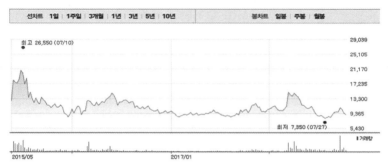

〈제노포커스 상장이후 주가흐름〉

# 20. 선도기술기업에 투자하라

선도기술기업에 투자하라

너무나 어려운 말이다.

기술도 모르는데 선도인지 안다는 것은 더욱 어렵다

투자를 내가 다 알아서 한다는 사람처럼 바보스러운 사람은 없다

기업의 오너와 개발자 그 내용의 전달자,

그들의 지식과 노력을 믿으면 된다.

# 신테카바이오

## 기업개요

| 회 사 명 | 주식회사<br>신테카바이오 | 소재지 | 대전시 유성구 | 자본금 | 21.16억원 |
|---|---|---|---|---|---|
| 설 립 일 | 2009년 9월 | 업 종 | 유전자 분석 서비스 | 대표자 | 정종선 |
| 주요사업 | 1. 개인유전자 분석을 통한 PMAP(개인유전체맵, Personal Genome Map)서비스<br>2. 마하슈퍼컴퓨팅 기술 이용 '마하NGS플랫폼" 개발 | | | | |

## 회사연혁

2009년 12월   기술보증기금 벤처 인증

2012년 02월   유전체 분석 플랫폼(NGS-PL) 완성

2013년 05월   한국전자통신연구원(ETRI) 연구소 기업 선정

2013년 12월   '2020 미래 100대 신기술' 선정

2016년 06월   유전질환 스크리닝 관련 '보건신기술인증 획득'

2017년 06월   식약청 SW GMP 인증(KTC-CAB-179288)

## 주요 사업내용 및 핵심기술

㈜신테카바이오는 한국전자통신연구원(ETRI) 연구소 기업으로 유전체 빅데이터 플랫폼과 인공지능 딥러닝 신약개발 플랫폼이라는 혁신적인 정밀의학 플랫폼을 보유한 업체이다. 개인유전체맵(Personal Genome Map, PMAP)을 통해 환자별 맞춤형 헬스케어 솔루션을 제공할 수 있고 AI를 통해 데이터만으로 단기간 내 신약 물질을 개발할 수 있다.

신테카바이오가 자체 개발한 유전체, 빅데이터, 딥러닝 기술의 융합은 정밀 진단과 신약개발의 효율성 향상에 큰 몫을 하리라 평가된다.

2011년, 2012년 정부 산하 차세대맞춤의료 유전체사업단의 유전체 통합 연구 용역 과제를 수행하며 한국인의 유전체 정보를 빅데이터화하는 국가 유전체 통합 작업에 참여했으며 공학한림원으로부터 '2020 미래 100대 기술과 주역'으로 선정되었다. 네이버 클라우드 플랫폼과 클라우드 기반의 유전체 빅데이터분석을 위한 전략적 업무제휴를 체결했으며 유한양행, JW중외제약, CJ헬스케어 및 국내 핵심 병원들과 전통적 신약 개발 과정에 유전체 빅데이터 기반 인공지능 신약개발 플랫폼 기술을 접목하기 위한 상호 협력, 공동 연구에 합의했다.

### 1. 핵심 기술

한국전자통신연구원(ETRI)로부터 출자받은 '유전자 검사 전용 슈퍼컴퓨팅'을 활용하여 방대한 유전체 빅데이터를 취합 분석 활용한다. 유전체 시퀀싱(sequencing, 서열분석)에 활용되는 이 기술은 수많은 사람들의 유전체 데이터와 건강기록을 연계해 질병과 관련된 희귀 돌연변이를 찾아내 맞춤형 치료제를 개발하는 것이 목적이며 우리나라에서는 ETRI와 차세대 맞춤의료사업단이 함께 국책과제를 통해 진행하고 있다.

세계에서 유일하게 단백체 및 유전체 관련 핵심 엔진 7개 <sup>(3D단백질 구조예측, 도메인구조비교, 단백질/DNA염기 서열비교, 바이오 빅데이터 고집적인덱싱, NGS통합 및 통계용 데이터웨어하우스 패키지, 단백질시뮬레이션 패키지 및 희귀유전변이 탐색 패키지)</sup> 전체를 자체 개발 완료했으며 관련 기술은 국제 및 국내 특허를 통해 독점적<sup>(10년)</sup> 지위를 확보했다.


(1)개인유전체맵 플랫폼(PMAP)

유전자 검사 전용 슈퍼컴퓨터인 '마하'에 수천명의 유전체 데이터를 넣고 한꺼번에 분석할 수 있는 개인유전체맵 플랫폼<sup>(PMAP)</sup>을 구축했다. 이는 유전자 주요 변이뿐 아니라 주변 변이의 알고리즘을 정리 분석하고 특정 희귀질환을 앓고 있는 여러 환자의 유전자 알고리즘 패턴을 비교 대조하여 환자별 맞춤형 신약 개발을 돕는다. 이 기술은 유전자-유전형<sup>(3만5천개)</sup>, 질병-유전형<sup>(2천5백개)</sup>, 검진-표현-유전형<sup>(약2천개)</sup> 질병 원인에 따라 원인, 단서, 처방을 제공할 수 있다. 시장가치는 국내 8조, 세계시장 규모는 822조로 추정한다.


(2)씨디알스캔(CDRscan, Cancer drug response scanning)

씨디알스캔은 폐암, 간암 등 다양한 암에서 유래된 약 1,000개 암세

포주를 대상으로 '가상 약효 예측'을 수행하는 인공지능 립러닝 모델이다. 이는 유전체정보를 기반으로 유전체 기반을 기반으로 항암약효를 예측하는 최초의 상용화 가능한 인공지능 플랫폼으로 기존의 AI 회사들이 주로 사용하는 약물의 화학적 특성 이외에도 유전체 빅데이터를 결합하여 약물의 효과를 예측할 수 있다. 암환자, 암조직마다 판이하게 다른 유전적 특성을 신약개발 과정에 고려하는 개인맞춤 정밀의료가 가능해진다.

다른 질환의 치료제 중 항암효과가 있는 약물 발굴도 가능해져 짧은 시간과 저비용의 개발이 가능하다는 점에서 그 의의가 있다. 김태순 신테카바이오 대표는 "앞으로 실험용 동물, 주사, 약품 등이 가득한 웻(wet)실험실이 아닌 데이터분석 고성능 컴퓨팅 시스템이 실험실 주류로 부상할 것이며 신약 개발 열쇠는 수많은 실험과 경험보다 빅데이터가 될 것"이라고 말했다.


2. 투자 현황 및 장외상황

신테카바이오의 주관증권사는 대우증권이다. 2018년 5월, 스마일게이트 인베스트먼트, KDB산업은행, 한국채권투자자문, 알토스벤처스, 요즈마 그룹 코리아로부터 120억 시리즈B 투자유치를 받고 5개 투자기관에 등기완료 통보를 완료했다. 현재 상장 추진이 가시화되지 않았음에도 불구하고 신테카바이오에 초기에 투자한 투자자들은 많은 수익을 실현한 것으로 파악된다.

# 카이노스메드

## 기업개요

| 회 사 명 | 주식회사 카이노스메드 | 소재지 | 경기도 성남시 | 자본금 | 64.1억원 |
|---|---|---|---|---|---|
| 설 립 일 | 2007년 6월 | 업 종 | 전문,과학 및 기술서비스업 | 대표자 | 이기섭 외 |
| 주요사업 | 1. 뇌질환치료제 개발<br>2. 항암제, 항바이러스제 개발 | | | | |

## 회사연혁

2008년 10월 지식경제부 바이오스타프로젝트 선정

2011년 03월 KFDA 에이즈치료제 국내 임상1상 IND 승인

2012년 11월 한국화학연구원과 '에이즈치료제 기술 독점실시권' 계약

2014년 10월 에이즈치료제(KM023) 기술이전

2015년 09월 코넥스(KONEX) 상장

2017년 10월 파킨슨치료제 임상1상 완료

## 주요 사업내용 및 핵심기술

㈜카이노스메드는 2007년 설립되어 뇌질환, 암, 감염성 질환분야에서 치료제 신약을 연구개발하는 기업이다. 대표적인 신약 개발 분야는 에이즈치료제(KM-023), 파킨슨 치료제(KM-819), 세포독성 항암제, B형 간염 치료제이다. 카이노스메드의 사업 모델은 신약후보 물질을 개발 또는 이전받아 글로벌 신약프로젝트를 개발하고 전임상 단계 또는 초기임상 단계에서 국내외 제약회사에 기술을 이전하는 것이다. 에이즈 치료제(KM-023), 혈액암과 유방암 등 고형암에 적응하는 브로모도메인 4 저해제, 세포독성 항암제(KM-630)은 이미 중국 회사로 기술이전이 완료됐다.

### 1. 연구 개발진

바이오신약 개발에서는 연구 개발진이 기업 평가의 핵심 요소이다. 경영진은 신약 개발 및 기업 성장을 이끌 전문가로 구성됐다. 이기섭 대표이사는 미국의 나스닥 상장(1999년) 경험이 있는 전문경영인이다. 유성은 각자 대표이사(대전연구소 분소장 겸임)는 서울대학교 화학과(학/석사), 예일대학교 생유기화학박사, 하버드대 포스트닥터 과정을 거쳤으며 미국 듀폰 중앙연구소 8년, 한국화학연구원에서 24년 재직했다. 황반변성 치료제, 골다공증 치료제 등 다수의 신약개발 프로젝트를 수행했으며 현재는 파킨슨치료제(KM-819)의 임상 개발 및 글로벌향 프로젝트를 담당한다.

김두섭 수석부사장은 美 머크사, 한독약품, 초당약품 등을 거친 글로벌 신약개발 전문가이다. 머크 재직 시 제2형 당뇨병 치료제 블록버스터 자누비아를 개발, 2007년 토마스 에디슨 상과 제약산업의 노벨상이라 불리는 갈렌상(Prix Galien Prize)도 자누비아 개발팀과 공동수상했다. 이재문 바이오부사장은 듀크대학 생화학, 유전학 박사학위를 취득했다. 항암제 개발 기업 엑셀리시스에서 대상발굴, 리드개발 등 신약 개발의 핵심인 생물학적 분야에서 6개 프로젝트를 주도했다. 글로벌 신약개발 경험이 풍부한 국내외 기술자문 그룹 및 전문 사업개발 전문가들로부터 프로젝트 및 외부 라이선싱 자문을 받고 있다.

## 2. 핵심 파이프라인

에이즈 치료제(KM-023)은 비핵산계열 역전사효소 저해제이다. 특히 기존 약 대비 항암바이러스 효과가 탁월하며 모든 종류의 HIV subtype에 대해 항바이러스 효과가 나타났다. 2017년 3월 중국 국가식품감독관리총국으로부터 임상 2상 시험을 승인받은 데 이어 중국 정부가 우선 심사하는 신약후보군에 등재되었다.

이에 힘입어 중국 제약기업 장쑤아이디에 기술이전을 완료하고 일정 부분의 마일스톤 수령과 개발 후 10% 추가 로열티도 확보했다. 중국의 추가 임상은 진행 중이며 중국 정부에서 관여하고 있는 만큼 임상은 빠를 것으로 예상되며 이르면 3년 안에 상용화에 성공할 수 있을 것으로 기대한다. 국내에서는 2014년 임상 1상을 완료했다. 2018년 하반기 2상과 3

상을 동시에 진행을 목표한다. 최종 승인 목표 시점은 2020년이다.

파킨슨병 치료제(KM-819)는 신경독성 물질인 'MPP'에 의한 세포사멸로부터 도파민 신경세포를 보호하고 알파-시누클라인 생성 및 축적을 억제하는 새로운 타깃의 약물이다. 현재 임상 2상을 미국에서 진행할 예정이며 성공을 위해 미국의 파킨슨 연구소와 공동 연구를 위한 업무 협약 체결도 마쳤다. 이 공동 연구는 파킨슨 연구소가 파킨슨병 환자에게서 추출한 유도만능 줄기세포를 대상으로 약효의 효능을 입증하는데 중점을 두고 있다. 또한, 효율적인 관련 업무를 위해 미국 내 자회사 패시네이트를 설립했다.

## 투자 현황 및 장외상황

카이노스메드는 2018년 8월 코스닥 상장 벤처캐피탈 DSC인베스트먼트로부터 제3자 배정 유상증자 형식으로 30억원을 유치했다. 자금의 목적은 파킨슨치료제의 적응증 확대와 다른 파이프라인 확충에 대한 투자이다.

상장주관사는 하나금융투자와 한국투자증권이다. 2015년 9월 코넥스시장에 상장한 카이노스메드는 2018년 1월부터 코스닥 이전 기술특례 상장을 위한 기술성평가를 진행했으나 3월 최종 탈락했다. 평가기관 2곳에서 적어도 BBB 등급 이상을 받아야 했으나 A와 BB를 받았다. 사측은 당시 평가기관이 기술평가에서 문제를 제기한 것이 아니라 회사의 외부적 요인들을 지적했다며 2018년 10월 전까지 서류 보완을 마치고 올해 안에 재차 기술특례 상장을 신청할 계획이다.

카이노스메드에 초기 투자한 투자자는 이미 코넥스 이전 시에 이슈로 기대한 수익을 실현한 것으로 파악된다.

# 바이오이즈

## 기업개요

| 회 사 명 | 주식회사<br>바이오이즈 | 소재지 | 서울시 구로구 | 자본금 | 39.1억원 |
|---|---|---|---|---|---|
| 설 립 일 | 20013년 3월 | 업 종 | 바이오칩, 암,<br>만성질환 진단 | 대표자 | 김성천 |
| 주요사업 | 1. 압타머(Aptamer) 기반 바이오싸인(BioSign) 체외진단<br>2. 3rd Biochip 이용 7대 암진단 및 만성질환, 유전자 검사, 산전 검사 등 | | | | |

## 회사연혁

2002년 05월 유전체기반 암 진단 마커 특허 출원

2009년 09월 KISTI, 바이오이즈 원천특허기술 가치평가(약3,000억원)

2014년 05월 3rd Biochip 특허출원, 유전자 검사 기관 인증 획득

2014년 11월 삼성의료원 및 아산병원 IRB 임상시험 승인

2015년 10월 KGMP 인증 획득

2018년 05월 美 MD Anderson 암센터와 기술후원연구 계약 체결

## 주요사업내용 및 핵심기술

㈜바이오이즈는 압타머 관련 전문 기술 및 특허(31종, KISTI 가치평가 약 3,000억원)를 보유하고 있으며 총 22개, 350억 규모의 국책사업을 완료한 정밀의료기업이다. 압타머는 항체와 효소에 비교되는 '인식 물질'로 표적과 결합하면 형상이 크게 변화하여 높은 탐지 감도와 선택성을 제공, 새로운 바이오센서를 개발 가능하게 한다. 간편한 분석을 위한 무표지 센서 포맷의 개발에 유용할 뿐 아니라 단백질 유전정보학, 약물탐색 분야의 다양한 분석도구로서의 활용도 가능하며 암과 질병에 대한 진단과 치료 수단으로 주목받는다. 연평균 67.5% 고성장을 통해 항체기반 진단 시장을 대체할 것으로 예측된다.

### 1. 핵심 기술

### (1) 압타머 기반 기술

바이오이즈는 안정된 삼차구조를 가진 단일가닥핵산 압타머를 이용해 질환에 특이적인 결합과 민감도를 가진 압타머를 발굴하고 이를 이용한 바이오칩을 개발, 혈액 내 특정 지표 단백질의 양을 추측하는 진단키트를 개발하고 있다. 현재 진단에 활용하는 압타마 1,149개를 확보했으며 3,000여 차례의 임상을 통해 그 정확성과 유효성을 검증했다.

이를 기반으로 개발된 압타머 기반 체외진단 다지표검사 키트 '압타싸인(AptaSign)'은 피 한 방울로 암을 초기 단계부터 진단이 가능하다. 폐암, 유방암, 흑색종, 간암, 대장암, 위암, 전립선암, 자궁경부암 등 8대

암과 루게릭병 등 신경질환 및 심혈관 질환을 검진하고 예측, 진단할 수 있다. 현재 바이오이즈는 압타싸인의 임상시험을 위해 국내외 병원과 글로벌 CRO업체 등과 논의를 진행 중이다.

압타싸인에 적용된 원천 기술인 '표준물질 제조법과 생체분자 분석방법 및 장치'는 국내는 물론 2018년 4월 일본, 6월 중국, 7월 미국에 특허 등록에 성공했으며 현재 유럽과 인도, 캐나다 등에서도 특허를 출원한 상태이다. 특허는 둘 이상의 생체분자로 구성된 생체시료에 존재하는 생체분자와 분석단일가닥핵산의 결합정보 생성을 위한 기준 물질 및 핵산칩, 이들의 제조방법, 이를 이용한 생체분자 분석방법에 관한 것이다.

바이오이즈는 '약물의 전달을 돕는 혁신 신약(First in Class)' 개발도 본격화한다. 2016년부터 진행한 신약개발은 조속한 시일 내에 임상시험계획승인신청(IND, Investigational New Drug)을 준비 중이다. 혁신 신약은 '압타머-항암제 결합체'와 '압타머-siRNA(small interfering RNA)복합체' 두 종류이다. '압타머-항암제 결합체'는 항암제를 목표로 하는 단백질에 효과적으로 전달할 수 있는 약물전달 시스템이며 '압타머-siRNA복합체'는 기존의 유전자치료제가 목표물에 정확하게 전달되지 못하는 비특이적인 전달능력, 그리고 면역반응을 일으키는 부작용 등을 돌파할 수 있는 신약이다.

(2) 리버스-셀렉스(Reverse-SELEX)

리버스 셀렉스는 BT, IT, NT 융합기술로 질병 특이적 압타머를 이용한 유의한 바이오마커(Biomarker)를 발굴하는 기술이다. 미지의 생체분자 중에서도 핵산과 단백질을 동시에 분석할 수 있는 특장점이 있다. 이는 압타머를 개발한 Larry Gold에 의해 설립된 소마로직(Somalogic)사의 단백질 기술보다 한 발 앞섰다고 평가받는다.

생체분자 분석 기술은 혈액 내의 질병 특이적 유전자를 찾아내 조기에 진단할 수 있는 액체생검 기술로써 기존의 조직 검사에 비해 간편하고 검사 결과의 정확도도 높으며 특히 검사시행 시 환자의 고통을 덜어줄 수 있는 신 의료기술이다.

2018년 5월, 바이오이즈는 세계 최대 규모의 텍사스 메디컬 센터 내에 위치한 MD Anderson 암센터와 향후 2년간 유방암과 피부암 진단의 임상실험을 위한 기술후원연구 계약을 체결했다. 삼중음성유방암이나 염증성 유방암은 기존 항암제나 표적 치료제에 반응하지 않는 악성 유방암이어서 질병 진행이나 치료 반응을 예측할 수 있는 압타싸인 같은 바이오마커 기반의 진단 키트가 반드시 필요하다. MD Anderson 암센터는 2018년 3월에 유방암에 대한 압타싸인의 기술이전을 바이오이즈로부터 받았으며 추후 임상 결과에 따라 암종 범위를 확대하여 연구 진행, 임상 진행 후 공동사업에 대한 논의도 이번 계약에 포함되어 있다.

2. 투자 현황 및 장외상황

바이오이즈의 주관사는 한화투자증권이며 기술성장기업 상장 특례를 통해 코스닥 상장을 준비 중이다. 기술성장특례의 경우 요건이 완화돼 자기자본 10억 이상이고 자본잠식률이 10% 미만이어도 진행 가능하다.

바이오이즈에 초기 투자한 투자자는 기술개발 이슈가 가시화되면서 이미 기대한 수익실현이 진행 중인 것으로 파악된다.

# 21. 미래 4차 산업혁명 기업을 발굴하라

기업에 투자하는 것이 주식투자이다.

기업은 이제 모두가 4차 산업혁명과 연관된 사업을 추진할 수밖에 없다.

인간세상의 삶을 윤택하고 행복하게 만들 기술,

그것이 곧 4차 산업기술 기업이다.

# 로킷

## 기업개요

| 회 사 명 | 주식회사<br>로킷 | 소재지 | 서울시 금천구 | 자본금 | 13억.2억원 |
|---|---|---|---|---|---|
| 설 립 일 | 2012년 1월 | 업 종 | Bio 3D 프린터 | 대표자 | 유석환 |
| 주요사업 | 1. Bio 3D 프린터 개발/판매<br>2. 인공피부, 맞춤제약, 인공장기 연구 개발 | | | | |

## 회사연혁

2013년 03월   국내 최초 데스크 탑 3D 프린터 에디슨 출시

2014년 07월   해외수출계약 수출: 일본, 중국, 러시아 등 해외 30개국

2015년 08월   삼성전자 에디슨 3D프린터 판매 계약 체결

2015년 12월   최고경영대상<sup>(동아일보)</sup>, 창조경영대상<sup>(조선일보)</sup>

2016년 04월   세계 최초 3종 재료 복합소재 Stealth Series 개발 / 출시

2017년 07월   독일 Franhofer 생명공학연구소와 바이오분야 MOU 체결

**주요 사업내용 및 핵심기술**

㈜로킷은 국내 1위의 바이오 3D프린터 전문 업체이다. 3D 바이오 프린팅은 3D프린터와 바이오잉크를 사용하여 살아 있는 세포를 원하는 형상 또는 패턴으로 적층하여 조직이나 장기를 제작하는 기술이다. 다보스포럼의 글로벌 리스크 보고서(Global Risk Report)에서 발표한 '12대 유망기술'의 2위인 바이오 기술과 12위인 3D프린팅의 융합은 4차 산업혁명바이오 분야에서 새로운 부가가치를 창출하리라 예상된다.

1. 핵심 기술

(1) 세계 최초 복합형, 출력용 바이오 3D 프린터 개발

로킷은 미 FDA가 승인한 6가지 바이오프린터 소재인 혼합가루, 바이오잉크, 히드로젤, 인공뼈, 합성고분자, 생분해성수지를 모두 지원하는 '에디슨 인비보(EDISON INVIVO)'를 개발했다.

인비보는 고체인 스캐폴드와 바이오잉크를 세계 최초로 동시 출력하는 기능이다. 스캐폴드는 세포가 살아갈 구조체이며 바이오잉크란 세포를 넣어 분사하는 재료이다. 바이오잉크를 통해 스캐폴드에 자리 잡은 세포가 스캐포드의 모양에 따라 장기나 뼈, 피부 등으로 성장하는 것이다. 환자의 몸에서 채취한 자가세포를 이식하기 때문에 면역거부반응 등 부작용이 없는 맞춤형 이식 연구가 가능하다.

인비보는 세계 최초의 온도 조절젤 출력방식, 정밀 핫멜팅 디스펜서, 광경화 출력, 필라멘트 압출 방식의 익스트루더, 액체 디스펜서 출력

방식 등 5가지의 출력 기술을 이용해 다양한 바이오 소재를 출력할 수 있다. 모바일로도 제어가 가능하다는 장점이 있으며 단가는 독일산의 10분의 1 수준이다.

로킷은 인비보를 기본으로 개인 맞춤 피부 및 인공피부 출력용 3D 프린터인 '에디슨 코스메틱(EDISON COSMETIC)'과 맞춤의약 처방 제약용 3D프린터인 '에디슨 파마(EDISON PHAMA)'를 단계별로 개발했다.

### (2) 지속적인 바이오잉크 개발

2018년 3월에는 인공장기 재생용 바이오잉크 7종을 개발했다. 이중 연조직용 5종은 하이드겔 타입의 제형으로 피부, 근육 제작 등에 사용된다. 특히 알로이씨엠은 특허기술인 셀시트(Cell Sheet)공정을 통해 세계 최초 100% 인체세포 유래 바이오 잉크로 기존 동물유래 바이오 잉크의 생체적합성 문제가 해결가능하다. 또 독일 하퍼 국립연구소와 공동 개발한 심근세포 재생 잉크인 고점도, 고순도 알지네티트의 개발로 초정밀 인공장기 구현이 가능하다. 경조직용 2종은 인공뼈 제작에 활용된다.

### (3) 인공장기나 약을 각 나라에 만들 수 있는 플랫폼 사업으로의 확장

로킷은 단순히 바이오 3D프린터 제조를 넘어 인공장기나 약을 각 나라에 맞게 만들 수 있는 플랫폼이라는 비전을 갖고 있다. 의료 플랫폼이 판매되면 각 나라는 맞춤형 인공장기 등을 생산할 수 있게 되어 효과적인 치료가 가능하며, 로킷은 재료와 3D프린터를 판매하고 로열티까지 챙길 수 있게 된다.


## 2. 시장규모 및 IPO 진행 현황

KOTRA가 IBIS월드 자료를 분석한 바에 따르면 세계 1위인 미국의 3D프린팅 시장 규모는 2017년 기준 약 30억 달러이다. 이중 헬스케어는 19.2%로 약 5억7천6백만 달러<sup>(약6,912억원)</sup> 수준이다. 시장조사업체 트랜스페어런시 마켓 리서치에 따르면 세계 의료용 3D프린터 시장은 2015년 5억4천만달러에서 2021년 12억9000만달러 규모로 성장할 전망이다. 식약처에 따르면 3D프린터를 이용해 환자맞춤형으로 제작된 의료기기 허가, 신고 건수는 2011년부터 지난해까지 44건이다. 이중 절반인 22건은 지난해에 허가, 신고됐다.

로킷은 현재 11개국에 진출해 글로벌 시장에서 바이오 3D프린팅 기업의 입지를 다지고 있다. 전 셀트리온 헬스케어 CEO 출신인 유석환 대표는 2018년 7월 미래에셋대우와 코스닥 상장을 위한 IPO 주관사 계약을 체결하고 2018년 매출추이를 기준으로 기술특례상장과 일반 상장을 고민 중이라고 밝혔다. 2018년 예상 매출은 100억원, 영업이익 20~30억 정도를 추정한다.

# 드로젠

## 기업개요

| 회 사 명 | 주식회사 드로젠 | 소재지 | 인천시 연수구 | 자본금 | 11.2억원 |
|---|---|---|---|---|---|
| 설 립 일 | 2015년 6월 | 업 종 | 드론 개발, 제조 | 대표자 | 이흥신 |
| 주요사업 | 1. 스포츠 드론, 개인용 드론 개발 제조, 판매<br>2. 산업용 드론, 유인용 드론 개발 제조, 판매 | | | | |

## 회사연혁

2015년 10월 200GT / 320R 일본 수출

2016년 01월 미국 소비자 가전 전시회(CES) Lobit 200/320 시리즈 출품

2016년 04월 Lobit 200/320 미국 수출

2016년 07월 유인드론 콘셉트버전 개발완료

2017년 01월 미국 소비자 가전 전시회(CES) Lobit 전제품/ 부품 출품

　　　　→ Best of Made in KOREA at CES Top 10 수상

## 주요사업내용 및 핵심기술

㈜드로젠은 2015년 설립한 국내 유일의 드론 기술 전문 기업이다. 4차 산업혁명의 핵심 기술로 꼽히는 드론의 하드웨어 설계부터 소프트웨어, 핵심 구동설비인 모터까지 독자 기술로 개발했다. 현재 드론 레이싱, Toy용, 교육용 등 다양한 용도의 드론 제품군을 보유 중이며 인명구조용, 산업용 드론 렌털 사업을 준비한다.

### 1. 핵심 기술

(1) 국내 유일 드론 제작 관련 원천기술 보유 및 원스톱 플랫폼 확보

드로젠은 드론의 핵심 부품인 소형 BLDC 모터<sup>(최대속도 180km)</sup>, 레이싱 전용 모터, 고효율의 하이브리드 모터와 모터들 간의 통신을 통해서 드론의 자세를 제어하는 FC<sup>(Flight Controller)</sup>를 개발했다. 국내 유일이며 유인용 드론에 관련해서는 세계 3번째로 원천 기술을 확보한 쾌거이다.

또한 세계 최초 다이아그리드 공법을 적용한 Puzzle X 프레임, 프로펠러, 캐노피 등의 하드웨어와 구동 소프트웨어까지 모두 자체 개발을 완료하여 기획-설계-제조-판매-AS까지 원스톱 서비스가 가능한 것은 물론 드론을 활용할 수 있는 모든 산업군에 대한 커스터마이징이 가능하다.

(2) 토이용부터 고급 산업용으로의 확장

최근 드론 시장은 토이시장 및 개인용, 방송용 항공 촬영시장을 넘어

새로운 스포츠 카테고리인 드론 레이싱 시장이 중국과 미국을 중심으로 폭발적으로 성장하고 있다. 드론 레이싱은 미국 스포츠 전문 채널인 ESPN에서 고정방송을 시작할 정도로 문화산업으로의 성장성을 갖췄다. 또한 각종 센서와 AI와의 결합을 통해 인간이 접근하기 어려운 재난 시장, 온라인 유통시장의 배송 수단 등으로 급속히 확장되고 있다.

드로젠은 안정성 높은 다양한 레이싱 드론을 개발해왔다. 제품의 대부분은 고속 주행과 FPV(First Person View, 1인칭 시점 뷰)를 지원하며 최대 비행속도는 130km/s에 달한다. AR(증강현실)과 VR(가상현실)을 드론에 도입한 온라인 드론 레이싱 프로그램 '드론 레이싱 챌린지(DRC)'를 개발하여 가상 3D공간에서 자유로운 드론 비행을 체험하도록 했다.

드로젠이 최종 지향하는 목표는 드론의 기술을 생명을 살리는 쪽에 활용하는 것이다. 고층 건물에 불이 나면 소형의 정찰 드론이 신고 접수 5분 만에 화재 현장에 도착, 종합적인 상황을 중앙관제센터로 전송하고 곧바로 유리 등 외벽을 깨부술 수 있는 해머 드론이 출동, 내부 진입로를 확보한다. 이후 건물 내부의 영상과 유독가스를 측정할 수 있는 3차원(3D)맵드론이 내부 상황을 모니터링하면 최대 400kg의 무게를 들어 올릴 수 있는 인명구조용 드론이 출동해 환자를 수송한다.

마치 공상과학 만화에나 나올 법한 위의 상황을 드로젠은 연구개발로드맵에 따라 작업 진행 중이다. 앞으로 5년 안에 400kg까지 들어 올리는 인명구조용 드론을 상용화하는 것이 목표이다. 이 드론은 무거운 무게를 들고 수시로 이착륙을 반복해야 하기 때문에 배터리와 모터의 성능이 가장 중요한데 이에 대한 기술개발은 완료되어 곧 상용화할 수 있는 단계이며 유인 드론용 볼로콥터 프레임 버전1은 이미 시연에 성공했다.

## 2. 시장규모 및 IPO 진행 현황

전 세계 드론 시장은 연평균 17%씩 성장해 2024년에는 드론 관련 시장 규모가 약 1,270억 달러<sup>(약 145조원)</sup>에 이를 것으로 전망된다. 우리나라는 세계 시장에서 매출 30위, 기술 7위권이며 정부는 2023년까지 매출 4위, 기술력 3위에 올려놓는다는 정책을 추진 중이다.

드로젠은 현재 국내 업체인 썬텍과 225억 규모의 OEM 공급계약을 완료했으며 드로젠USA, 드로젠HK, 드로젠NanMin<sup>(베트남)</sup>등 해외 지사를 통해 토이드론, 레이싱용 드론, 농업용 드론 등을 개발 및 생산 중이다. 신사업으로 산업용 드론 플랫폼과 렌트 사업을 추진 중이며 향후 고객 맞춤형 산업용 드론을 제작, 공급할 계획이다.

드로젠은 주관사를 대신증권에서 미래에셋대우로 교체하고 기술특례 제도를 통한 2018년 코스닥 상장을 준비 중이다. 기술특례상장은 유망한 기술을 보유한 중소기업들의 코스닥 상장을 돕는 제도이다. 기업들은 심사과정을 거친 뒤 평가기관 2곳으로부터 각각 A, BBB 등급 이상 받아야 상장예비심사 청구가 가능하다. 드로젠은 국내 첫 드론전문 업체로 상장이 예상된다.

# 파이브지티

## 기업개요

| 회 사 명 | 주식회사 파이브지티 | 소재지 | 서울시 마포구 | 자본금 | 25.5억원 |
|---|---|---|---|---|---|
| 설 립 일 | 2012년 10월 | 업 종 | 안면인식 보안 솔루션 개발 | 대표자 | 정규택 |
| 주요사업 | 1. 사물인터넷(IoT),알고리즘 기술을 활용한 얼굴인식 보안 솔루션 개발<br>2. 스마트홈(홈시큐리티) 관련 얼굴 인식 보안로봇 개발 | | | | |

## 회사연혁

2014년 12월  최우수 중소기업상 수상 / 한국경제 이달의 으뜸중기

　　　　　　　제품 선정

2016년 04월  국무총리상 수상(정보통신진흥 국가산업발전 공로)

2017년 06월  미래부 신S/W 상품대상 장관상 수상

2017년 12월  대한민국 ICT 대상 수상(신성장 부문)

2018년 07월  한국신지식인협회, 정보통신분야 신지식인 선정(정규택 대표)

## 주요사업내용 및 핵심기술

파이브지티는 생체보안시스템 기업이다. 적외선 카메라를 통해 사람 얼굴에서 4만개 이상의 특징을 포착 후 특허기술인 '알고리즘'을 통해 1초 이내로 인식과 인증을 완료하는 얼굴인식로봇을 생산한다. 인식과 인증을 마친 이미지는 지속적으로 빅데이터화되고 응용 어플리케이션의 목적에 따라 활용된다. AI와의 연계 및 스마트시티 구축 환경에 따라 범죄 및 테러 예방, 금융서비스, 헬스 케어 솔루션 등으로의 확장 연구도 진행 중이다.

현재 파이브지티는 AI 기반의 얼굴인식로봇을 스마트폰 어플리케이션과 연동시킨 도어락 제품(제품명: UFACEKEY)을 개발하여 스마트홈 시큐리티 시장을 선도하고 있다.

바이오시스템 산업연구원에 따르면 현재 전 세계 생체인식 시장규모는 2017년 170억 달러에서 2020년 334억 달러로의 성장을 예상하며 이중 얼굴인식은 11% 수준이다. 이 중 가장 많은 비중을 차지하는 것은 지문인식과 자동지문인식시스템(67%)이지만 접촉방식인 이 기술들은 최근 전 세계를 강타하는 신종 플루, 메르스 등의 전염병과 위조 및 복사가 용이하다는 점에서 점차 비접촉 방식으로 전환될 것이라 예상된다.

1. 핵심 기술
(1) 독자적 국내 알고리즘

얼굴인식 과정을 간략하게 요약하면 아래의 그림과 같다. 카메라가 입력한 이미지에서 얼굴을 검출하여 특장점을 추출하고 데이터베이스에 등록(기등록된 데이터는 검색)한 후 데이터를 추출하여 인식을 완료하는 프로세스이다.

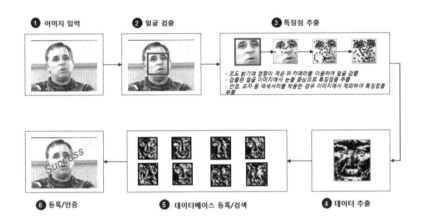

파이브지티의 핵심 기술인 알고리즘은 특징점 추출부터 데이터 추출까지의 과정에서 이뤄진다. 특징점 추출 시 얼굴검출 최적화(Cascade Method 적용), 얼굴데이터 자동구성(GRA 적용), 인증영상단위 개선(인증정확도 개선) 등이 적용되어 세계 최고 수준의 인식률과 정확도를 자랑한다.

(2)적외선 인증과 정확도

파이브지티의 제품은 컬러카메라가 아닌 적외선카메라를 사용하여 1lux정도의 어두운 환경에서도 인증이 가능하며 적외선 생체인증방식이므로 사람이 아닌 사진이나 동영상으로는 인증이 불가능하다. 최근 얼굴인식을 사용하는 아이폰 X에서 인식 실패로 이슈가 되었던 일란성 쌍둥이도 완벽하게 구별해낸다.

(3) 스마트폰 연동기능 및 확장 속성

스마트폰 앱과 연동되어 외부에서의 방문자 확인 후 원격제어가 가능하며 이중 확인을 통한 제어도 가능하다. 모든 방문 기록은 데이터베이스화되며 언제 어디서든 방문자와 방문시간의 확인이 가능하다. 파이브지티는 여기에 두 가지 핵심 속성을 부여했다.

첫 번째는 '감성터치'이다. 사용자는 앱을 통해 대상자를 검색 및 지정하여 음성메시지를 입력할 수 있다. 맞벌이 가정의 아이는 귀가 시 미리 스마트폰을 통해 전송된 엄마의 따뜻한 목소리의 메시지를 들을 수 있다. 가장들은 늘 걱정인 혼자 사시는 어머니나 자녀의 일상을 실시간 모니터링하여 안심하고 생활할 수 있으며 긴급 상황 시 즉각적인 대처가 가능하다. 이는 독거/치매 노인들을 관리하는 후원자들에게도 적용된다. 현재 파이브지티는 서울시, 서울산업진흥원(SBA)의 '하이서울 협력사업'을 통해 독거/치매노인들 관리를 위한 사회사업 활동을 진행한다.

두 번째는 '범죄예방'이다. 얼굴인식 시 사용자가 특정 표정(놀란 표정, 찡그린 표정 등)을 등록해두고 강도 등이 뒤에서 문을 열도록 강요할 시 해당 표정을 지으면 자동으로 사이렌이 울리고 가족, 경비실 및 경찰로 연락이 간다. 또한 IoT시스템이 구축된 스마트시티환경에서는 다양한 서비스가 가능하다.

## 2. 시장규모 및 IPO 진행 현황

바이오시스템 산업연구원은 2020년 세계 얼굴인식 시장규모를 약 375조 2천억 원으로 예상하며 한국정보보호산업협회는 2018년 국내 얼굴인식시장이 1,940억 규모로 1,600억 규모인 지문시장을 넘어설 것으로 전망했다. 한국스마트홈산업협회는 스마트홈산업이 2014년 8.6조원 규모에서 연평균 20.4% 성장한 21.2조원을 달성할 것이며 이 중 홈오토메이션 시장은 2019년 1.4조원, 스마트홈 시큐리티시장은 2019년 3.6조원으로 가장 크게 성장하리라 예상했다.

2017년 용인 한양수자인 더키 포크 타운하우스 294세대에 국내 최초로 아파트얼굴인식 출입 시대를 열었으며 현재 포항GS자이아파트(GS건설 1,567세대), 강남 청담동 아노블리 오피스텔(코오롱글로벌,660세대), 서울 신촌 그랑 자이아파트(GS건설 1,248세대)에 얼굴인식로봇 유페이스키 공급계약 후 2019년까지 입주를 앞두고 있다. 2018년 4월말 기준 수주 실적은 약 3만 세대다. 중동, 베트남 등의 스마트시티사업에도 참여하고 기술이전 및 제품 수출이 진행 중이어서 성장이 기대된다.

파이브지티의 2017년 매출액은 48억, 영업이익은 6억 수준이었으나 2018년 예상매출은 137억 원이며 상장 준비가 진행될 것으로 예상되는 2020년에는 500억 매출을 예상 중이다.

# 부록

## 1. 장외주식 유통형태

상장주식과는 다르게 비상장기업의 주식, 장외주식은 아직 상장되지 않았다는 이유만으로 대부분의 투자자에게 의심과 허위거래와 투자 행위가 사기행위로 치부되는 경향이 있으므로 처음 투자하는 투자자는 비상장주식의 유통의 형태에 대해서 명확히 구분하고 투자해야 한다.

장외주식의 유통형태는 보통 주식미발행확인서와 통일주권의 두 가지이다. 그 외의 방법은 실제로 인정되지 않으며 자칫 큰 오해와 손실을 감당해야 하니 신중하기 바란다.

장외주식의 기업은 일반적으로 주식이 발행되어 있지 않으므로 여러 사기 행위가 많은 시장이다. 특히 주식미발행확인서의 변형된 방식으로 주권보관증이라는 방식이 합법인 듯이 사용되는데 이는 실제로 '청담동 주식부자'라는 사기꾼의 행위에 사용된 수법으로 정상적인 장외주식 거래 방식이 아님을 강조한다.

그래서 주식의 매도와 매수의 방법을 증명하기 위해 발행회사인 투자회사에서 주식이 미발행되었다는 확인서를 작성해주는 주식(주권)미발행확인서와 한국증권예탁원에 주식발행을 허가받고 발행된 대한민국의 통일된 양식의 주권을 의미하는 통일주권, 이 두 가지 방식이 가장 정확한 거래 방식이며 투자가 정상으로 진행되었다는, 신뢰할 증서이다.

### 주식(주권) 미발행 확인서

최초에 기업이 창립되면서부터 유통주식의 형태로 발행하는 회사는 없다고 봐야 한다. 즉 주식이 발행되지 않은 상태이다. 따라서 투자자가 발생할 경우 주식미발행한 확인서를 기업측에서 작성해 투자자(주주)에게 배부하는 형태를 말하며 이는 투자자가 정상적인 투자회사의 주주임을 확인하는 확인서이다. 비상장기업의 약 90% 정도가 이런 형태를 취하고 있다.

이 증서는 일정시점이 지나고 나서 회사가 통일된 양식의 주식을 발행하는 시점에 미발행확인서와 신분증 등을 회사에 제출하거나 혹은 한국증권예탁원이나 회사에서 지정하는 국민은행, 하나은행 지점에 필요서류로 신청하면 주식을 입고시키거나 실물주권을 부여받게 되는 기업의 초기 주식발행방법을 의미한다.

## 〈주식미발행확인서(명의개서)〉

---

주식(주권) 미발행 확인서

OOO 귀하

주 식 의 종 류 : 주식회사 OOOO  보통주

주   식   수 : OOOO주 (OOOOOO원정)

일주의액면금액 : 금 OOOO원정

주식회사 OOOO가 20  년  월  일, 증자 발행하여 보유중인 상기 주식에 대하여 당사는 주식(주권)을 미발행하고 있음을 확인하며 상기 주식에 대해 주권이 발행 되는대로 주주 OOO(주민등록번호)님에게 교부하여 드릴 것을 확인합니다.

20  년  월  일

OO시 OO구 OOO길
주식회사 OOOO  대표이사 OOO    (인)

---

　　실제로 비상장회사의 투자에서 수익을 극대화시키는 방법은 미발행확인서를 발행하는 시점에서 투자하는 것이다. 극초기의 투자이기 때문이다. 사람으로 비유하면 막 태어나 출생신고를 하고 주민등록상 등재되어 등본에 '홍길동'이라고 적혀 있는 형태이다. 성년이 되어서 주민등록증이 발행되는 것을 통일주권이라고 생각하면 이해가 쉬울 것이다.

## 통일주권(통일규격주권)

　최초 주식미발행확인서 형태의 기업이 일정시점이 지나거나 규모가 성장하면 관리의 측면과 대외적인 신뢰도 문제, 주식 유통의 문제와 양수, 양도의 문제로 인해 정부가 규정하는 대한민국의 통일된 주식의 형태인 주권을 발행하는데 이것이 '통일주권'이다.

　이러한 통일주권은 화폐와 같은 개념으로 해당 주권의 수량을 표시하는데 권면이라는 용어를 사용하여 1주권, 5주권, 10주권, 50주권, 100주권, 500주권, 1000주권, 1만주권으로 총 8종의 권면으로 통일된 관리의 효율성 목적으로 구분해서 발행한다. 증권사 HTS시스템과 지점에서 무통장입금하는 형태로 상호 이체되므로 실제로 믿는 투자자와 주식보유자 간의 거래는 거래대금의 입금과 투자기업의 주식을 상호 전화만으로 사고팔고가 가능한 것이다.

〈통일주권(통일된 양식의 주식)〉

사람으로 비유하면 성인이 되면 주민등록증이 만들어지는 시기이다. 비상장기업 중에 일반적인 중소기업의 경우 통일주권을 만드는 시점을 상장이 임박했음을 알리는 시기로 판단해도 무리는 아니다.

화폐도 위조화폐가 있듯이 주권도 위조주권의 사기사건이 발생한다. 실물주권으로 거래되는 경우 주권의 위조여부를 확인할 수 있어야 한다. 통일주권은 규격화된 양식이며 위조와 권면을 판별하는 12개의 방법 중에 대표적인 것은 ①숨은 그림/글자 ②권면의 색상 ⑨요판잠상<sup>(문</sup><sup>자)</sup> ⑪일련번호 숫자 ⑫앞뒷면 맞춤<sup>(태극무늬)</sup> 등 5가지는 육안으로 식별이 가능하여 진위를 구분할 수 있다.

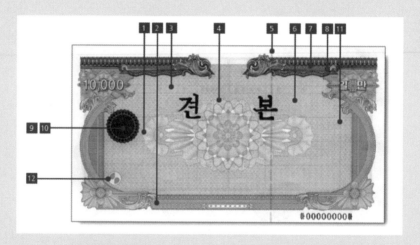

**〈통일주권 및 위변조 식별요령〉**

①숨은그림/글자 ②권면의 색상 ③선화인쇄 ④형광인쇄 ⑤형광은폐인쇄 ⑥형광은사 ⑦요판인쇄 ⑧요판미세문자 ⑨요판잠상 ⑩적외선잉크 ⑪일련번호숫자 ⑫앞뒷면맞춤

실제로 실물주권을 확인할 방법은 그리 많지 않다. 본인 계좌에 주식이 있을 경우 해당 증권사 지점에 신청하면 1~2일 후 직접 수령이 가능하나 증권사의 업무성격상 실물 출고를 반기지는 않는다. 만약 실물주권을 수령했을 경우는 수표처럼 반드시 사진을 찍어놓거나 권면과 일련번호를 반드시 별도로 보관해서 분실 시 대책을 강구하기 바란다.

### 주식(주권)보관증

이 방법은 일반 유통형태가 아니며 권장하지 않는다. 이 방법으로 청담동 주식 부자라는 사기 행각이 이루어졌다. 주식(권)보관증으로 투자자에게 주식투자된 것처럼 교부하고 실제로는 아예 투자가 안되었거나 해당 투자금액만큼의 투자가 이루어지지 않은 허위 사기 행위가 발생했으므로 신중해야 한다.

주식보관증은 실제 주식을 주식(주권)미발행확인서나 통일주권으로 교부하지 않고 미발행 사실이나 통일주권을 특정기관(증권예탁원, 위탁발행은행인 국민, 하나은행)에 보관하고 이를 증명한다는 보관증을 작성해 발행하는 것이다. 이 방법으로 거래할 경우는 특정 담보물을 담보설정하거나 공인기관의 공증 절차를 밟는 보완장치를 취해야 한다.

당신이 소개 받은 사람이나 비상장 거래 법인에서 이 방법으로 투자를 지속적으로 권유한다면 불법 행위일 가능성이 높으니 반드시 확인하거나 안전한 주식미발행확인서와 통일주권으로의 교체를 요청하라.

투자가 진행되었는데도 조치하지 않는다면 사기일 가능성이 크다.

## 2. 장외주식 거래 시 세무회계

장외주식 세금 종류 및 실무 가이드

• 장내시장은 증권선물거래소가 운영하는 유가증권시장과 코스닥시장을 말하며, 장외시장(場外市場, off board market)은 말 그대로 공인된 시장 밖에서 거래되는 주식시장이다. 장내에서 주식이 거래되려면 기업공개 절차를 거쳐 상장되어야 한다.

• 장외시장에는 장내시장의 증권선물거래소처럼 주식의 거래를 단일하게 관리해주는 주체가 없다. 장외주식 거래를 중개하는 몇몇 전문 중개업체가 있지만 기본적으로는 매개자가 없는 개인 대 개인의 직접거래이다. 현재 장외주식 관련 정보는 대부분 전문 정보제공 업체들의 홈페이지에 제공되고 있으며, 이 홈페이지에 올라와 있는 장외주식의 가격이나 수량 등을 검색한 후 개인들끼리 거래하는 방식이다.

• 장내시장은 경쟁매매 방식이므로 특정 시점의 특정 종목 가격은 하나밖에 없지만, 장외시장에서는 개별적인 협상에 의해 가격이 결정되므로 동일 종목이 동일 시각에 거래되는 경우에도 둘 이상의 복수 가격이 형성될 수 있다.

• 장외거래는 당사자 간의 직거래이기 때문에 각별한 주의가 필요하

다. 매매에서 발생할 수 있는 피해가 전적으로 투자자 스스로에게 돌아오기 때문이다.

**상장주식, 장외주식의 세금 종류**(양도세, 증여세, 상속세, 증권거래세)

• 상장주식 거래 후 발생하는 비용 중 증권사 취급수수료 외에 발생하는 세금의 경우 국내에서 거래된 대부분의 주식은 매매가액의 0.5%에 해당하는 증권거래세를 양도인이 납부한다. 물론 상장주식도 과세대상이 된다.

• 비상장주식은 거래 시에 통상 증권거래세와 양도소득세, 주민세를 신고·납부해야 한다. 예외적으로 조세특례제한법에 따라 중소기업인 벤처기업의 소액주주는 양도소득세가 비과세된다.

• 비상장주식은 거래가격이 쌍방 협의로 결정되는 것이 대부분이며 계약가격은 비상장주식의 실질 가치와는 상관없이 당사자 간 합의된 가액이다. 거래 쌍방이 세법에서 규정하는 특수관계자가 아니라면 계약가격이 양도가액이 된다. 다만 특수관계자 간의 거래 시에는 세법상의 비상장주식 평가 후 고가 혹은 저가 양수도 여부를 파악해 증여세나 양도소득세가 추가 부과될 수 있다.

• 주식양도 시 적용되는 양도세율은 일반 부동산 양도와는 다른 세율을 적용하며, 통상 비상장주식에는 10%의 양도세율이 적용된다. 다만 대주주가 양도하는 중소기업이 아닌 일반회사의 주식은 1년 미만 보유 시 20%의 세율이 적용된다. 대주주가 아니더라도 중소기업이

아닌 회사의 비상장주식을 거래하거나 비중소기업 상장주식을 장외
거래할 경우에는 20%의 양도세율이 적용된다.

**〈주식 양도소득세율〉**

| 구 분 | | | | 세율 |
|---|---|---|---|---|
| 비상장<br>주식 | 중소기업 발행주식 | | | 10% |
| | 대기업<br>발행주식 | 소액주주, 대주주 1년 이상 보유 | | 20% |
| | 대기업<br>발행주식 | 대주주 1년 미만 보유 | | 30% |
| 상장·코스닥<br>상장 주식 | 대주주 | 중소기업 발행주식 | | 10% |
| | | 대기업<br>발행주식 | 1년 이상 보유 | 20% |
| | | 대기업<br>발행주식 | 1년 미만 보유 | 30% |
| | 소액주주(장내거래) | | | 비과세 |
| ※ 양도소득세 납부 시 지방소득세(양도소득세의 10%) 별도 납부 | | | | |

• 대부분의 상장주식은 증권거래세만 납부하면 된다. 예외적으로 대
주주가 보유한 상장주식과 장외거래를 하는 주식은 양도소득세와 주
민세를 자진 신고 납부해야 한다. 1,000만 원에 매수한 주식을 1,500
만원에 매도했다면 장내거래는 1,500만 원의 0.5%인 70,500원의 증
권거래세만 납부하면 된다.

장외거래의 경우는 500만 원에서 증권거래세 및 기본공제 250만 원

을 공제한 금액의 10%인 242,500원의 양도세와 주민세 24,250원을 자진 신고 납부해야 한다. 총 부담할 세액은 341,750원이다. 1년 중 2회 이상의 장외거래가 있을 때 기본공제는 최초 1회만 가능하다는 점에 주의하라.

• 해외 상장주식에는 거래 시에 해당 국가에서 부과하는 수수료나 세금이 별도로 있을 수 있고, 국내에서는 양도소득세와 주민세가 부과된다. 즉 증권거래세는 부과대상이 아니다. 해외주식의 양도세율은 20%, 주민세율은 2%이다.

## 대주주와 소액주주의 차등 과세

• 주권상장법인(코스닥 포함)의 대주주가 소유한 주식을 양도할 때는 단 1주만 양도해도 양도소득세 과세대상이다. 다만 주권상장법인의 소액주주가 소유한 주식을 장내매매(한국거래소)한 경우에는 과세대상이 아니며, 이때 대주주를 판정함에 있어 행사 가능한 신주인수권은 주식수에 포함하여 계산한다.

• 주권상장법인의 소액주주라도 소유한 주식을 유가증권시장(한국거래소)을 통하지 아니하고 양도하면 모두 과세대상이다. 정규시장 외 장외시장인 시간외시장은 시간외종가매매, 시간외단일가매매, 시간외대량매매, 시간외바스켓매매로 구분(유가증권시간업무규정 제33조)되는데 이는 장내매매로 보지 않는다.

| 구 분 | 내 용 |
|-------|-------|
| 대주주의 범위 | 지분율2(4)% 이상 또는 시가총액 50(40)억원 이상 주식 보유 |
| 과세대상 | 1주의 양도라도 모두 과세 |

• 비상장법인의 주식을 양도할 때는 대주주, 소액주주 구분 없이 모두 양도소득세 과세대상이다.

• 마지막으로 소득세법시행령 제158조에 규정된 특정 주식, 부동산 과다 보유법인 주식에 해당되면 상장법인의 주주가 소유한 주식을 양도하는 경우에도 모두 양도소득세 과세대상이다.

**〈특정 주식 해당 요건〉**

| 요 건 | | 특정 주식 | 부동산 과다보유 법인 주식 |
|-------|-------|-----------|---------------------------|
| 당해법인 당해법인 | 부동산비율 | 자산총액의 50%이상 | 자산총액의 80% 이상 |
| | 업종 | 제한 없음 | 골프장, 스키장, 휴양콘도미니엄, 전문휴양시설 영위법인 |
| 당해법인 당해법인 | 지분비율 | 주주 1인의 주식 합계약의 50% 이상 | − |
| | 양도비율 | 소급하여 3년간 50% 이상 양도하는 경우 | − |

**세금신고 실무 절차**(기한, 준비서류, 신고 절차 등)

• 주식거래로 양도소득세와 증권거래세 신고 납부 시 준비해야 할 서

류는 다음과 같다.

## 〈양도소득세 준비서류〉

| 실거래가액 신고 | 고시가액 신고* |
|---|---|
| • 회사의 주주명부<br>• 취득시 매매계약서 사본<br>• 거래가액을 확인할 수 있는 기타증빙<br>• 설립시 취득한 것은 주식인수증이나 주주출자 확인서<br>• 매도자 거래사실확인서 및 인감<br>• 양도시 계약한 매매계약서 사본<br>• 거래가액을 확인할 수 있는 기타증빙<br>• 매수자의 거래사실확인서 및 인감 | • 양도자의 주민등록등본<br>• 회사의 주주명부 사본<br>• 회사의 직전년도 법인결산자료<br>• 양도/양수자 인감증명사본<br>• 거래사실확인서 사본 |
| • 상속세 및 증여세법 제60조 3항 및 동시행령 제54조(비상장주식 보충적 평가) | |

## 〈증권거래세 준비서류〉

| 세 목 | 준비서류 |
|---|---|
| 증권거래세 | • 증권거래세과세표준 및 신고서<br>• 매매계약서 사본 |

• 주식거래로 회사 및 양도자와 양수자가 보관해야 할 서류는 다음과 같다.

| 회사 | 양도자 | 양수자 |
|---|---|---|
| • 계약서 원본<br>• 주식양도통보서<br>• 양도/양수자 인감증명 사본<br>• 거래사실확인서 사본 | • 계약서 원본<br>• 주식양도소득세 신고서 사본 | • 계약서 원본<br>• 양도자의 인감증명<br>• 거래사실확인서(추후 양도세 신고시 사용) |

• 이해당사자별 비상장주식의 상세한 거래 절차는 다음과 같다.

① 매매 당사자 간에 '주식양도양수계약서'를 작성하여 양도자는 양도소득세를 신고하고, 양수자는 회사에 통보하여 주주명부에 주주로 등재한다.

② 양도자는 양도세 신고 시 양수자로부터 거래사실확인서와 인감증명서를 수령하여(또는 제3자가 입회한 내용을 계약서상에 기재하여 거래가액을 객관적으로 입증할 수 있게 작성함) 계약서상의 양도가액을 증명한다.

③ 취득가액인 매매계약서 금액(증자가액 또는 설립 시 주금납입증명서 가액이나, 미확인 시 주주명부 사본의 액면가액)과의 차액에 대해 양도소득세를 신고해야 한다. 원칙적으로 실거래가액으로 신고하며 실거래가액이 불분명하면 기준시가로 양도차액을 계산한다.

④ 양수자는 양도자가 추후 주식양도 사실이 없다고 주장할 수 있으므로 거래계약서와 거래사실확인서(양도자의 인감증명서를 첨부)를 받아두는 것이 좋으며, 추후 주식양도 시 취득가액으로도 증명해야 한다.

⑤ 국세청으로부터 취득자금 출처 소명요구를 받을 수 있으므로 자금흐름을 준비하고, 실거래라는 것을 증명할 수 있도록 가능하다면 통장에 입출금이 노출되어야 한다.

## 장외주식의 투자흐름(process)

• 장외주식은 공인 거래소가 없기 때문에 장외주식을 사려면 양도자를 찾아야 하고 주식을 받고 돈을 보내는 개인 간 직거래를 해야 한

다. 따라서 상대방의 신분 확인이 필수이다.

• 상대의 직장과 신분이 확실하다면 굳이 만나지 않고 증권계좌를 통해 이체하며 은행계좌를 통해 송금하는 것이 일반적이다.

• 상장회사의 주식을 거래하는 것보다 장외거래를 투자하고자 하는 투자자들 입장에서는 신규 종목을 발굴하는 것부터 투자하는 절차, 사후관리가 상대적으로 어렵기 때문에 장외거래는 상대적으로 활성화되어 있지 않다.

• 따라서 이러한 장외종목 발굴 및 투자 프로세스 이해를 통해 장외종목 투자에 관심이 있는 투자자들에게 도움이 될 것이다. 상장 일정을 간략히 정리하면 다음과 같다.

① 종목 발굴

벤처캐피탈, 기관투자자, 창투사, 투자자문사, 장외종목 전문 브로커(38 사이트 등), 자체 발굴한 비상장회사 중 재무 상황이 좋고, 수익성 있는 아이템을 보유하고, 임직원의 건전한 경영 마인드가 있는 회사를 발굴한다. 비상장회사 발굴 시 투자 심사기준을 통과한 회사나 종목을 추천한다.

② 종목 매입지원

전문실사기관(회계법인, 법무법인, 기술평가법인 등)의 기업실사 및 기업탐방을 통해 회사의 실제 제조시설 보유현황 및 가동상태, 임원 면담을 통한 건전한 경영 마인드 확인, 기술연구부서의 실질적 운영 상황, 특허권 보유현황 검토, 회사 내부 통제 시스템의 운영현황 등을 검토하여 비상장회사 분석보고서를 작성하여 배포한다. 기업 본질 가치 및 미래 가치를 반영하여 기업성장 가능성 등도 검토하여 분석보고서에 포함한다. 이를 통해 적정한 투자배수 및 투자가격을 제시하고 관심 있는 투자자들이 안심하고 적정한 가격으로 참여할 수 있도록 한다.

③ 회사 진행 정보 제공

투자회사에 투자가 이루어지면 분기별, 반기별, 연간 실적 및 사업계획 자료를 투자회사로부터 입수하여 공유한다. 투자회사의 정보 공유가 원활하지 않으면 일반적으로 투자자들에게는 투자위험과 투자손실 가능성이 높아질 수 있으므로 주기적인 정보 제공은 필수 절차이다. 즉 정보의 비대칭성으로 인한 특정 이해관계가 있는 투자자들에게만 정보를 제공해 이득이 편취되면 법적으로 처벌 받을 수 있기 때문에 투명하고 공정한 정보 제공은 장외주식투자에서 중요한 사항이다.

④ 매도시점 추천

장외주식을 보유한 투자자들은 Exit 전략을 사전에 마련하여 매도시점을 파악한다. 즉 투자회사의 IPO 일정 등에 따라 IPO 이전에 매도하거나 IPO 이후 장내에서 매도하는 시점을 투자자 성향에 따라 결정할 수 있다. 장외주식 보유기간이 장기일 때 일정 수익률이 확보되는 시점에 IPO 이전이라도 매수하고자 하는 대상이 출현하면 매도할 수 있다.

⑤ 매도지원 및 사후관리

일반적으로 장외주식 매도는 특별한 호재가 존재하지 않은 이상 IPO 또는 상장 직전에 매도를 진행한다. 상장 이후 주가 변화는 예측이 불가능하기 때문에 투자 리스크를 회피하기 위한 전략으로 이해된다.

## 장외주식 회계 및 사후관리

• 보통 피투자회사는 투자유치를 받을 경우 CB나 BW 등 사채를 발행하는 방법과 유상증자 또는 구주의 매각을 통해 자금을 조달하는 방법을 사용한다.

• CB 등 사채 발행은 회사의 부채로 분류되어 부채비율이 증가하는 반면, 미래에 회사의 재무 상황이 개선되어 사채 원금을 상환할 수 있다. 저렴한 조달비용을 활용하는 데 용이하고 경영권의 직접 개입을 방지할 수 있다.

• 유상증자나 구주매각은 자본에 직접적인 영향을 끼치므로 부채비율을 낮추는 데 기여할 수 있어서 재무비율 개선효과를 통해 신용평가 결과가 높아질 수 있다. 상환의무도 없어서 장기적으로 회사의 운전자본과 투자금액에 안정적으로 사용할 수 있다. 기존 경영권을 보유한 대주주와 신규 주주들 간의 이해가 상충될 경우 경영권 분쟁이 발생할 수 있다.

• 장외주식 투자자들은 피투자회사가 통일주권을 발행한 경우 한국예탁결제원에서 위탁하여 실물관리를 하며, 미발행주식은 매매계약서 및 주주명부, 주식변동상황 명세서 등을 통해 주주변경 내역을 회사가 관리해야 한다.

• 장외주식 투자자가 일반회사라면 장외주식을 비유동성 항목인 매도가능증권에 반영하고, 매 결산 시 피투자회사의 재무 상황을 고려하여 평가해야 한다. 평가 결과는 당기손익이 아닌 기타 포괄손익누계액에 반영한다. 즉 장외주식을 보유한 회사는 피투자회사의 감사보고서, 결산자료, 사업계획서 등을 주기적으로 징구하여 회사의 재무 상황을 판단해 투자금액과 피투자회사의 순자산금액을 비교하여 평가손익을 인식한다.

## 기타 유의사항

① 장외주식은 가치주 위주로 투자를 진행하지 않을 경우 일정 기간 경과 후 보유주식이 휴지조각 또는 무수익자산이 될 가능성이 있다. 고수익 고위험(high risk high return)의 함정과 덫에 걸려 투기로 변질될 수 있으니 각별히 유념해야 한다.

② 장외주식 투자 시 피투자회사의 CEO 마인드, 임직원의 과거 회계분식 경력, 자금횡령 가능성 등 기술연구와 생산성 개선활동보다 자본거래에 관심이 더 있다면 자금유용 가능성을 유의해야 한다.

③ 피투자회사의 임직원 근속연수, 이직률, 생산시설 보유, 연구부서 활동상황, 기술력 우위, 특허권 등 무형자산의 보유 상황, 소송사건, 우발 상황 등 전반 사항을 검토하여 가치투자 요건에 부합하는지 상세히 검토해야 한다.

④ 위 내용은 일반적으로 외부 전문가에 의한 철저한 투자심사와 분석보고서,

실사보고서에 반영되어 있으므로 충분히 검토 후 투자를 진행해야 한다.

⑤ 장외거래는 항시 정보의 비대칭성이 상존하고 있으므로 상장회사 대비 왜곡된 정보가 투자자들에게 제공되어 투자자들을 현혹시키거나 왜곡된 의사결정을 할 수 있음을 유의해야 한다.

⑥ 투자자들은 주기적으로 회사 주식 담당자나 CEO, CFO에 대해 미팅 일정을 포함시켜 정례화하여 소통이 원활히 진행되도록 투자약정서상에 해당 내용을 포함해야 한다.

## 3. 주식 관련용어

### 가격제한폭

주가가 실세를 반영하지 않고 수급의 불균형이나 과당투기 등으로 폭등·폭락하면 투자자들은 예상하지 못했던 손해를 입을 수 있다. 이를 방지하기 위해 증권거래소는 하루 동안 주가가 움직일 수 있는 범위를 제한한다. 이 가격폭 제한은 주식의 경우 원칙적으로 기세를 포함한 전일 종가를 기준으로 주가가 당일의 가격폭 상한선까지 오른 경우를 상한가, 하한선까지 내린 경우를 하한가로 한다. 이러한 가격제한폭에 대한 비율은 정하는 바에 따라 변할 수 있다.

### 감사의견(auditor's opinion)

회사의 재무제표 정확성 여부를 공인회계사가 객관적으로 감사하여 그 의견을 표시하는 것.

① 적정의견: 재무제표의 모든 항목이 적절히 작성되어 기업회계기준에 일치하고 불확실한 사실이 없을 때 표시하는 의견.

② 한정의견: 회계처리 방법과 재무제표 표시 방법 중 일부가 기업회계에 위배되거나, 재무제표의 항목에서 합리적인 증거를 모두 얻지는 못해 관련 사항이 재무제표에 영향을 주거나 줄 수 있다고 인정되는 경우는 이런 영향을 제외하거나 없다는 것을 조건으로 내세워 기업 재무제표가 기업회계기준에 적정하게 표시하고 있다는 의견.

③ 부적정의견: 재무제표가 전체적으로 합리적으로 기재되지 못하고 왜곡 표시됨으로써 무의미하다고 인정되는 경우를 표시하는 의견.

④ 의견거절: 감사의견을 형성하는 데 필요한 합리적 증거물을 얻지 못하여 재무제표 전체에 대한 의견표명이 불가능한 경우, 기업 존립에 관계될 정도의 객관적 사항이 특히 중대한 경우, 또는 감사의 독립성이 결여된 경우 등은 이러한 사유를 기재하고 이 때문에 재무제표에 대한 의견을 표명할 수 없음을 표시하는 의견.

## 거래대금

증권시장에서 해당 종목의 시장가격에 거래량을 곱한 것으로 거래대금이 많다는 것은 거래가 활발하며 시장인기도가 높다고 할 수 있다. 그러나 때때로 대량의 자전거래나 종목별 호재(풍문)로 인해 거래대금이 급격히 증가한 종목들도 있으므로 유의해야 한다.

### 거래량(trading volume)

주가 변동은 반드시 거래량 및 매매대금 등으로 나타나는 시장 에너지의 변화와 관련한다. 특히 주가가 천장권을 형성할 때 등 시세의 주요 포인트에 있어서 거래량과 매매대금은 지극히 특징적인 움직임을 나타낸다. 거래량 및 매매대금은 상승세 때에는 상대적으로 매입 수요가 증대하기 때문에 증가 경향을 보이고, 반대로 하락세일 때에는 매입 수요가 감소하기 때문에 감소 경향을 보인다. 천장권에서는 주가가 상승해도 거래량은 감소 경향을 보이고, 바닥권에서는 주가 하락에도 불구하고 거래량은 증가 경향을 보인다. 보통 거래량은 주가에 선행하므로 거래량의 동향을 분석하는 일은 주가 예측에 유효한 수단이다.

### 거래정지

증권거래소가 일정한 사유로 해당된 회원 등록을 취소시켜 거래활동을 중지시키는 것이다. 증권거래소는 회원이 법령, 행정명령, 거래소의 정관이나 업무규정 등을 위반하여 거래소의 운영상 또는 투자자 보호에 중대한 영향을 미쳤을 때, 재무부 장관의 승인을 얻어 회원 등록을 취소할 수 있다. 상장종목별로 해당 사유에 따라 거래 중지, 중단 내지는 거래 유형을 달리할 수도 있다.

### 결산기

결산기(決算期)란 결산기 말의 줄임말로 결산일 또는 결산일이 속하는 월(月)과 혼용하여 사용되는데, 1회계연도의 말일을 결산일이라고 한다.

### 고가(high price)

1일, 1주일, 1개월, 1년 등 일정 기간 중에 성립된 가격(지수) 중 가장 높은 가격(지수)이다.

### 고객예탁금

고객들이 주식이나 채권 등을 사거나 신주를 청약할 때, 신용거래를 하기 위한 담보금 등으로 증권사에 맡긴 돈. 증시 주변의 자금 사정을 알아보는 주요 지표로 활용된다.

### 골든크로스(golden-cross)

단기주가이동평균선이 장기주가이동평균선을 급속히 상향 돌파하는 것으로 강세장으로의 전환을 신호한다.

### 공매(short sale)

신용거래를 이용하면 현물이 없더라도 주식을 팔 수 있는데 이는 증권회사나 증권금융회사로부터 빌린 주식을 시장에 파는 것으로, 형태는 실물거래이지만 가지고 있지 않은 주식을 팔기 때문에 공매라고 한다. 이렇게 판 주식의 가격이 하락하면 그 주식을 다시 매입하여 차익을 얻을 수 있다. 공매는 연계매도를 제외하면 앞으로 매입세력이 되므로 공매가 늘고 있다면 일반적으로 시세 기조가 강해지고 있음을 의미한다.

### 공매도

주식, 채권 등을 현재 현물로 보유하고 있지 않으면서 매도주문을 내는 것이다. 주식시장에서 공매도를 한 경우에는 수도결제가 3일이기 때문에 매도 후 3일 내에 주식을 자기 계좌에 넣으면 된다. 예를 들어 오늘 장중에 어떤 주식을 10주 공매도했다면 장중에 동일한 주식 10주를 다시 매수하거나, 실물을 빌려 결제일 전에 가져다 넣으면 된다. 실제로는 기관만 일부 이용할 뿐 개인에게는 허용되지 않는다.

### 공모

회사를 새로 설립하거나 증자에 주주, 특정한 거래처 및 은행 등에 신주인수권을 주지 않고, 불특정 다수의 일반투자자를 대상으로 신주를 발행, 모집하는 것이다. 발행회사가 공모하는 이유는 주주층을 넓히고 주식을 분산해서 시장성을 높이며, 매점 등에 대항하고, 재무제표상의 자본금을 조정하기 위해서이다.

### 공모주청약

기업이 공개할 때 새로운 주식을 발행하거나, 기존 주식을 일반인에게 매도하게 된다. 투자자가 공개한 기업의 주식을 사겠다고 하는 것을 청약이라고 하며 그 청약에 대해 기업이 주식을 나누어 주는 것을 배정이라고 한다.

### 관리대상 종목

상장회사가 영업정지나 부도 발생 등으로 주권이 상장폐지 기준에 해당되면

증권거래소는 이들 기업을 관리대상 종목으로 분리해 별도 관리한다. 관리대상 종목은 신용거래가 불가능하고 가격도 30분 간격으로 바뀌기 때문에 이들 종목의 투자는 신중해야 한다.

## 관리종목

증권거래소가 유가증권 상장규정에 의거하여 상장폐지 기준에 해당되는 종목 가운데 특별히 지정한 종목을 말한다. 일반적으로 부도 발생, 회사 정리, 절차 개시, 영업활동 정지 등의 사유로 지정되므로 투자할 때 주의해야 한다. 관리종목은 제2부 종목과 마찬가지로 신용거래 대상에서 제외되며, 대용 증권으로도 활용할 수 없고 매매 방법도 별도의 제한을 받아 전장과 후장별로 매매 입회기간 범위 내에서 접수된 호가를 동시호가로 취급하며, 가격결정은 단일 가격에 의한 개별 경쟁매매의 방식을 취한다.

## 구주와 신주

구주는 이미 발행되어 있는 주식이며, 신주는 회사가 증자나 합병 등으로 새로이 발행하여 최초 결산기가 지나지 않는 주식으로 내용에는 큰 차이가 없다. 개정상법에서는 회사 정관으로 신주의 배당기산일을 직전 영업연도 말에 소급할 수 있게 하여(시행일 1996년 10월 1일) 신주 발행일이 속하는 영업연도의 배당금 전액을 신주의 주주에게 지급할 수 있는 길을 마련한다.

## 권리락

주식시장에서 권리는 유·무상 증자와 배당에 참여할 수 있는 자격이며 이들 권리가 소멸되는 것이 권리락이다. 우리나라의 주식거래제도는 3일 결제이기 때문에 유·무상증자 등 기준일 바로 전일이 권리락이 된다. 권리를 가지기 위해서는 기준일 이틀 전에는 매수해야 하며 배당락의 경우에는 사업연도 결산일 전일부터는 주가가 결산일 2일 전보다 과거 배당락만큼 하락하는 배당락 조치가 취해진다.

주식회사가 증자하는 경우에 신주인수권을 확정하기 위해 신주배정 기준일을 정하는데, 이때 그 기준일의 익일 이후에 결제되는 주권에는 신주인수권이 없어진다. 따라서 거래소에서는 배당락 시와 마찬가지로 신주배정기준일 전일에 실제로 당해 종목에 권리락 조치를 취함으로써 주가가 합리적으로 형성되도록 관리한다. 즉 신주배정기준일 이틀 전까지가 권리부가 되어 인수권을 가진다.

---

유상증자의 경우 이론권리락의 주가=
[기준주가+(시가발행가액×증자비율)]÷1+증자비율

무상증자의 경우 이론권리락의 주가=기준주가÷1+증자비율

---

## 기관투자가

증권시장에서 대규모의 자금으로 투자활동을 하는 주체. 증권회사, 투자신탁회사, 보험회사, 은행, 투자금융회사, 종합금융회사, 상호신용금고, 연금기

금 등이 이에 속한다.

## 기업공시

기업 내용이나 투자신탁의 운용 내용을 일반투자자나 거래처, 채권자, 소비자 등 기업의 모든 이해관계자들에게 공개하여 당해 기업의 가치를 올바르게 평가할 수 있도록 하는 제도. 우리나라도 투자자 보호를 위해 공시주의를 채택하는데 발행시장에서의 기업은 유가증권신고서를 일반인에게 열람할 수 있어야 하고, 사업설명서를 작성하여 투자자에게 교부해야 하며, 유통시장에서는 사업보고서와 반기보고서를 계속 공시해야 한다. 공시 방법은 서류 등의 비치, 열람, 시황방송에 의한 전달 등이며 공시 유형으로는 직접공시와 간접공시, 조회공시가 있다.

## 기준일

회사가 일정한 날을 정하여 그날 현재까지 주주명부에 등재되어 있는 주주나 질권자를 권리행사의 자격자로 간주하는데 그 기준이 되는 날이다. 기준일은 권리행사일 전 3개월 내의 날로 정해야 하며 기준일을 정한 경우는 기준일과 그 목적을 기준일 2주 전에 공고해야 한다.

## 내부자거래

내부자들이 그 직무나 직위로 얻은 정보를 이용하여 자기 회사의 주식을 거래하는 행위. 이들은 다른 일반투자자들보다 자기 회사의 주가에 영향을 미칠 만한 중요한 정보를 알게 될 기회가 많으므로 훨씬 유리한 입장에서 자기 회사의 주식을 매매하여 이익을 얻을 수 있다. 이에 반해 일반투자자는 손해를 볼 가능성이 크기 때문에 증권시장의 건전한 발전과 공정한 거래기반 조성을 위해 이러한 거래는 법적으로 규제하고 있다(상장법인의 임직원이나 주요주주 이외 당해 법인에 대하여 법령에 의한 승인, 허가, 지도·감독 기타의 권한을 가지는 자, 당해 법인과 계약을 체결하고 있는 자, 업무 등과 관련하여 일반인에게 공개되지 않은 중요한 정보를 직무와 관련하여 알게 된 자, 이들로부터 당해 정보를 받은 자도 내부자로 구분하여 그 정보를 이용하거나 다른 사람으로 하여금 이를 이용하지 못하게 하고 있다).

### 대주주

회사 발행주식 가운데 많은 몫을 갖고 있는 주주. 회사 규모나 주주의 지분 소유 분포에 따라 달라질 수 있기 때문에 어디까지나 상대적인 개념에 불과하다.

### 대형주(large-capital stock)

대·중·소형주를 구분하는 뚜렷한 기준은 없지만, 현재 우리나라의 증권거래소는 상장법인의 자본금 규모에 따라 다음과 같이 구분한다. 대형주는 150억원 이상의 자본금을 가진 회사의 주식이고 중형주는 50억원 이상, 150억원 미만이며 소형주는 50억 미만의 자본금을 가진 회사의 주식을 말한다. 대형주는 보통 유동 주식수가 많고 분포가 고르며, 기관투자자들이 많이 보유하고 있어 주가 변동폭이 중·소형주에 비해 비교적 작다.

### 데드크로스(dead-cross)

단기주가이동평균선이 장기주가이동평균선을 하향돌파하는 것. 약세시장으로의 강력한 전환신호를 의미한다.

### 동시호가(同時呼價)

호가시간의 선후를 구분하지 않는 호가. 단일가격에 의한 개별 경쟁매매 방법으로 가격을 결정하는 경우에 참여하는 호가를 말한다. 동시호가 시 매매를 성립시키는 순서는

① 같은 가격이라면 수량이 많은 쪽이 우선이며,

② 가격·수량이 같다면 호가집계표상의 기재 순서에 따르고,

③ 위탁매매가 자기매매에 우선한다.

### 명의개서

기명주식의 양도 및 상속이 있었던 경우에 양수인이나 상속인의 이름과 주소를 회사의 주주명부에 기재하여 주주명의를 변경하는 것. 명의개서를 하지 않으면 회사에 대해 주주의 권리를 주장할 수 없다. 양수인이나 상속인의 청구에 의해 언제든지 할 수 있으나 주주명부 폐쇄기간 중에는 정지된다.

### 무상증자

기존 주주에게 무상으로 새로 발행하는 신주를 배정해주는 것. 무상이라고 주주의 가치가 증가하진 않는다. 무상증자로 증자비율만큼 주가가 하락해 주

주의 보유총액은 거의 변동이 없기 때문이다. 무상증자는 두 가지 형태로 나눌 수 있다.

우선 사내유보로 적립된 준비금을 자본에 전입하는 형태로서의 무상증자이다. 주식회사는 영업활동에서 생기는 이익 중 일부를 주주에게 배당하지 않고 준비금으로 적립한다. 일정 기간이 지나 자본금과 준비금 사이에 불균형이 생기는 경우에 자본 구성의 시정을 위해 준비금의 일부 또는 전부를 자본에 전입한다.

둘째, 재평가 적립금을 자본에 전입하는 형태의 무상증자다. 통화가치의 하락과 자산가치의 상승 등의 이유로 회사 자산의 실질 가치는 장부상 가치와 차이가 발생하게 된다. 이렇게 되면 회사는 감가상각 등을 하기 위해 자산 재평가를 실시하여 장부상의 가치와 실질 가치를 일치시키려 한다. 이때 발생하는 장부상의 가치와 실질 가치의 차액을 자본에 적립하게 된다.

### 매매계약 체결의 원칙

증권거래소에서는 원활한 수급의 경쟁관계를 유지하면서 공정한 가격 형성을 기하기 위해 일정한 매매계약 체결의 방법을 규정하고 있다. 현재 우리나라는 경쟁매매제도를 채택하고 있는데, 이는 매도자와 매수자가 다수인 관계로 매매 방법이 매우 복잡하기 때문에 거래소에서는 다음 세 가지 원칙에 의해 계약을 체결하고 있다.

① 가격 우선의 원칙: 저가의 매도 호가는 고가의 매도 호가에 우선하고, 고가의 매수 호가는 저가의 매수 호가에 우선한다.

② 시간 우선의 원칙: 동일 가격의 호가에 대해서는 먼저 접수된 호가가 나중에 접수된 호가에 우선한다.

③ 수량 우선의 원칙: 동일 가격의 호가 하에서는 많은 수량의 주문이 적은 수량의 주문에 우선한다. 동시호가 매매의 경우에만 적용된다.

수량 우선의 원칙으로도 순위가 정해지지 않으면 호가집계표상의 기재 순위에 따른다.

## 배당

주식회사가 주주에게 출자 자본에 대한 대가로 지불하는 것. 이익의 분배에 속한다. 보통 현금으로 지불되며 배당금이라고 하는데, 상법의 규정으로는 주식으로 지불할 수도 있다.

기업은 1년 동안의 영업실적에 따라 주주총회에서 배당률을 결정한다. 매년 영업실적이 다르기 때문에 배당률은 일정하지 않다. 12월이 결산법인인 기업은 3개월 이내에 주주총회를 개최해 배당률을 정하고, 그로부터 한 달 이내인 4월까지 지급한다. 배당률은 주당 액면가 배당제로 1주의 액면가 기준으로 얼마를 배당하는지 보여주는 지표이다. 현금으로 하는 현금배당과 주식으로 하는 주식배당이 있다.

## 배당락

배당기준일이 지나 배당금을 받을 수 없는 상태. 배당금은 회사 결산일 현재 주주에게 지급되므로 주주명부가 폐쇄되기 전까지 명의개서를 못하면 주식을 매입했더라도 배당을 받을 수 없다. 따라서 배당기준일 다음 날의 주가는 전일보다 배당금만큼 낮아지는 것이 일반적이다.

## 보통주

우선주나 후배주 같이 특별한 권리 내용을 갖지 않은 주식. 이익배당 또는 잔여재산의 분배를 받는 순위는 우선주 다음이다.

## 부채비율

자본구성의 건전성 여부를 판단하는 대표적 지표. 기업이 소유한 재산 중 부채가 어느 정도 차지하는지를 나타내는 비율이다. 일반적으로 100% 이하는 표준비율로 보고 있으나 업종에 따라서 차이가 있다. 산출식은 다음과 같다.

부채비율 = 타인자본(부채총계) ÷ 자기자본(자본총계) × 100

## 블루칩

위험이 적고 가치 하락의 가능성이 매우 낮은 우량 투자종목. 주로 오랜 기간 안정적인 이익창출과 배당지급을 실행해온 기업의 주식을 의미한다.

## 상장폐지(上場廢止, delisting)

상장법인의 신청이나 상장폐지 기준 해당 등의 이유로 증권거래소가 증권관리위원회의 승인을 얻어 회사 또는 유가증권으로부터 증권시장에서의 매매 자격을 박탈하는 것.

## 상한가

주식 시세가 하루 동안 최대로 오를 수 있는 가격. 현재 우리나라 주식시장에서는 전일 종가 기준으로 상하 정율을 적용한다. 극심한 시세변동을 억제함으로써 일시적 주가급등으로부터 투자자를 보호하기 위한 제도이다. 현재 증권거래소가 가격제한폭 설정을 주관한다.

## 성장주

주식 가격이 장기적으로 상승할 가능성이 있는 우량주식. 매출액과 이익성장률이 급속하게 성장하는 기업의 주식을 의미한다. 성장주의 요건으로는 기업의 재무구조가 양호하고 경영자가 능력이 있어야 하며, 동일 업계에서의 시장점유율 등 경제적 지위가 우월하고 신제품 개발 능력이 우수하며 영업실적이 지속적인 증가 추세에 있어야 한다.

## 소형주(small-capital stock)

대형주에 반대되는 개념으로, 자본금이 적은 회사의 주식. 대형주에 비해 비교적 적은 유통 자금에 의해서도 주가가 크게 움직인다는 특징이 있다.

## 수익률

연간 배당금 또는 이자를 증권의 매입가격으로 나눈 수치를 백분율로 표시한 것. 투자자금이 연간 배당이나 이자로서 얼마의 이익을 올리는지 나타내는 수치로, 주식의 경우 연간 배당금을 주가로 나눈 표면수익률과 증자 등을 감안한 투자수익률이 있다.

## 시가발행

신주를 발행할 때 액면을 상회하는 금액으로 발행가격을 결정하는 것. 즉 주식시장의 시가를 기준으로 신주 발행가격을 결정하는 것을 일컫는다. 공모에 의한 발행이기 때문에 공모가 발행이라고도 하며 다음과 같은 이점을 갖고 있다.

① 적은 방행주수로 많은 자금을 조달할 수 있고, 자본 코스트 인하와 자기 자본충실이라는 면에서 유리하다.

② 액면발행의 경우 반드시 일어나는 주가의 대폭적인 변동이나 불확정한 증자 기대도 없어지기 때문에 주가도 안정된다.

③ 주가에 대한 경영자의 의식 향상, 프라이스 메커니즘의 확립 등의 이점을 들 수 있다.

국내에서도 이 같은 제도를 채택하고 있는데 시가 대비 할인율은 30% 이하에서 자율적으로 결정하도록 되어 있다.

## 시가총액

상장 주식을 시가로 평가한 금액. 상장 종목별로 그날 종가에 상장주식수를 곱한 후 합계하여 산출하는데 거래소에서 산출, 발표한다. 시가총액은 각 상장 종목의 상장주식수에 그 시점의 주가를 곱하여 산출하므로 주가 변동과 함께 시시각각 변한다. 물론 주가가 변하지 않더라도 상장주식수가 증자·CB의 주식 전환 혹은 감자 등에 의해 변하면 시가총액도 변한다. 상장주식 전체의 시가총액은 주식 형태를 취한 금융자산의 시가평가액이 되는데 이것과 금융자산 전체와의 비교, 명목 GNP 등 거시적 경제지표와의 비교도 흔히 화제가 된다. 시가총액의 업종별 점유율도 주목된다. 주가가 기업 장래성을 표현하므로 성장산업, 산업구조의 장래성을 선취한다고 할 수 있기 때문이다.

## 시간외종가매매

장이 끝난 이후인 시간외 시장의 매매 거래시간인 오후 3시 40분부터 4시까지 호가를 접수받아 20분간 당일 종가로 매매를 성립시키는 것. 동시호가와 거의 흡사하나 가격은 종가를 기준으로 하고 수량만 기입한다.

## 시장가 / 조건부 지정가 주문

시장가주문은 종목, 수량은 지정하되 가격은 지정하지 않는 주문. 시장에 접수된 시점에서 매매 가능한 가장 유리한 가격으로 매매를 성립시키는 것으로 하고 내는 주문이다. 이에 따라 시장가호가는 지정가호가보다 가격적으로 우선하되 매도 시장가호가와 하한가의 매도 지정가호가가 매수 시장호가와 상한가의 매수 지정가호가는 동일 가격의 호가로 보아 처리한다.

조건부 지정가주문이란 장 종료 시의 가격을 단일가격에 의한 개별 경쟁매매 방법으로 결정하는 경우 시장가주문으로 전환할 것을 조건으로 하는 지정가주문이다. 즉 시장 중에 일정한 가격을 정해 주문을 냈으나 매매가 체결되지 않은 경우 후장마감 동시호가에 자동적으로 시장가주문 방식으로 전환되는 주문이다.

## 신용거래

유가증권 매매에서 증권회사가 고객에게 현금을 융자하거나 유가증권을 대여하는 것. 고객으로부터 매도, 매입의 위탁을 받는 증권회사는 일정률의 보증금을 받고 고객의 위탁분에 대한 결제 시 매수대금 또는 매도증권을 대여하여 결제해주며 매수증권 및 매도대금을 담보로 보관한다. 신용거래는 신용공여의 대상이 자금이냐 유가증권이냐에 따라 융자와 대주로 구분되고 신용공여의 재원에 따라 증권회사가 고객 예탁금 또는 자체 보유자금이나 유가증권으로 고객에게 빌려주는 자기신용과 증권회사가 증권금융회사로부터 대출받아 고객에게 빌려주는 유통금융으로 나뉜다.

증권회사는 동일인이 매도한 당해 유가증권을 같은 날에 매수하는데 필요한 신용거래 융자를 하지 못하며 융자 또는 대주를 상환하기 위해 같은 날 동일인이 동일 종목에 대한 매도 및 매수의 방법으로 행하는 융자 및 대주를 하지 못하게 되어 있다.

## 신주인수권

회사가 신주를 발행할 때 그것을 배정받을 권리. 이 인수권을 구주주에게 주는 것을 주주할당, 연고자 등에게 주는 것을 제3자 할당이라고 하는데, 신주인수권을 누구에게 줄 것인가는 이사회의 권한이다.

## 실권주

회사가 유상증자를 실시할 때 주주는 정해진 날짜에 자신에게 배정된 유상증자분을 인수하겠다는 청약을 하고 해당 금액을 납입한다. 청약기일까지 청약하지 않거나 청약을 했더라도 납입기일까지 납입하지 않으면 유상신주를 인수할 권리를 상실하는데 이로 인해 발생한 잔여 주식이 실권주이다.

## 액면분할

주식의 액면금액을 줄이는 것. 그러나 액면금액이 줄어드는 비율만큼 주식수가 증가하기 때문에 자본금이나 보유총액에는 변동이 없다. 일례로 액면금액이 5,000원인 주식을 500원으로 줄이면 주식수는 이전보다 10배로 늘어난다. 이런 면분할과 비슷한 제도로 주식분할이 있다. 주권에 액면금액이 표시되지 않은 무액면 주식의 경우에 현재 갖고 있는 주식 1주를 2주나 3주로 교환하는 것이다. 액면분할이나 주식분할 모두 자본금의 변동 없이 주식수만 늘어난다.

## 업종별 지수(業種別 指數, stock price index by industry)

산업별 주가지수, 업종별 주가지수라고도 한다. 종합주가지수가 여러 주가의 움직임을 종합적으로 표시하는 종합지수인 데 비해 산업별 주가지수는 산업별 주가 움직임을 단면적으로 파악하기 위한 지표이다. 산업별 주가 동향의 파악은 물론 투자자의 산업별 투자결정에 도움이 되는 지표로,

① 산업의 선정 및 분산범위의 결정

② 선정된 산업에서의 투자종목의 결정

③ 선정된 종목의 적정 주가수준의 결정 등에 활용된다.

## 우량주

업적과 경영 내용이 좋고 배당률도 높은 회사의 주식. 우량주에 관한 정확한 기준이나 개념이 정립되어 있는 것은 아니지만 일반적으로 당해 회사의 재무 내용이 좋고 사업의 안정성이 높고 안정 배당 및 성장성이 있으며 유동성이 높은 주식을 말한다.

## 우선주

배당이나 기업의 해산 시 잔여재산의 분배 등에서 우선권을 갖되, 주주 의결권에는 제한을 받는 주식. 우선주에도 여러 종류가 있으며 배당을 실시한 후에도 이익이 충분히 남아 있을 때 남은 이익을 받을 수 있는 우선주가 있고 보통주로 전환할 수 있는 것과 확정이자의 배당수익을 얻을 수 있는 사채형 우선주도 있다.

## 위탁증거금

증권회사가 고객으로부터 유가증권의 매매거래 위탁을 할 경우, 위탁매매 계약과 관련하여 고객에게서 받는 현금이나 유가증권.

### 유가증권(有價證券, value instrument papers)

민법 또는 상법상에 보장된 재산권 또는 재산적 이익을 받을 자격을 나타내는 증권이며 증권거래법에서 규정하는 유가증권의 종류는 다음과 같다.

① 국채증권

② 지방채증권

③ 특별한 법률에 의해 설립된 법인이 발행한 출자증권

④ 사채권

⑤ 주권 또는 신주인수권을 표시하는 증서

⑥ 외국인 또는 외국 법인이 발행한 증권 또는 증서로서 제1항 내지 제5항의 증권이나 증서의 성질을 구비한 것 중 기획재정부 장관이 지정하는 것

⑦ 제1항 내지 제6항의 증권 또는 증서와 유사한 것으로서 대통령이 정하는 것

보통 증권시장에서 사용되는 '증권'은 상장되어 있는 주식 및 채권을 말한다.

### 유동부채

단기부채라고도 하며 부채를 지급기한의 장단에 따라 분류할 때 일반적으로 대차대조표 일자로부터 1년 이내에 상환해야 할 부채. 업종이나 경영 규모에 따라 일치하지는 않지만 대체로 외상매입금, 미지급금, 지급어음, 단기차입금, 미지급비용, 선수금, 순수수익, 예수금, 가수금, 당좌차월 등이다.

## 유동비율

유동부채에 대한 유동자산의 비율. 높을수록 기업의 지급 능력은 양호하다고 할 수 있으며 일반적으로 200% 이상이면 건전한 상태이다. 그러나 유동비율의 표준비율이 절대적인 것은 아니므로 적절히 평가하려면 업종, 기업 규모, 경기동향, 영업활동의 계절성, 조업도, 유동자산의 질적 구성 내용 및 유동부채의 상환기한 등의 실질적인 내용을 검토해야 한다.

## 유동자산

1년 또는 기업의 정상 영업주기 중 더 긴 기간 내에 현금으로 전환되거나 소비될 것으로 예상되는 재산. 당좌자산과 재고자산, 기타 유동자산이 있으며 당좌자산 항목에는 현금, 예금, 유가증권, 외상매출금, 받을 어음, 단기대여금, 미수금, 미수수익 등이 있고 재고자산 항목에는 상품, 제품, 재고품, 원재료 등이 있으며 기타 유동자산에는 선급금과 선급비용이 있다.

## 유상증자

기업이 시설 확장 등으로 자금이 필요할 때 새로이 주식을 발행해서 기존 주주들에게 시장 시세보다 싼값으로 파는 것. 주식을 배정받은 주주는 일정한 금액(발행가액 × 배정주식수)을 증권회사를 통해 기업에 납부해야 배정된 주식을 소유할 수 있다. 과거에는 발행가액이 대부분 액면금액과 같았으나 최근에는 액면금액보다 높은 가격으로 발행된다. 25% 유상증자라고 하면 100주를 가지고 있는 주주에게는 25주가 새로이 배정된다는 뜻이다.

## 이동평균선

주식시장에서의 거래량, 매매대금, 주가 등을 과거의 평균 수치에서 현상을 판단하여 장래를 예측하고자 하는 지표. 현재는 기간에 따라서 6일, 25일, 75일, 150일, 200일 이동평균선이 있으며 여기서 6일을 단기선, 25일·75일을 중기선, 150일·200일을 장기선이라고 한다.

---

6일 이동평균선 = 6일간 종가 합계 ÷ 6

---

## 일임매매

증권회사가 고객으로부터 유가증권의 매매거래의 종류별 및 종목별 수량과 가격의 결정을 위임받아 당해 고객의 계산으로 하는 위탁매매.

## 자기자본(net worth, owned capital)

마르크스 경제학에서는 자본을 불변자본과 가변자본으로 나누는데, 경영용어로는 자기자본과 타인자본으로 나눈다. 자기자본은 자본금, 법정준비금(자본준비금, 이익준비금, 재평가적립금), 잉여금이며, 타인자본은 사채나 장단기 차입금을 말한다. 기업을 건전하게 경영하려면 자기자본이 충실해야 한다.

## 자기자본비율(自己資本比率)

자기자본과 타인자본을 합친 총자본 중에서 자기자본이 차지하는 비율.

## 자본잠식

기업의 자본은 납입자본금과 내부 유보된 잉여금으로 구성된다. 회사의 적자폭이 커져 잉여금이 바닥나고 납입자본금을 까먹기 시작하면 자본잠식 혹은 부분잠식 상태라고 한다. 특히 누적적자가 많아져 잉여금은 물론 납입자본금마저 모두 잠식하면 결국 자본이 모두 바닥나고 자본총계가 마이너스로 접어드는데 이를 자본전액잠식 또는 완전자본잠식이라고 한다.

## 자사주

자기주라고도 하며 회사가 자신이 발행한 주식을 가지는 것이다.

## 장외시장

증권거래소에 상장되지 않고 제3시장에서도 거래되지 않고 있는 종목들이 거래되는 시장. 증권회사의 창구에서 고객과 증권회사 간에 이루어지는 점두매매시장과 증권회사가 개입되지 않고 매매 당사자 간에 개별적으로 거래가 이루어지는 직접매매시장으로 나뉜다. 최근 인터넷 사용자의 급증으로 인터넷 사이트상에서 직접매매가 이루어지는 직접매매시장이 급부상하고 있다.

## 저가(low price)

1일,1주일,1개월,1년 등의 기간에 거래된 가격(지수)중에서 가장 낮은 가격. "오늘의 저가는 5,000원" 혹은 "이달의 저가는 10,000원" 등으로 표현된다. 주가가 저가에 접근했을 때 "저가권 내에 있다"고 한다.

## 저항선

어떤 증권이나 시장 전체가 상당한 매물 압박을 받는 가격. 투자자들이 주가 하락 바로 전에 대량의 주식을 매입하고 나서 주가가 매입가 수준으로 다시 회복될 때 매도하기로 결정했을 경우 형성된다.

## 적정의견

재무제표에 대한 감사인의 감사의견 중의 하나로 다음 경우에 적정의견을 진술한다.

① 감사인이 회계감사 기준에 근거하여 감사를 수행한 결과 재무제표의 모든 항목이 합리적인 증거를 기초로 하여 작성되었으며, 재무제표 작성에 적용된 회계처리 방법과 재무제표 표시 방법이 기업회계 기준에 일치하고 재무제표에 중요한 영향을 미칠 수 있는 불확실한 사항이 없다고 인정되는 경우

② 재무제표 작성에 적용된 회계처리 방법이 전년도의 회계처리 방법과 다른 경우 그 변경의 정당성이 인정되고 변경된 회계처리 방법이 당기 이후의 기간에 적용되는 경우

## 전환사채

사채권자의 청구에 의해 미리 정해진 일정 조건에 따라 발행자의 주식으로 전환할 수 있는 권리가 부여된 사채. 전환청구권이 부여되어 있는 대신 시중금리보다 낮게 발행되며 전환권 행사 이후에는 사채가 소멸되고 주식으로 존재

한다. 전환 청구 시 발행사는 신주를 발행하여 기 발행된 사채를 상환한다.

## 종가(closing price)

전장 및 후장 중 형성되는 최종 가격(기세를 포함). 그날의 대표 가격으로 중요시되고 있다.

## 종합주가지수(composite stock price index)

증권시장에 상장된 전 종목의 주가 변동을 날마다 종합한 지표. 시장 전체의 주가 움직임을 측정하는 것 외에도 투자성과의 측정 척도, 다른 금융상품과의 수익률 비교 척도, 경제 상황 예측지표 등으로도 유용하게 쓰인다. 현재 증권거래소는 1980년 1월 4일을 기준 시점으로 하여 이날의 종합주가지수를 100으로 정하고 이에 대비한 지수를 매일 발표한다. 따라서 종합주가지수가 1000포인트 선을 넘었다는 것은 그동안 국내 상장주식들의 주가 수준이 10배로 상승했다는 의미이다.

종합주가지수=(비교 시점의 시가총액÷기준 시점의 시가총액)×100

## 주가(株價, stock price)

주식의 가격은 투자가치에 의해 정해진다고 할 수 있는데, 주식의 투자가치를 보는 관점에는 크게 두 가지가 있다.

① 배당금 또는 그 근원인 수익에 의해 주가가 결정된다고 하는 이윤증권(利

潤證券)으로 보는 관점

② 회사 자산에 주목하여 주식을 물적증권(物的證券)으로 보는 관점

종래에는 배당을 주가로 나눈 주식 이율이나 1주의 가격을 주당순이익으로 나눈 주가수익률 등 이윤증권으로서의 측면이 주가 형성의 기본적 요인으로 생각되어 왔으나 고주가 시대로 들어선 현재는 이런 척도를 가지고는 주가의 실체를 충분히 파악할 수 없게 되었다. 따라서 부동산이나 주식 등 많은 여유 자산을 가지고 있으리라고 추정되는 기업군의 주식인 이른바 여유 자산주가 각광을 받는 등 물적증권으로서의 부분을 더욱 중요시하고 있다.

### 주가매출액비율(PSR)

주가가 주당매출액의 몇 배인지 나타내는 지표로 주가를 1주당 매출액으로 나누어서 구한다. 주가수익비율(PER)이 회사의 수익을 근거로 한 투자지표인 데 비해 주가매출액비율은 기업의 외형 및 성장성을 나타내는 매출액을 기반으로 한 투자지표이다.

주가매출액비율이 낮을수록 기업의 외형이나 성장성에 비해 주가가 상대적으로 낮게 평가되었다는 의미이다. 반면 이 비율이 높을수록 기업의 외형에 비해 주가가 상대적으로 높게 평가되었음을 뜻한다.

### 주가수익비율(PER)

주가를 1주당 당기순이익으로 나눈 것. 주가가 1주당 순이익의 몇 배인지를 나타내주는 비율이다[PER=주가÷주당순이익(EPS)]. 주가의 적정 수준을 판

단하는 지표로 이용된다. 일반적으로 PER의 크기는 주가가 내재가치에 비해 고평가·저평가되어 있는가의 판단 기준으로 사용되지만 적정 주가 수준을 결정하는 절대적 기준은 아니다. 일부 회사에서는 그때그때의 필요에 따라 여러 방법으로 이익을 늘리거나 줄여 실적을 발표하기 때문이다. 그래서 동일 업종, 경쟁 회사의 PER과 비교하면서 판단해야 한다.

### 주가이동평균선

일정 기간의 주가 평균치의 진행 방향과 매일 매일의 주가 움직임의 관계를 분석함으로써 향후의 주가 움직임을 예측하고자 하는 지표로 쓰인다. 투자기간과 목적에 따라 기간의 장단을 기준으로 나눌 수 있으며 장기 투자를 위한 주 추세의 파악에는 150일이나 200일 이동평균선(장기이동평균선), 중기 추세의 파악에는 75일 이동평균선(중기이동평균선), 단기적 추세 파악에는 6일이나 25일 이동평균선(단기이동평균선)을 이용한다.

### 주가수익률(PER)

1주의 시장가격을 1주당 순이익으로 나눈 것으로 주가가 1주당 이익금의 몇 배인가를 나타내는 지표이며 투자 판단의 기준 자료로 사용된다. 각 종목 주가수익률의 수준을 표시하는 종목별 주가수익률과 시장 전체의 주가수익률을 표시하는 평균 주가수익률 그리고 산업별 주가수익률이 있다. 배당수익률은 배당률에만 중점을 둔 지표이나 주가수익률은 배당률을 결정하는 기업의 수익력 즉 기업의 최대배당가능능력을 표시한다.

> 주가수익률 = (1주당 시장가격 ÷ 1주당 순이익(세공제 후)) × 100

1주당 순이익(EPS)은 회사의 1회계연도에 발생한 당기순이익(세공제 후)을 총 발행주식수로 나눈 것으로 1주가 1년 동안 벌어들인 수익력을 나타낸다. 이 비율이 높을(낮을)수록 기업 이익에 대한 시장가격이 과대(과소) 평가된 것으로 시장가격이 하락(상승)할 여력이 있음을 나타낸다.

### 주가순자산비율(PBR)

주가가 그 회사의 1주당 순자산의 몇 배가 되었는지 나타내는 지표. 주가를 1주당 순자산으로 나누어 구한다.

> 주가순자산비율 = (기준 시점의 주가 ÷ 1주당 순자산) × 100

순자산이라는 것은 대차대조표상의 자기자본으로 자본금, 자본준비금, 이익 준비금 등으로 구성된다. 부채에 포함되는 충당금 중에는 자본준비금이나 이익준비금 같은 내부유보(內部留保)의 성격이 강한 것도 있으므로 이를 자기자본에 포함시켜 실질순자산으로 하기도 한다.

주가수익률이 회사 수익을 기초로 한 투자지표인 데 비해 주가순자산율은 회사의 채권·채무를 상쇄한 뒤에 남은 주주의 지분을 기초로 한 투자지표이다. 회사가 청산될 경우 과연 주주의 지분이 액면 그대로 전부 주주의 것이 될 수 있느냐 하는 문제가 있지만 주가는 청산가치(회사의 순자산)를 밑돌지 않는다고 보면 주가가 1주당 순자산보다 낮을 경우는 없다고 볼 수 있다. 주가순자산 비율이 낮으면 수익력에 여유가 있고 높으면 생산비용의 압박이 있다고 볼 수 있다.

주당순자산은 당 회계연도의 순자산을 총 발행주식수로 나눈 것으로 회사청산 시 주주가 1주당 받게 되는 실질 가치가 높을수록 해당 주식의 투자가치는 높다. 일반적으로 순자산은 수익력의 기반이므로 주당순자산이 높을수록 투자수익률이 높아질 가능성이 크다.

---

주가순자산=(자본총계−무형고정자산−이연자산−사외유출금+이연부채)÷주식수

---

### 주가현금흐름비율(PCR)

순이익과 사회로 유출되지 않은 비용(감가상각비 등)의 합계를 캐시플로우(cash flow)라고 하며 그 총액을 기 발행 총주식수로 나눈 것을 1주당 캐시플로우라고 한다. 주가현금흐름비율은 주가를 1주당 캐시플로로 나눈 것이다.

---

주가현금흐름비율 = 주가 ÷ 1주당 캐시플로

---

기업의 순이익에 감가상각비와 같은 비현금흐름을 고려해 기업의 수익성과 함께 투자여력을 가늠할 수 있는 미래지향적인 지표이다. 주가현금흐름비율이 낮을수록 주가와 주가와 비교한 회사의 자기금융력이 큰 회사로 볼 수 있고 그만큼 재무안정성이 크다고 판단한다.

## 주당매출액(SPS)

당해 기업의 연간 매출액을 총 발행주식수로 나눈 것. 1주당 1년간 차지하는 매출액을 나타내는 지표로 주당매출액이 높을수록 해당 주식의 성장 가능성이 높아 투자가치가 높다

---

주당매출액 = 당기 매출액 ÷ 총 발행주식수

---

## 주당순이익(EPS)

1주당 세후순이익을 말한다(EPS=세후순이익÷주식수). 순이익이 높으면 대체로 주가가 같이 올라가므로 기업의 EPS 증가는 향후 그 기업의 주가가 상승할 수 있는 여력이 많다고 볼 수 있다. EPS와 상관관계가 높은 종목은 주로 성숙기로 접어든 업종이며, 내재가치의 증가가 주가 움직임을 좌우한다.

## 주당순자산(BPS)

기업의 총자산에서 총부채를 뺀 것이 자기자본인데 여기서 무형고정자산, 이연자산 및 사외유출분(배당금, 임원상여금) 등을 제외한 것을 순자산이라고 하며 순자산을 발행주식수로 나눈 것이 주당순자산이다. 주당순자산이 클수록 기업내용이 충실하다고 볼 수 있다.

## 주도주

장세의 흐름을 주도하는 업종군 또는 종목군. 어떤 업종군에 관련된 호재로

인하여 강제장세가 출현하면 투자자들의 관심이 당해 그곳에 몰리게 됨으로써 그 업종의 주가는 크게 상승하나 여타 업종 등의 주가 및 거래량은 미미하여 전체 장세가 특정 업종 또는 특정 종목군의 향배에 크게 좌우되는 경우가 많다. 그러므로 투자자의 입장에서는 이런 장세를 선도하는 종목군에 투자하면 큰 수익을 올릴 수 있으나 그렇지 못한 경우에는 전체적으로 주가지수는 상승했을지라도 개인의 입장에서는 큰 수익을 올리지 못하는 경우가 종종 발생한다.

### 주식매매(stock trading)

증권거래소에서 행해지는 거래소 거래와 거래소 밖에서 행해지는 시장외 거래로 크게 나뉜다. 우리나라의 경우 대부분의 주식매매는 증권거래소를 통해 행해진다. 시장외 거래는 주로 증권회사의 점두시장 등에서 팔 사람과 살 사람의 교섭에 의한 상대매매의 형태로 이루어진다.

거래소 거래는 경쟁매매가 기본이며 가격우선의 원칙, 시간 우선의 원칙, 수량 우선의 원칙 순으로 거래가 이루어진다.

결제일을 기준으로 한 주식매매의 종류는 아래와 같다.

① 매매계약성립일에 거래소의 정산 부서에서 주식의 대금을 주고받는 것에 의해 결제를 행하는 당일결제 거래

② 매매계약성립일로부터 계산해서 3일째(휴일 제외하며 토요일인 경우 4일째)에 결제를 완료하는 보통거래

③ 매매계약성립일부터 계산하여 15일 내의 정해진 날에 결제하는 특약일 결제거래

④ 증자신주를 발행할 때, 미발행의 신주를 대상으로 매매계약을 하고 신주

발행 후에 거래소가 지정한 날을 결제일로 하는 발행일결제거래

이 중에서 보통거래가 가장 일반적이고 주권과 대금을 수도결제하는 실물거래와 특정한 종목에 대해 증권회사가 고객에 신용을 공여하여 행하는 신용거래로 나뉜다. 또한 주식을 매매했을 때 투자자가 증권회사에 지불하는 수수료를 위탁(매매)수수료라 부르며 매매금액에 따라서 약정액을 지불하게 된다.

## 주식매수청구권

영업 전부나 일부의 양도·양수, 영업 전부의 임대, 합병 등을 위한 이사회 결의가 있을 경우 그 결의에 반대하는 주주가 주총 전에 회사에 대해 보유주식을 공정한 가격으로 매수할 것을 청구하는 권리. 이 권리를 행사하려면 주총일로부터 20일 이내에 주식의 종류와 수를 기재한 서면을 제출하여 청구 통지를 해야 하며, 당해 법인은 2개월 이내에 이를 매수해야 한다. 이때 매수가격은 회사와 청구자 간의 합의에 의하고 합의가 이루어지지 않으면 이사회 결의 전 60일간의 평균가격으로 산정되며 회사는 매수청구에 의해 매수한 주식을 매수일로부터 1년 이내에 처분해야 한다.

## 주식배당

이익배당의 전부 또는 일부를 주식으로 배당하는 것. 주주에게 배당금 명목으로 주식을 분배하여 이익잉여금이 자본전입에 의해 자본화되는 것을 뜻한다. 주주의 지분비율에 따라 비례적으로 주식을 분배받으므로 주주의 비례적

소유지분은 변동이 없다.

## 주식병합

1인의 주주에게 속하는 수 개의 주식을 합하여 더 적은 수의 주식으로 합하는 것. 주식을 병합할 경우 회사는 3개월 이상의 기간을 정하여 병합을 한다는 것과 그 기간 내에 주권을 회사에 제공할 것을 공고하고 주주명부에 기재된 주주와 질권자에 대해서는 각별히 통지해야 한다.

## 주식분할

발행된 주식을 권리관계나 지분에 변동 없이 그 수만 증가시키는 것. 주가가 지나치게 높아진 경우, 주식분할로 가격을 내려 시장에서의 유동성을 높이기 위해 주로 사용된다.

## 증권거래소(securities exchange)

유가증권을 매매하는 구체적인 장소. 유가증권의 유통을 원활하게 하고 동시에 가격이 공정하게 형성되도록 관리하기 위해 설립된 기관이다. 주요 업무로는 시세 공표, 회원의 관리업무, 유가증권의 상장, 매매거래, 기업내용 공시, 매매심리 등이 있다. 주식의 상장 시가총액 및 매매대금을 기준으로 하면 뉴욕증권거래서가 최대이고 도쿄증권거래소, 런던증권거래소 순이며 우리나라의 증권거래소는 세계 10위권에 근접한다.

## 증자

자본을 늘리는 것. 보통 신주발행을 통한 자본금의 증가에 의한 자금조달을 말한다. 신주발행에는 이사회의 결의가 필요하며 이사회 상법의 신주발행 규정에 의거하여 증자의 전반적인 내용을 결정한다.

신주발행은 유상증자와 무상증자로 구분하며 유상증자는 설비자금 등 외부로부터 자금을 조달하며 무상증자는 회사의 자본계정을 통해 주권만 발행될 뿐 새로운 자금의 조달로는 연결되지 않는다.


## 지정가 주문

고객이 매매주문을 위탁할 때 매입가격 또는 매도가격을 지정하는 주문. 가격을 지정해서 주문을 내기 때문에 매매체결 가격에는 착오가 없으나 가격변동이 심할 때에는 주문이 성립되지 않을 수 있다. 매도는 지정가 또는 그보다 높은 가격으로 매도할 수 있으며 매수는 지정가 또는 그보다 낮은 가격으로 매수할 수 있다.


## 채권

국가나 지방공공단체, 회사 등의 불특정 다수나 특정 투자자들로부터 자금을 차입하기 위한 위식배당(stock dividends, share dividends), 이익배당의 전부 또는 일부를 주식으로 배당하는 것에 발행하는 유가증권. 일정 기간 후에 원본을 변제할 것과 기간 중에 일정한 이자의 지불을 약속한 일종의 차용증서라 할 수 있으며 원본 변제와 이자 지불이 확실히 보증된다는 점에서 확정이자부증권이라고도 한다.

## 테마주

증시 내외적인 이슈의 출현 시 이와 관련된 동일한 재료를 가지고 움직이는 종목군을 총칭한 말. 특정 기업의 향후 성장성 및 미래 가치를 현격하게 향상시킬 것으로 기대되는 이슈이다. 우리나라 증시에서는 1992년 자본시장 개방 이후 기업의 기본적 분석 및 재료 민감도가 강화되면서 업종 및 가격대를 불문하고 일정 조건이나 재료에 부합되는 종목군이 급부상했으며 이에 대한 일련의 주가흐름을 테마주로 분류한다. 저PER, 저PBR, 지역민방, 멀티미디어, CATV, SOC 등 최근 수년간 증시를 선도했던 이슈들이 우리 증시의 테마주로 부각된 바 있다.

## 투자심리선

투자심리의 변화를 일정 기간 파악하여 과열, 침체 등을 나타내는 기법. 최근 12일 동안 주가를 전일과 대비해 상승 일수와 하락 일수를 계산하여 12일 중 상승일수가 며칠이었는가에 대한 비율이다. 12일인 이유는 인간의 심리 변화에 12일이라는 원시적 리듬이 있다는 데 근거한다. 매일 계산할 때 13일 전의 주가는 제외되고 새로운 날의 주가를 반영함으로써 새로운 12일간의 평균이 계산된다. 즉 12일 중에서 상승일수가 9일이면 투자심리선은 75%이다. 일반적으로 투자심리도가 75% 이상일 때의 시장 상황을 과열 상태라 판단하여 매도시점이 되며 반대로 25% 이하일 때는 바닥권으로 보아 매입시점이 된다.

시장의 과열이나 침체를 나타내며 장기적인 매매시기 포착보다는 단기적인 매매시기 포착에 사용되는 지표이다.

## 하락률

주가 수준이 종목별로 다르기 때문에 단순 하락폭인 전일비와 상승률인 전일대비 비율을 함께 비교해봄으로써 주가의 상대적인 하락 정도를 알 수 있다.

$$하락률 = [(현재가 - 전일종가) ÷ 전일종가] \times 100$$

## 한정의견

재무제표 작성에 적용된 회계처리 방법과 재무제표 표시 방법 중 일부가 기업회계 기준에 위배되거나 감사 의견을 형성하는 데 필요한 합리적인 증거를 얻지 못하여 이에 관련되는 사항이 재무제표에 중요한 영향을 미치고 있거나 미칠 수도 있다고 인정할 경우, 이러한 영향이 없다는 것을 조건으로 할 경우 재무제표가 기업의 재무상태, 경영성과, 이익잉여금 처분 내용 및 재무상태 변동을 기업회계 기준에 따라 적정하게 표시하고 있다는 의견을 표명한 것이다.

## 합병

2개 이상의 기업을 법률상 하나의 기업으로 합하는 것. 흡수합병과 신설합병으로 구분한다. 흡수합병은 하나의 기업에서 다른 기업을 흡수함으로써 흡수된 기업이 소멸되는 형태, 신설합병은 두 기업이 하나로 합쳐서 새로운 회사가 만들어지는 형태이다. 주식회사가 합병하기 위해서는 주주총회의 특별승인을 얻어야 한다.


## 현금배당(cash dividend)

주식회사가 주주총회의 결의로 주주에게 현금으로 배당을 지급하는 형태.


## 현금비율

신용거래를 할 때 위탁증거금 중 반드시 현금으로 납입해야 하는 부분의 비율. 위탁증거금은 보통 유가증권의 대용이 인정되는데 시세가 과열되면 위탁증거금률의 인상과 함께 현금담보를 받거나 현금비율을 높이기도 한다.


## 현금흐름비율(PCR)

주가가 주당 현금흐름의 몇 배인지 나타내는 지표. 값이 작을수록 주가가 상대적으로 저평가되었다는 의미이다.

---

현금흐름비율 = 주가 ÷ 주당현금흐름

---

이 지표는 주가수익률의 연장이라고 볼 수 있다. 1950년대 미국에서 주가가 기업 수익에 관계없이 크게 상승함에 따라 주가수익률이 현저하게 높아졌는데 이는 기술혁신 등에 의해 생산설비가 크게 증대됨에 따라 기업의 감가상각비가 증가하고 이에 따라 수익 신장은 억제되었다. 따라서 수익 신장을 둔화

시킨 원인이 되고 있는 감가상각비를 고려해서 주가수익률을 구하려고 한 것이 현금흐름비율이다. 그러나 감가상각비는 기업 유지를 위해 이익으로부터 공제한다는 면에서 이 지표에 이의를 제기하는 견해도 있다.

주당현금흐름(CPS)은 순이익에 지출을 수반하지 않는 비용 즉, 감가상각비 등을 더한 현금흐름을 총 발행주식수로 나눈 것으로, 높을수록 투자가치가 높다.

---

주당현금흐름 = (당기순이익 + 감가상각비) ÷ 총 발행주식수

---

## 현재가

현시점의 매매체결가(매매가 없을 경우 '전일 종가'를 의미하기도 한다).


## 호가(bid and offer)

거래소의 회원(매도자와 매수자)이 시장에서 매매거래를 하기 위해 매도나 매수의 의사표시를 하는 행위. 다음으로 구분한다.

① 지정가호가: 상장유가증권 종목의 수량 및 가격이나 수익률을 지정하는 호가

② 시장가호가: 종목, 수량은 지정하되 가격이나 수익률을 지정하지 않는 호가

③ 조건부지정호가: 후장 종료 시의 가격을 단일가격에 의한 개별 경쟁매매의 방법으로 결정하는 경우 시장가호가로 전환할 것을 조건으로 하는 지정호가

# 4. 상장기업 주요 업종별 기업분류표

## IT

| 구 분 | 품 목 | 주 요 기 업 |
|---|---|---|
| 인터넷 | 인터넷 | 네이버, 카카오, 사람인에이치알, 파스넷 |
| 데이터 | 서버/호스팅 | 한일네트웍스, 이트론, 가비아, 우리들휴브레인 |
| | 데이터센서 | 케이아이엔엑스, 파이오링크 |
| | 인공지능 | 셀바스AI |
| | 빅데이터 | 소프트센 |
| | 통계 | 데이타솔루션 |
| PCB | 완제품 | 대덕GDS, 심텍, 코리아써키트, 에이엔피, 액트, 이수페타시스, 디에이피, 현우산업, 크레아플래닛 |
| | 장비/소재 | 케이피엠테크, 인터불스, 와이엠티, 미원화학 |
| 컴퓨터 | 부품 | 대주전자재료, 성문전자, 모아텍, 광전자, 제이씨현시스템, 남성, 동일기연, 대동전자, 성호전자, 써니전자, 아비코전자, 동양이엔피 |
| | 프린터 및 부품 | 엠젠플러스, 제이스테판, 잉크테크, 딜리, 빅솔론, 대진디엠피, 디지아이, 한프 |
| | 유통 판매 | 에스에이엠티, 피씨디렉트, 주연테크, 큐로컴, 에이텍 |
| | 단말기 | 푸른기술, 케이씨티, 씨아이테크 |
| 시스템통합(SI) | 대기업 계열 | 삼성SDS, 신세계I&C, DB, 포스코ICT, 다우기술 |
| | 소형 | 현대정보기술, 동양네트웍스, 케이씨에스, 정원엔시스, 아이티센 |

| | | |
|---|---|---|
| 보안 | 암호인증 | 민앤지, 라온씨큐어, 한컴시큐어, 이니텍, 모바일리더, 드림시큐리티 |
| | 정보유출방지 | 지란지교시큐리티, 케이사인, 파수닷컴, 바이오닉스진 |
| | 시스템 보안 | 안랩, 이스트소프트, 플랜티넷, SGA솔루션즈 |
| | 보안관리 | 이글루시큐리티, 시큐브 |
| | 네트워크 보안 | 윈스, 지니언스, 코닉글로리 |
| 소프트웨어 | 오피스 솔루션 | 한글과컴퓨터, 인프라웨어, 포비스티앤씨 |
| | 임베디드시스템 | 한컴MDS, 지트리비앤티, 네오디안테크놀로지 |
| | 기업용 | 더존비즈온, 투비소프트 |
| | 소프트웨어테스트 | 링크제니시스 |
| | 모바일 | 인포뱅크, 알서포트 |
| | 전자문서 | 포시에스, 비즈니스온 |
| | 가상훈련시스템 | 솔트웍스 |
| | 동영상 플레이어 | 넥스트리밍 |
| | 제품수명주기관리 | 오상자이엘 |
| | 은행IT구축 | 미래아이엔지 |

## 제 약

| 구 분 | 품 목 | 주 요 기 업 |
|-------|-------|------------|
| 위탁생산 | CMO | 삼성바이오로직스, 바이넥스, 동구바이오제약, 서흥, 진원생명과학 |
| 일반의약품 | 일반의약품 | 현대약품, 동화약품, 신신제약 |
| 주력제품 | 동물용 | 코미팜, 대성미생물, 우진비앤지, 이글뱃, 중앙백신, 제일바이오, 대한뉴팜, 진바이오텍, 씨티바이오 |
| | 안과용제 | 디에이치피코리아 |
| | 정신신경용제 | 환인제약 |
| | 수액제 | JW중외제약, JW생명과학, 대한약품 |
| 원료의약품 | 원료의약품 | 에스티팜, 경보제약, 코오롱생명과학, 파일약품, 에스텍파마, 종근당바이오, 팜스웰바이오, 하이텍팜, KPX생명과학, 아미노로직스 |
| 종합제약사 (매출액 기준) | 5,000억 이상 | 종근당, 유한양행, 동아에스티, 광동제약, 녹십자, 대웅제약, 한미약품 |
| | 2,000억 이상 | JW중외제약, 일동제약, 한독, 대원제약, 보령제약, 제일약품, 동국제약, 휴온스, 일양약품, 삼진제약 |
| | 1,000억 이상 | 유나이티드제약, 안국약품, 경동제약, 삼천당제약, 부광약품, 이연제약, 명문제약, 국제약품, 대화제약, 셀트리온제약 |
| | 500억 이상 | 삼일제약, 유유제약, 동성제약, 일성신약, 상아제약, 우리들제약, 조아제약, 고려제약, 비씨월드제약, 신일제약, 휴메딕스, 알리코제약, |
| | 100억 이상 | 서울제약, 진양제약, 삼성제약, 경남제약, 지엘팜텍, 에이프로젠제약, 텔콘, CMG제약 |

| 구 분 | 품 목 | 주 요 기 업 |
|---|---|---|
| 기기 | 자동세포카운팅시스템 | 로고스바이오 |
| | 레이저비만관리장비 | 하이로닉, 클래시스 |
| | 전자차트(EMR) | 비트컴퓨터, 유비케어 |
| | 레이저의료기기 | 루트로닉 |
| | 점자정보단말기 | 셀바스헬스케어 |
| | 원격판독모니터 | 인피니트헬스케어 |
| | 이미징 솔루션 | 뷰웍스 |
| | X–RAY 디렉터 | 디알텍, 레이언스 |
| | 초저온냉동고 | 일신바이오 |
| | 디지털마케팅 | 케어랩스 |
| | 약제자동화 | 제이브이엠 |
| | 안경진단기 | 휴비츠 |
| | 제세동기 | 씨유메디칼, 메디아나 |
| | 실험기기 | 대한과학 |
| | 수술장비 | 원익 |
| | 수술로봇 | 큐렉소 |
| | 기타소재 | 서린바이오 |
| 병원 | 병원 | 서울리거, 차바이오텍 |
| 체외진단 | 분자진단 | 마크로젠, 씨젠, 랩지노믹스, 인트론바이오, 테라젠이텍스, 디엔에이링크, 진매트릭스, 바이오니아, 파나진, 캔서롭 |
| | 현장진단(POCT) | 엑세스바이오 바디텍메드, 나노엔텍, 에이티젠, 피씨엘, 휴마시스 |
| | 자가혈당측정 | 아이센스 |
| | 진단기기/신약 | 인바디, 아스타, 피제이전자, 녹십자엠에스, 퓨처켐 |

| 치과재료 | 치과재료 | 텐티움, 오스템임플란트, 나이벡, 디오, 바텍, 인트로메딕, 비덴트, 신흥, 메타바이오메드 |
|---|---|---|
| 의료소재 | 의료소재 | 세운메디칼, 한스바이오메드, 유앤아이, 셀루메드, 코렌텍, 엘앤케이바이오, 솔고바이오, 우정바이오, 오스테오닉, 오리엔트바이오 |

## 바이오

| 구 분 | 품 목 | 주 요 기 업 |
|---|---|---|
| 질환 | 자가면역질환 | 한올바이오파마, 엔지켐생명과학 |
| | 당뇨 | 펩트론, 알테오젠 |
| | 퇴행성뇌질환 | 메디프론 |
| | 희귀질환 | 이수앱지스, 메지온, 아이진 |
| 보툴리눔톡신 | 보툴리눔톡신 | 휴젤, 메디톡스, 휴온스, 대웅제약, 파마리서치프로덕트 |
| 효소 | 효소 | 아미코젠, 제노포커스 |
| 펩타이드 | 펩타이드 | 케어젠, 펩트론, 씨트리, 애니젠 |
| 시험기관 | 시험기관 | 켐온, 바이오톡스텍 |
| 바이오의약품 | 유전자치료제 | 제넥신, 신라젠, 바이로메드, 코오롱티슈진, 오스코텍, 바이오리더스 |
| | 세포치료제(줄기세포) | 차바이오텍, 프로스테믹스, 네이처셀, 파미셀, 바이온, 테고사이언스, 앱클론, 녹십자셀, 녹십자랩셀 |
| | 세포치료제(체세포) | 메디포스트, 강스템바이오텍, 안트로젠, 코아스템 |
| | 혈액제제/백신 | 녹십자, SK케미칼, 일양약품, 진원생명과학, 유바이오로직스 |

| 바이오시밀러 | 바이오시밀러 | 셀트리온, 삼성바이오로직스 에이프로젠KIC, 폴루스바이오팜, 팬젠 |
|---|---|---|
| 항암제 | 항암제 | 한미약품, 레고켐바이오, 알테오젠, 큐리언트, 엡클론, 에이치엘비, 크리스탈, 알파홀딩스 |

## 건강·미용

| 구 분 | 품 목 | 주 요 기 업 |
|---|---|---|
| 건강기능식품 | 건강기능식품 | 콜마비앤에이치, 뉴트리바이오텍, 쎌바이오텍, 내츄럴엔도텍, 현성바이탈, 넥스트BT, 에이치엘사이언스 |
| 아토피 | 아토피 | 네오팜 |
| 헤어 | 헤어 | 세화피앤씨, 우노앤컴퍼니 |
| 미용렌즈 | 미용렌즈 | 인터로조 |
| 화장품 | 종합 | LG생활건강, 아모레퍼시픽, 리더스코스메틱, 코리아나, 잇츠한불, 한국화장품, 코스온, CSA코스믹, 아우딘퓨쳐스, 애경산업 |
| | 브랜드숍 | 에이블씨앤씨, 토니모리, 에프앤리퍼블릭, 클리오(색조) |
| | 마스크팩 | 에스디생명공학, 제이준코스메틱, 제닉 |
| | ODM/OEM | 한국콜마, 코스맥스, 씨티케이코스메틱스, 코스메카코리아, 스킨앤스킨, 잉글우드랩 |
| | 원료 | SK바이오랜드, 대봉엘에스, 에이씨티 |
| | 용기 | 연우, 승일 |
| | 수입유통 | MP한강 |
| | 부자재 | 에스엔피월드 |

## 반도체 전공정

| 구 분 | 품 목 | 주 요 기 업 |
|---|---|---|
| 제조사 | 제조사 | 삼성전자, SK하이닉스 |
| 식각공정 | 장비기업 | 테스, 피에스케이, 기가레인, 에프에스티 |
| | 식각액 | 램테크놀로지 |
| | 식각 소재 | 이엔에프테크롤로지 |
| | 소모성부품 | 월텍스, 하나머티리얼즈 |
| 세정공정 | 세정공정 | 코미코, 제우스, 케이씨텍 |
| 박막증착공정 | 장비(원자) | 주성엔지니어링, 원익IPS |
| | 장비(화학) | 주성엔지니어링, 원익IPS, 유진테크, 테스, 원익테라세미콘 |
| | 장비(플라즈마) | 주성엔지니어링, 원익IPS, 테스 |
| | 특수가스 | 원익머트리얼즈, SK머티리얼즈, 후성, 하나머티리얼즈 |
| | 박막증착소재 | 디엔에프, 한솔케미칼, 메카로, 이엔에프테크놀로지 |
| | 부품 | 뉴파워프라즈마 |
| 웨이퍼제조공정 (CMP) | 장비 | 티씨케이 |
| | 파인세라믹 | SKC솔믹스 |
| | 슬러리 | 케이씨텍, 솔브레인, 나노신소재 |
| | 패드 | SKC |
| 산화공정 | 열처리장비 | AP시스템, 예스티, 원익테라세미콘 |
| 포토(리소그래피)공정 | 블랭크마스크 | 에스앤에스텍 |
| | 감광(PR)액 | 이엔에프테크놀로지 |
| | 도포 현상장비 | 코디엠 |

## 반도체 후공정

| 구 분 | 품 목 | 주 요 기 업 |
|---|---|---|
| 테스트 | 핸들러 | 미래산업, 제이티, 테크윙 |
| | 테스트 | 테스나, 마이크로컨텍솔, 리노공업, 기가레인, ISC, 티에스이, 마이크로프랜드, 디아이, 오킨스전자 |
| | 모듈 | 유니테스트, 엑시콘 |
| | 검사장비 | 아이티테크놀로지 |
| | 품질테스트 | 에이티세미콘, 고영, 아이텍반도체, 원팩, 하이셈 |
| EDS 테스트 | EDS 테스트 | 와이아이케이 |
| 절단 | 절단 | 이오테크닉스, 한미반도체 |
| 패키지공정 | 금속배선 | 엠케이전자 |
| | 리드프레임 | 해성디에스 |
| | 솔더볼 | 엠케이전자, 덕산하이메탈, 휘닉스소재, 코세스 |
| | 몰딩(성형) | 네패스신소재 |
| | 레이저 마킹 | 이오테크닉스 |
| | 웨이퍼 범핑 | sfa반도체, 네패스, 엘비세미콘 |
| | 디스펜서 | 프로텍, 피엔티 |
| | 패키징 | 한미반도체, 하나마이크론, 시그네틱스, 에이티세미콘, SFA반도체, 원팩, 바른전자 |
| 기타 | 공급장치룸 | 성도이엔지, 한양이엔지, 탑엔지니어링 |
| | 클린룸 | 신성이엔지, 엑사이엔씨, 시스웍, 케이엠 |
| | 화학물 자동공급장치 | 오션브릿지, 에스티아이, 씨앤지하이테크, 케이씨 |
| | 진공장비(펌프) | 엘오티베큠 |
| | 이송장치 | 로체시스템즈, 싸이맥스 |
| | 가스정화장치/온도조절장치 | 유니셈, GST |

| 구 분 | 품 목 | 주 요 기 업 |
|---|---|---|
| 기타 | 장비세정/부품 | 미코 |
| | 화학가스제거 필터 | 젬백스 |
| | 석영유리 | 원익QnC |
| | 장비중고매매 | 서플러스글로벌 |

## 디스플레이

| 구 분 | 품 목 | 주 요 기 업 |
|---|---|---|
| 제조사 | 제조사 | 삼성전자(삼성디스플레이), LG디스플레이 |
| LED | 조명 | 서울반도체, 루맨스, 루미마이크로, 씨티엘, 필룩스, 금호전기, 파인테크닉스, 엘디티, 우리이티아이, DB라이텍 |
| | 부품 | 세미콘라이트, 사파이어테크놀로지, 매직마이크로 |
| OLED | 소재 | 나노신소재, 와이엠씨, 덕산네오룩스, SKC코오롱PI, 이녹스첨단소재, 아이컴포넌트, 엘티씨, 램테크놀로지 |
| | 공정장비(열처리) | 원익테라세미콘, 비아트론, 예스티 |
| | 공정장비(TFT결정) | AP시스템 |
| | 공정장비(마스크) | 케이피에스, 힘스 |
| | 공정장비(증착) | 에스에프에이, 야스, 에스엔텍, 동아엘텍, 선익시스템, 힘스 |
| | 공정장비(식각) | 아이씨디 |
| | 공정장비(세정) | 원익QNC, 디바이스이엔지 |
| | 공정장비(절단) | 필옵틱스 |
| | 공정장비(검사) | 브이원텍, HB테크놀로지, 케이맥, 영우디에스피, 디이엔티, 이엘피 |
| | 패널제조 | 인베니아 |
| | 정밀조립기 | 톱텍 |
| | 이송장비 | 리드 |

| | | |
|---|---|---|
| | 모듈 | 토비스, 한국컴퓨터, 에너전트, 디스플레이텍, 제이엠티 |
| | 소재(필름) | SKC, 미래나노텍, 신화인터텍, 오성첨단소재, 상보, 아이컴포넌트 |
| | 소재(백라이트) | 이라이콤, 엘엠에스 |
| | 소재(기타) | 이엔에프테크놀로지, 아바텍, 엘티씨, 나노신소재, 휘닉스소재 |
| | 공정장비(세정) | 제이스텍, DMS |
| | 공정장비(식각) | DMS, 원익IPS |
| LCD | 공정장비(진공장비) | 아바코 |
| | 공정장비(본딩) | 파인텍 |
| | 공정장비(디스펜서) | 탑엔지니어링 |
| | 검사 | 넥스트아이, 에스엔유, 쎄미씨스코, 영우디에스피, 미래컴퍼니, 폭스브레인 |
| | 장비부품수리 | 아이원스, 위지트, 참엔지니어링 |
| | 금형 | 삼진엘앤디, 유테크 |
| | 패널 샤시 | 파인디앤씨, 인지디스플레이 |
| | 터치패널 | 일진디스플레이, 베셀 |

## 스마트폰

| 구 분 | 품 목 | 주 요 기 업 |
|---|---|---|
| 제조사 | 제조사 | 삼성전자, LG전자 |
| 위탁생산 | 위탁생산 | 한솔테크닉스 |
| 부품 | 카메라(모듈) | 삼성전기, LG이노텍, 파워로직스, 엠씨넥스, 캠시스, 나무가, 재영솔루텍, 텔루스, 아이엠 |
| | 카메라(렌즈) | 세코닉스, 코렌, 해성옵틱스, 디지탈옵텍, 엘컴텍, 삼양옵틱스 |

| | | |
|---|---|---|
| 부품 | 카메라(Actuator) | 자화전자, 동운아나텍, 바이오로그디바이이스 |
| | 카메라(필터) | 옵트론텍, 나노스 |
| | 안테나 | 파트론, EMW, 알에프텍, 와이솔, 아이엠텍, 아모텍, 이그잭스 |
| | FPCB | 인터플렉스, 비에이치, 시노펙스, 뉴프렉스 |
| | 터치스크린 | 에스맥, 이엘케이, 태양씨앤엘, 멜파스, 테이팩스 |
| | 케이스 | KH바텍, 모베이스, 일야, 인탑스, 기신정기, 성우전자 |
| | 콘덴서 | 삼성전기, 삼화콘덴서 |
| | 보안인식 | 크루셜텍, 슈프리마 |
| | 키패드 | 서원인텍, 유아이엘 |
| | 배터리 | 이랜텍, 상신이디피 |
| 액세서리 | 헤드셋 | 블루콤, 피앤텔, 삼본정밀전자 |
| | 케이스 | 슈피겐코리아 |
| | 키즈폰 | 인포마크 |
| 기타 | 방수필름/충격흡수시트 | S&K폴라텍, 앤디포스 |
| | 강화유리 | 육일씨앤에스, 유티아이 |
| | 차폐소재 | 솔루에타, 모다이노칩 |
| | 검사장비 | 하이비전시스템 |
| | 무선충전 | 켐트로닉스 |
| | 금속부품 | 에스코넥 |
| | 진공증착장비 | 한일진공 |
| | 음향 | 이엠텍 |
| | TVS 다이오드 | 알에프세미 |
| | 진동모터 | 와이제이엠게임즈 |
| | 소형프레스부품 | 덕우전자 |
| | 커넥터 | 우주일렉트로 |

에필로그

　"실패는 성공의 어머니"라는 토마스 에디슨의 명언이 있다. 하지만 나는 이 말에 많은 모순이 있다고 생각한다. 물론 이 말의 의도를 안다. 실패를 두려워하지 말고 설령 실패해도 다시 시도하고 시도하라는 뜻이다.

　그러나 우리 주변의 보통사람들을 살펴보자. 과연 실패한 사실을 받아들이며 의연하게 재도전하고 다시 구상하는 등의 노력을 하는 사람이 얼마나 되고 그 과정을 거쳐서 진정 성공한 사람은 또 얼마나 되는가? 찾아보기 어려울 것이다. 실패한 사람들은 대부분 좌절감과 자괴감으로 시간을 보내고 재도전보다는 현실에 순응한다.

　투자에서도 이는 마찬가지이다. 평범하게 저축하던 사람들이 투자를 하기 위해서 한두 번 소개받아서 진행한다. 처음부터 수익이 나고 대박을 터트리는 것은 결코 쉬운 일이 아니다. 그러나 한두 번의 실패를 겪은 그들은 '투자는 안 된다'고 생각하며 투자의 세계를 떠난다.

이 책에서 여러 번 언급했듯이 대한민국에서 금리, 저축으로 부자가 되는 시대는 다시 오지 않는다. 오직 투자 그리고 투자와 비슷한 규모의 사업으로만이 경제적 자유를 가질 수 있다.

우리나라도 자수성가한 부호들이 부모에게 상속받아 대를 이어 부를 유지한 기존의 그룹들을 따라잡는 시대에 접어들었다. 사례로 들었던 셀트리온의 서정진 회장이 그렇고 스마일게이트홀딩스의 권혁빈 회장도 실패를 경험한 사람이다. 그러나 그들은 실패를 딛고 일어서서 무서운 집념으로 재기에 성공해서 성공신화를 그려낸 사람들이다.

부호는 아니지만 '서민갑부'에 나온 사람들은 모두 완전히 바닥까지 간 후에 인생의 쓴맛을 다 보고 나서 지금은 갑부 반열에 올라 방송에까지 보도되는 성공을 거두었다.

그러나 내가 이 책을 읽은 독자들에게 당부하고 싶은 말은 "절대로 실패하지 말라"는 것이다. 실패는 성공의 어머니라는 말은, 궤변으로 들릴지 모르지만 성공한 사람들의 뒤에 수많은 실패한 사람들의 희생이 있었기 때문에 성공할 수 있었던 것이다. 성공한 이들이 실패한 사람들을 위로하기 위해서 사용하는 말이라 생각한다.

지금 대한민국은 실패할 시간도 사치스러운 시대이다. 일명 삼포세대, 오포세대라며 취직을 포기하고, 결혼을 포기하고, 자녀를 포기하는 삶을 살고 있다. 그런 세대에게 실패라는 것은 실로 돌이킬 수 없는 시간의 낭비와 더불어 경제적 손실을 가져오는 것은 불 보듯 자명한 결과이다.

"실패는 성공의 어머니이다"라는 말을 떠올린 보통사람들은 '아, 실패해도 다시 하면 되겠구나'라는 안일한 생각이 앞선다. 그 안일함을 통제할 수 있는 사람은 상위 10% 정도의 성공인자를 타고난 사람들의 몫이다. 그런 인자가 부족한 보통사람은 "실패할 수 없다"라는 명제를 머리에 각인하고 모든 일에 철두철미하게 준비해서 진행하기 바란다.

모든 일에 '벼랑 끝 전술'을 사용하라. 북한이 사용한 전술로, 이거 아니면 죽음이라는 식의 절박함이고 절실함이다. 촛불혁명과 문제인 대통령이 당선 소감에서 언급한 말은 "대한민국 국민의 절박함과 절실함의 결과"였다. 그런 절박함은 다음을 인정하지 않는다.

실패로 재도전 기회를 갖겠다는 생각은 절박함이 아니라 안일함을 만드는 나약함을 키우는 독버섯이다. 한 번도 실패하지 않겠다는 각오로 준비하고 준비해도 수많은 경쟁자와 치열한 경쟁사회에서 살아남을 수 있을지가 미지수인 현실이 지금의 대한민국이다.

이제 투자세계로 들어온 당신에게 당부하고 싶은 것은 "투자는 위험이 상존하니 원금손실을 인정하고 자신의 자본을 던지라"이다. 얻으려하지 말고 잃어버린다는 절박함으로 투자에 임하기 바란다. 이번에 버렸으니 나는 아무것도 없다는 그 절박함이 답이다.

실패할 것이다. 그러나 그 실패로 물러서지 말고 더 치열하게 투자세계에서 성공하기 위해서 더 절박하고 절실하게 노력하기 바란다. 자수성가한 그 누구도 당신보다 더 절박한 마음으로 평생을 살아왔다. 서민 갑부가 된 사람들도 치열하고 지독하게 평생을 살아왔다. 그런 노력과 희생이 따랐기에 지금의 그들이 가능하다는 사실을 잊지 말기 바란다.

투자세계는 어렵다. 그러나 그 길을 가지 않고서는 당신은 평생 노동을 해야 한다. 희망하는 경제적 자유를 평생 누릴 기회는 영원히 사라지고 말 것이다.

그러니 부디 투자세계에서 성공하여 경제적 자유를 누리기를 바란다.

# 장외주식에 답이 있다

1판 1쇄 인쇄 2018년 12월 1일
1판 1쇄 발행 2018년 12월 10일

지은이 지정호
펴낸이 박현
펴낸곳 트러스트북스

등록번호 제2014-000225호
등록일자 2013년 12월 3일

주소 서울시 마포구 서교동 성미산로2길 33 성광빌딩 202호
전화 (02) 322-3409
팩스 (02) 6933-6505
이메일 trustbooks@naver.com

값 20,000원
ISBN 979-11-87993-55-1  03320

믿고 보는 책, 트러스트북스는 독자 여러분의 의견을 소중히 여기며,
출판에 뜻이 있는 분들의 원고를 기다리고 있습니다.